Musiker von heute

Romain Rolland

(Übersetzerin: Mary Blaiklock)

Writat

Diese Ausgabe erschien im Jahr 2024

ISBN: 9789359943824

Herausgegeben von
Writat
E-Mail: info@writat.com

Nach unseren Informationen ist dieses Buch gemeinfrei.
Dieses Buch ist eine Reproduktion eines wichtigen historischen Werkes. Alpha
Editions verwendet die beste Technologie, um historische Werke in der gleichen
Weise zu reproduzieren, wie sie erstmals veröffentlicht wurden, um ihre
ursprüngliche Natur zu bewahren. Alle sichtbaren Markierungen oder Zahlen
wurden absichtlich belassen, um ihre wahre Form zu bewahren.

Inhalt

EINFÜHRUNG

Es ist vielleicht passend, dass die Bände, die *The Musician's Bookshelf bilden* , mit der vorliegenden Essaysammlung eröffnet werden. Den meisten englischen Lesern ist der Name dieser seltsamen und kraftvollen Persönlichkeit, Romain Rolland, nur durch seine großartige, intime Aufzeichnung des Lebens und der Bestrebungen eines Künstlers bekannt, die zehn Bände umfasst: *Jean-Christophe* . Dies ist nicht der Ort, um dieses Meisterwerk zu besprechen. Ein paar biografische Fakten über den Autor könnten hier jedoch nicht fehl am Platz sein.

Romain Rolland ist 48 Jahre alt. Er wurde am 29. Januar 1866 in Clamecy (Nièvre), Frankreich, geboren. Er geriet schon sehr früh unter den Einfluss von Tolstoi und Wagner und zeigte eine bemerkenswerte kritische Begabung. 1895 (im Alter von 29 Jahren) erhielt er den begehrten Grand Prix der Académie Française für sein Werk *Histoire de l'Opéra en Europe avant Lulli et Scarlatti* , und im selben Jahr hielt er vor der Fakultät der Sorbonne – wo er heute den Lehrstuhl für Musikkritik innehat – eine bemerkenswerte Dissertation über *den Ursprung der das Moderne lyrische Drama* — seine Doktorarbeit. Dies ist in Wirklichkeit ein vehementer Protest gegen die Gleichgültigkeit gegenüber der Tonkunst, die bis zu dieser Zeit immer von der Universität an den Tag gelegt worden war. 1903 veröffentlichte er eine bemerkenswerte *Biographie Beethovens* , gefolgt von einer *Biographie Hugo Wolfs* im Jahr 1905. Der vorliegende Band und sein Begleitband *Musiciens d'Autrefois* erschienen 1908. Beide sind bemerkenswerte Essays und offenbaren eine vollkommene und äußerst intime Kenntnis des Lebens und der Werke unserer großen Zeitgenossen. Man kann das Werk eines Komponisten nicht richtig einschätzen, ohne seine Werke und die Bedingungen, unter denen diese entstanden, zu studieren. Nehmen wir zum Beispiel nur den Fall eines der in diesem Band behandelten Komponisten, Hector Berlioz. Kein Komponist ist so missverstanden und so verleumdet worden wie er, nur weil diejenigen, die über ihn geschrieben haben, ihn, sei es vorsätzlich oder aus Unwissenheit, grob falsch dargestellt haben.

Der Aufsatz über Berlioz in diesem Band gibt einen wahren Einblick in die Persönlichkeit dieses unglücklichen und großen Künstlers und räumt mit allen falschen Missverständnissen auf, die durch eine unsympathische und oberflächliche Behandlung entstanden sein könnten. Tatsächlich wird dieselbe Fähigkeit zur Selbstbeobachtung in allen anderen Aufsätzen dieses Bandes gezeigt, die sich, so wird angenommen, nicht nur für den professionellen Studenten, sondern auch für den *intelligenten Zuhörer* , für den die vorliegende Bandreihe in erster Linie geplant ist, als äußerst wertvoll erweisen werden. Heutzutage hören wir viel über den Wert der

„musikalischen Wertschätzung". Es ist höchste Zeit, dass etwas getan wird, um unser Publikum zu erziehen und den bisher vorherrschenden Irrtum zu zerstreuen, dass Musik nicht ernst genommen werden muss. Wir wollen nicht mehr kreative Künstler, mehr Ausführende; die Welt ist voll davon – gute, schlechte und mittelmäßige –, aber wir *wollen* mehr *intelligente Zuhörer*.

Ich halte es nicht für übertrieben zu behaupten, dass die Mehrheit der Zuhörer eines hochkarätigen Konzerts oder Konzerts völlig gelangweilt ist. Wie könnte es anders sein, wenn die dargestellten Komponisten für sie nur Namen sind? Warum sollte das breite Publikum eine Bach-Fuge, eine komplexe Symphonie oder ein Kammermusikstück schätzen? Schätzen wir Berufsmusiker die Technik einer wunderbaren Skulptur, einer ebenso wunderbaren Ingenieursleistung oder gar einer wundersamen chirurgischen Operation? Man könnte argumentieren, dass eine Analogie zwischen Bildhauerei, Technik, Chirurgie und Musik absurd ist, weil die drei ersteren die Massen nicht auf die gleiche Weise ansprechen wie Musik. Genauer gesagt: Gerade wegen dieser universellen Anziehungskraft der Musik sollte das Publikum dazu erzogen werden, *gute* Musik zu *hören*; dass ihnen allgemein die Möglichkeit gegeben werden sollte, sich mit den Gesetzen vertraut zu machen, die dem „Schönen in der Musik" zugrunde liegen, und dass ihnen gezeigt werden sollte, welche Anforderungen eine richtige Würdigung der Kunst an den Intellekt und die Emotionen stellt.

Und sicherlich lässt sich ein solches „Desiderat" am besten durch eine sorgfältige Lektüre der in die vorliegende Reihe aufzunehmenden Handbücher verwirklichen. Es ist unbestreitbar, dass der Leser der folgenden Seiten – abgesehen von der Kenntnis der verschiedenen Musikformen, der Orchestrierung usw. – die alle in aufeinanderfolgenden Bänden gebührend behandelt werden – in der Lage sein wird, die Werke des zu würdigen mehrere Komponisten, die er möglicherweise hören darf. Vor allem der letzte Aufsatz wird heute mit Interesse gelesen, wenn wir hoffen dürfen, dass der Rassenhass und das Misstrauen aufhören und dass ein Autor in der *Musical Times* (September 1914) es so nannte: „ „Ein neues Gefühl der emotionalen Solidarität der Menschheit", fügt er hinzu, „kann die wahre Musik der Zukunft entstehen."

CLAUDE LANDI.

BERLIOZ

ICH

Es mag paradox erscheinen, dass kein Musiker so wenig bekannt ist wie Berlioz. Die Welt glaubt, ihn zu kennen. Ein lauter Ruhm umgibt seine Person und sein Werk. Das musikalische Europa hat seinen hundertsten Geburtstag gefeiert. Deutschland streitet mit Frankreich um den Ruhm, sein Genie gefördert und geformt zu haben. Russland, dessen triumphaler Empfang ihn über die Gleichgültigkeit und Feindseligkeit von Paris hinwegtröstete, [1] hat durch die Stimme Balakirews gesagt, er sei „der einzige Musiker gewesen, den Frankreich besaß". Seine Hauptkompositionen werden oft bei Konzerten gespielt; und einige von ihnen haben die seltene Eigenschaft, sowohl die Gebildeten als auch das Publikum anzusprechen; einige haben sogar große Popularität erlangt. Ihm wurden Werke gewidmet, und er selbst wurde von vielen Schriftstellern beschrieben und kritisiert. Er ist sogar wegen seines Gesichts beliebt; denn sein Gesicht war, wie seine Musik, so eindrucksvoll und einzigartig, dass es einem auf den ersten Blick seinen Charakter zu zeigen schien. Keine Wolken verbergen seinen Geist und seine Schöpfungen, die, anders als die von Wagner, keiner Einweihung bedürfen, um verstanden zu werden; sie scheinen keine verborgene Bedeutung, kein subtiles Geheimnis zu haben; man ist sofort ihr Freund oder ihr Feind, denn der erste Eindruck ist bleibend.

Das ist das Schlimmste daran; die Leute bilden sich ein, Berlioz ohne große Schwierigkeiten zu verstehen. Unklarheit der Bedeutung schadet einem Künstler vielleicht weniger als scheinbare Transparenz; in Nebel gehüllt zu sein, kann bedeuten, lange Zeit missverstanden zu bleiben, aber wer verstehen will, wird zumindest gründlich nach der Wahrheit suchen. Man erkennt nicht immer, wie viel Tiefe und Komplexität in einem Werk mit klarem Entwurf und starken Kontrasten stecken kann – im offensichtlichen Genie eines großen Italieners der Renaissance ebenso wie im unruhigen Herzen eines Rembrandt und in der Dämmerung des Nordens.

Dies ist die erste Falle; aber es gibt noch viele weitere, die uns beim Versuch, Berlioz zu verstehen, bevorstehen. Um an den Menschen selbst heranzukommen, muss man eine Mauer aus Vorurteilen und Pedanterie, aus Konventionen und intellektuellem Snobismus niederreißen. Kurz gesagt, man muss fast alle gängigen Vorstellungen über sein Werk abschütteln, wenn man es aus dem Staub befreien will, der seit einem halben Jahrhundert darüber schwebt.

Vor allem darf man nicht den Fehler begehen, Berlioz und Wagner einander gegenüberzustellen, indem man Berlioz entweder dem germanischen Odin opfert oder indem man versucht, die beiden gewaltsam miteinander zu versöhnen. Denn es gibt einige, die Berlioz im Namen von Wagners Theorien verurteilen; und andere, denen das Opfer missfällt, versuchen, ihn zu einem Vorläufer Wagners zu machen, oder zu einer Art älterem Bruder, dessen Mission es war, einem größeren Genie als dem seinen den Weg zu ebnen. Nichts ist falscher. Um Berlioz zu verstehen, muss man den hypnotischen Einfluss Bayreuths abschütteln. Obwohl Wagner vielleicht etwas von Berlioz gelernt hat, haben die beiden Komponisten nichts gemeinsam; ihr Genie und ihre Kunst sind absolut gegensätzlich; jeder hat seine Furche auf einem anderen Feld gepflügt.

Das klassische Missverständnis ist genauso gefährlich. Damit meine ich das Festhalten am Aberglauben der Vergangenheit und den pedantischen Wunsch, die Kunst in enge Grenzen zu grenzen, die unter Kritikern noch immer florieren. Wer kennt diese Musikzensoren nicht? Sie werden Ihnen mit absoluter Selbstzufriedenheit sagen, wie weit Musik gehen darf, wo sie aufhören muss und was sie ausdrücken darf und was nicht. Sie sind nicht immer selbst Musiker. Aber was ist damit? Stützen sie sich nicht auf das Beispiel der Vergangenheit? Die Vergangenheit! eine Handvoll Werke, die sie selbst kaum verstehen. In der Zwischenzeit widerlegt die Musik durch ihr unaufhörliches Wachstum ihre Theorien und beseitigt diese schwachen Barrieren. Aber sie sehen es nicht, wollen es nicht sehen; Da sie sich nicht weiterentwickeln können, leugnen sie den Fortschritt. Kritiker dieser Art stehen den dramatischen und beschreibenden Sinfonien von Berlioz nicht wohlwollend gegenüber. Wie sollten sie die kühnste musikalische Errungenschaft des 19. Jahrhunderts würdigen? Diese schrecklichen Pedanten und eifrigen Verteidiger einer Kunst, die sie erst verstehen, nachdem sie aufgehört hat zu leben, sind die schlimmsten Feinde des uneingeschränkten Genies und können mehr Schaden anrichten als eine ganze Armee unwissender Menschen. Denn in einem Land wie unserem, in dem die musikalische Ausbildung dürftig ist, ist die Schüchternheit angesichts einer starken, aber nur halb verstandenen Tradition groß; und jeder, der den Mut hat, sich davon zu lösen, wird ohne Gericht verurteilt. Ich bezweifle, dass Berlioz bei Liebhabern klassischer Musik in Frankreich überhaupt Beachtung gefunden hätte, wenn er nicht in diesem Land der klassischen Musik, Deutschland, Verbündete gefunden hätte – „das Orakel von Delphi", „Germania alma parens" [2] ... er rief sie an. Einige der jungen deutschen Schule fanden Inspiration in Berlioz. Die von ihm geschaffene dramatische Symphonie blühte in ihrer deutschen Form unter Liszt auf; der bedeutendste deutsche Komponist der Gegenwart, Richard Strauss, geriet unter seinen Einfluss; und Felix Weingartner, der zusammen mit Charles Malherbe das Gesamtwerk von Berlioz herausgab, war mutig genug zu schreiben: „Trotz Wagner und Liszt wären wir nicht da, wo wir sind, wenn Berlioz nicht gelebt hätte." Diese unerwartete Unterstützung aus einem Land der Traditionen hat die Anhänger der klassischen Tradition in Verwirrung gestürzt und Berlioz' Freunde vereint.

Aber hier besteht eine neue Gefahr. Obwohl es selbstverständlich ist, dass Deutschland, das musikalischer ist als Frankreich, die Größe und Originalität der Musik von Berlioz vor Frankreich anerkennt, ist es zweifelhaft, ob die deutsche Natur jemals eine in ihrem Wesen so französische Seele vollständig verstehen könnte. Vielleicht ist es das Äußerliche an Berlioz, seine positive Originalität, das die Deutschen schätzen. Sie bevorzugen das *Requiem* gegenüber *Roméo*. Ein Richard Strauss würde von einem fast unbedeutenden Werk wie der *Ouverture du roi Lear* angezogen werden ; Ein Weingartner würde herausragende Werke wie die *Symphonic fantastique* und *Harold hervorheben* und deren Bedeutung übertreiben. Aber sie spüren nicht, was in ihm intim ist. Wagner sagte über dem Grab von Weber: „England wird dir gerecht, Frankreich bewundert dich, aber nur Deutschland liebt dich; du bist sein eigenes Wesen, ein herrlicher Tag seines Lebens, ein warmer Tropfen seines Blutes, ein Teil seines Herzens." ..." Man könnte seine Worte an Berlioz anpassen; Für einen Deutschen ist es ebenso schwierig, Berlioz wirklich zu lieben, wie für einen Franzosen, Wagner oder Weber zu lieben. Man muss daher vorsichtig sein, das Urteil Deutschlands über Berlioz vorbehaltlos zu akzeptieren; Denn darin bestünde die Gefahr eines neuen Missverständnisses. Sie sehen, wie sowohl die Anhänger als auch die Gegner von Berlioz uns daran hindern, der Wahrheit auf den Grund zu gehen. Lassen Sie uns sie entlassen.

Sind wir nun am Ende unserer Schwierigkeiten angelangt? Noch nicht; Denn Berlioz ist der illusorischste aller Menschen, und niemand hat mehr als er dazu beigetragen, die Menschen in ihrer Einschätzung von ihm in die Irre zu führen. Wir wissen, wie viel er über Musik und über sein eigenes Leben geschrieben hat und welchen Witz und Verständnis er in seinen scharfsinnigen Kritiken und bezaubernden *Mémoires an den Tag legt* . [3] Man könnte meinen, dass ein so einfallsreicher und geschickter Schriftsteller, der es in seinem Beruf als Kritiker gewohnt ist, jede Gefühlsschattierung auszudrücken, uns seine Vorstellungen von Kunst genauer mitteilen könnte als ein Beethoven oder ein Mozart. Aber das ist nicht so. So wie zu viel Licht die Sicht trüben kann, so kann zu viel Intellekt das Verständnis behindern. Berlioz' Geist beschäftigte sich mit Einzelheiten; Es reflektierte Licht aus zu vielen Facetten und bündelte sich nicht in einem starken Strahl, der seine Macht deutlich gemacht hätte. Er wusste weder sein Leben noch seine Arbeit zu beherrschen; er versuchte nicht einmal, sie zu dominieren. Er war die Inkarnation des romantischen Genies, eine ungezügelte Kraft, die sich des Weges, den er beschritt, nicht bewusst war. Ich würde nicht so weit gehen zu sagen, dass er sich selbst nicht verstanden hat, aber es gibt sicherlich Zeiten, in denen er sich selbst nicht mehr versteht. Er lässt sich treiben, wohin der Zufall ihn führt, [4] wie ein alter skandinavischer Pirat, der auf dem Boden seines Bootes liegt und in den Himmel starrt; und er träumt und stöhnt und lacht und gibt sich seinen fieberhaften Wahnvorstellungen hin. Er lebte mit seinen Gefühlen ebenso unsicher wie mit seiner Kunst. In seiner Musik wie auch in seiner Musikkritik widerspricht er sich oft, zögert und kehrt um; er ist sich weder seiner Gefühle noch seiner Gedanken sicher. Er hat Poesie in seiner Seele und strebt danach, Opern zu schreiben; aber seine Bewunderung schwankt zwischen Gluck und Meyerbeer. Er hat ein beliebtes Genie, verachtet aber das Volk. Er ist ein mutiger musikalischer Revolutionär, aber er lässt zu, dass ihm die Kontrolle über diese Musikrichtung von jedem genommen wird, der sie haben möchte. Schlimmer noch: Er lehnt die Bewegung ab, wendet der Zukunft den Rücken zu und stürzt sich erneut in die Vergangenheit. Aus welchem Grund? Sehr oft weiß er es nicht. Leidenschaft, Bitterkeit, Launenhaftigkeit, verletzter Stolz – das hat bei ihm mehr Einfluss als die ernsten Dinge des Lebens. Er ist ein Mann im Krieg mit sich selbst.

Vergleichen Sie dann Berlioz mit Wagner. Auch Wagner wurde von heftigen Leidenschaften getrieben, aber er war immer Herr seiner selbst, und seine Vernunft blieb unerschüttert von den Stürmen seines Herzens oder denen der Welt, von den Qualen der Liebe oder den Kämpfen politischer Revolutionen. Er ließ seine Erfahrungen und sogar seine Fehler seiner Kunst dienen; er schrieb über seine Theorien, bevor er sie in die Praxis umsetzte; und er stürzte sich nur ins Abenteuer, wenn er sich seiner selbst sicher war und der Weg klar vor ihm lag. Und denken Sie daran, wie viel Wagner diesem schriftlichen Ausdruck seiner Ziele und der magnetischen Anziehungskraft seiner Argumente zu verdanken hat. Es waren seine Prosawerke, die den König von Bayern faszinierten, bevor er seine Musik gehört hatte; und auch für viele andere waren sie der Schlüssel zu dieser Musik. Ich erinnere mich, dass ich von Wagners Ideen beeindruckt war, als ich seine Kunst nur zur Hälfte verstand; und wenn mich eine seiner Kompositionen verwirrte, wurde mein Vertrauen nicht erschüttert, denn ich war sicher, dass das Genie, das in seiner Argumentation so überzeugend war, keinen Fehler machen würde; und dass, wenn seine Musik mich verwirrte, ich derjenige war, der im Unrecht war. Wagner war im Grunde sein eigener bester Freund, sein treuester Verfechter, und er war die führende Hand, die einen durch die dichten Wälder und über die schroffen Klippen seiner Arbeit führte.

Auf diese Weise erhalten Sie von Berlioz nicht nur keine Hilfe, sondern er ist auch der Erste, der Sie in die Irre führt und mit Ihnen auf den Pfaden des Irrtums wandert. Um sein Genie zu verstehen, muss man es ohne Hilfe begreifen. Sein Genie war wirklich großartig, aber wie ich Ihnen zeigen werde, war es einem schwachen Charakter ausgeliefert.

Alles an Berlioz war irreführend, sogar sein Aussehen. In legendären Porträts erscheint er als dunkler Südstaatler mit schwarzen Haaren und funkelnden Augen. Aber er war wirklich sehr blond und hatte blaue Augen, [5] und Joseph d'Ortigue erzählt uns, dass sie tiefliegend und durchdringend waren, wenn auch manchmal von Melancholie oder Trägheit getrübt. [6] Als er dreißig war, hatte er eine breite, von Falten durchzogene Stirn und eine dichte Haarmähne, oder, wie E. Legouvé es ausdrückt, „einen großen Haarschirm, der wie eine bewegliche Markise über den Schnabel ragte." ein Raubvogel. [7]

Sein Mund war wohlgeformt, die Lippen zusammengepresst und an den Mundwinkeln streng gerunzelt, und sein Kinn war markant. Er hatte eine tiefe Stimme, [8] aber seine Sprache war stockend und oft zitternd vor Erregung; er sprach leidenschaftlich über Dinge, die ihn interessierten, und war manchmal überschwänglich, aber meistens war er unhöflich und zurückhaltend. Er war mittelgroß, eher dünn und kantig, und wenn er saß, schien er viel größer, als er wirklich war. [9] Er war sehr ruhelos und erbte von seiner Heimat, der Dauphiné, die Leidenschaft eines Bergsteigers fürs Wandern und Klettern und die Liebe zum Vagabundenleben, die ihm fast bis zu seinem Tod anhaftete. [10] Er hatte eine eiserne Konstitution, aber er ruinierte sie durch Entbehrungen und Exzesse, durch seine Spaziergänge im Regen und dadurch, dass er bei jedem Wetter im Freien schlief, selbst wenn Schnee lag. [11]

Aber in diesem starken, athletischen Körper lebte eine fiebrige, kränkliche Seele, die von einem krankhaften Verlangen nach Liebe und Mitgefühl beherrscht und gequält wurde: „jenes zwingendes Bedürfnis nach Liebe, das mich umbringt..." [12] Lieben, geliebt werden – dafür wäre er bereit, alles aufzugeben.

Aber seine Liebe war die eines Jugendlichen, der in Träumen lebt; es war nie die starke, klarsichtige Leidenschaft eines Mannes, der den Realitäten des Lebens ins Auge gesehen hat und der die Fehler ebenso erkennt wie die Reize der Frau, die er liebt. Berlioz war in die Liebe verliebt und verlor sich in Visionen und sentimentalen Schatten. Bis an sein Lebensende blieb er „ein armes kleines Kind, erschöpft von einer Liebe, die seine Fähigkeiten überstieg". [13] Aber dieser Mann, der ein so wildes und abenteuerliches Leben führte, brachte seine Leidenschaften mit Zartheit zum Ausdruck; und man findet eine fast mädchenhafte Reinheit in den unsterblichen Liebespassagen der *Trojaner* oder der „ *nuit sereine* "von *Roméo et Juliette* . Und vergleichen wir diese vergilische Zuneigung mit Wagners sinnlichen Verzückungen. Heißt das, dass Berlioz nicht so gut lieben konnte wie Wagner? Wir wissen nur, dass Berlioz' Leben aus Liebe und ihren Qualen bestand. Das Thema einer ergreifenden Passage in der Einleitung der *Symphonic fantastique* wurde kürzlich von M. Julien Tiersot in seinem interessanten Buch [14] mit einer Romanze identifiziert, die Berlioz im Alter von zwölf Jahren verfasste, als er ein achtzehnjähriges Mädchen „mit großen Augen und rosa Schuhen" liebte – Estelle, *Stella mentis, Stella matutina* . Diese Worte – vielleicht die traurigsten, die er je schrieb – könnten als Sinnbild seines Lebens dienen, eines Lebens, das der Liebe und der Melancholie ausgeliefert war, dazu verdammt, das Herz zu zerreißen und furchtbare Einsamkeit zu empfinden; ein Leben in einer hohlen Welt, inmitten von Sorgen, die einem das Blut in den Adern gefrieren ließen; ein Leben, das widerwärtig war und ihm am Ende keinen Trost bieten konnte. [15] Er selbst hat dieses schreckliche „ *mal de l'isolement* ", das ihn sein ganzes Leben lang verfolgte, lebhaft und detailliert beschrieben . [16] Er war dazu verdammt zu leiden oder, was noch schlimmer war, andere leiden zu lassen.

Wer kennt nicht seine Leidenschaft für Henrietta Smithson? Es war eine traurige Geschichte. Er verliebte sich in eine englische Schauspielerin, die Julia spielte (War sie oder Julia, die er liebte?). Er erhaschte nur einen kurzen Blick auf sie, und schon war es mit ihm vorbei. Er schrie: „Ah, ich bin verloren!" Er begehrte sie; sie stieß ihn ab. Er lebte in einem Delirium aus Leiden und Leidenschaft; Er wanderte tage- und nächtelang wie ein Verrückter durch Paris und seine Umgebung, ohne Zweck, Ruhe oder Erleichterung, bis ihn der Schlaf überkam, wo auch immer er ihn fand – zwischen den Garben auf einem Feld in der Nähe von Villejuif, auf einer Wiese in der Nähe von Sceaux, am Ufer der zugefrorenen Seine in der Nähe von Neuilly, im Schnee und einmal auf einem Tisch im Café Cardinal, wo er fünf Stunden lang schlief, zum großen Schrecken der Kellner, die ihn für tot hielten. [17] In der Zwischenzeit wurden ihm verleumderische Gerüchte über Henrietta erzählt, denen er bereitwillig glaubte. Dann verachtete er sie und entehrte sie öffentlich in seiner *Symphonie fantastique* , wobei er in seinem bitteren Groll Camille Moke huldigte, einer Pianistin, an die er ohne Verzögerung sein Herz verlor.

Nach einiger Zeit tauchte Henrietta wieder auf. Sie hatte ihre Jugend und ihre Macht verloren, ihre Schönheit schwand und sie hatte Schulden. Berlioz' Leidenschaft entflammte sofort wieder. Diesmal ging Henrietta auf seine Avancen ein. Er nahm Änderungen an seiner Symphonie vor und bot sie ihr als Zeichen seiner Liebe an. Er gewann sie und heiratete sie, mit 14.000 Franc Schulden. Er hatte seinen Traum erfüllt – Julia! Ophelia! Was war sie wirklich? Eine bezaubernde Engländerin, kalt, treu und nüchtern, die nichts von seiner Leidenschaft verstand und die ihn, seit sie seine Frau wurde, eifersüchtig und aufrichtig liebte und ihn auf die enge Welt des häuslichen Lebens beschränken wollte. Aber seine Zuneigung wurde unruhig, und er verlor sein Herz an eine spanische Schauspielerin (es war immer eine Schauspielerin, eine Virtuosin oder eine Rolle) und verließ die arme Ophelia und ging mit Marie Recio, der Inès von *Favorite* , dem Pagen des *Grafen Ory* – einer praktischen, dickköpfigen Frau, einer mittelmäßigen Sängerin mit einer Gesangsmanie. Der hochmütige Berlioz war gezwungen, den Theaterdirektoren zu schmeicheln, um ihre Rollen zu bekommen, schmeichelhafte Kritiken zum Lob ihres Talents zu schreiben und sie sogar seine eigenen Melodien bei den von ihm organisierten Konzerten misstönen zu lassen. [18] Es wäre alles schrecklich lächerlich, wenn diese Charakterschwäche nicht eine Tragödie nach sich gezogen hätte.

So blieb diejenige, die er wirklich liebte und die ihn immer liebte, allein, ohne Freunde, in Paris, wo sie eine Fremde war. Sie sank schweigend zusammen und schmachtete langsam vor sich hin, bettlägerig, gelähmt und während acht Jahren des Leidens nicht in der Lage zu sprechen. Auch Berlioz litt, denn er liebte sie immer noch und war von Mitleid zerrissen – „Mitleid, das schmerzhafteste aller Gefühle." [19] Aber welchen Nutzen hatte dieses Mitleid? Er ließ Henrietta alleine leiden und trotzdem sterben. Und was noch schlimmer war, wie wir von Legouvé erfahren, ließ er seine Geliebte, die abscheuliche Recio, vor der armen Henrietta eine Szene machen. [20] Recio erzählte ihm davon und prahlte mit dem, was sie getan hatte.

Und Berlioz tat nichts – „Wie könnte ich? Ich liebe sie."

Man würde hart mit einem solchen Mann umgehen, wenn man nicht durch seine eigenen Leiden entwaffnet wäre. Aber fahren wir fort. Ich hätte diese Charakterzüge gern übersprungen, aber ich habe kein Recht dazu; ich muss Ihnen die außerordentliche Schwäche des Charakters dieses Mannes zeigen. „Männercharakter", sagte ich? Nein, es war der Charakter einer willenlosen Frau, das Opfer ihrer Nerven. [21]

Solche Leute sind zum Unglück bestimmt; und wenn sie andere leiden lassen, kann man sicher sein, dass es nur die Hälfte dessen ist, was sie selbst erleiden. Sie haben eine besondere Gabe, Kummer anzuziehen und anzuhäufen; sie genießen Kummer wie Wein und verlieren keinen Tropfen davon. Das Leben schien sich danach zu sehnen, dass Berlioz in Leid versunken sein sollte; und sein Unglück war so real, dass es unnötig wäre, ihm irgendwelche Übertreibungen hinzuzufügen, die uns die Geschichte überliefert hat.

Man bemängelt Berlioz' ständige Klagen; und auch ich finde darin einen Mangel an Männlichkeit und beinahe einen Mangel an Würde. Allem Anschein nach hatte er weit weniger materielle Gründe, unglücklich zu sein, als – ich sage nicht Beethoven – Wagner und andere große Männer der Vergangenheit, Gegenwart und Zukunft. Mit 35 Jahren hatte er Ruhm erlangt; und Paganini proklamierte ihn zum Nachfolger Beethovens. Was konnte er mehr wollen? Das Publikum sprach über ihn, ein Scudo und ein Adolphus Adam verunglimpften ihn, und das Theater öffnete ihm nur mit Mühe seine Türen. Es war wirklich großartig!

Doch eine sorgfältige Untersuchung der Fakten, wie sie beispielsweise M. Julien Tiersot vornahm, zeigt die erdrückende Mittelmäßigkeit und Härte seines Lebens. Da waren zunächst einmal seine materiellen Sorgen. Mit 36 Jahren erhielt „Beethovens Nachfolger" als stellvertretender Leiter der Bibliothek des Konservatoriums ein festes Gehalt von 1.500 Francs, und nicht ganz so viel für seine Beiträge zu den *Debits* – Beiträge, die ihn erbitterten und erniedrigten und eines der Kreuze seines Lebens waren, da sie ihn zwangen, alles andere als die Wahrheit zu sagen. [22]

Das machte insgesamt dreitausend Francs aus, kaum verdient, mit denen er Frau und Kind ernähren musste – „ *même deux* ", wie Herr Tiersot sagt. Er versuchte ein Festival in der Oper; Das Ergebnis war ein Verlust von dreihundertsechzig Franken. Er organisierte ein Festival auf der Ausstellung von 1844; Die Einnahmen beliefen sich auf zweiunddreißigtausend Franken, wovon er achthundert Franken erhielt. Er ließ die *Verdammnis de Faust* aufführen; Niemand kam dorthin, und er war ruiniert. In Russland lief es besser; aber der Manager, der ihn nach England brachte, ging bankrott. Er wurde von Mieten und Arztrechnungen heimgesucht. Gegen Ende seines Lebens besserten sich seine finanziellen Verhältnisse ein wenig, und ein Jahr vor seinem Tod äußerte er die traurigen Worte: „Ich leide sehr, aber ich möchte jetzt nicht sterben – ich habe genug zum Leben."

Eine der tragischsten Episoden seines Lebens ist die Symphonie, die er aufgrund seiner Armut nicht schreiben konnte. Man fragt sich, warum die Seite, mit der seine *Mémoires enden* , nicht bekannter ist, denn sie berührt die Tiefen menschlichen Leidens.

Als ihm der Gesundheitszustand seiner Frau große Sorgen bereitete, kam ihm eines Nachts die Inspiration für eine Symphonie. Der erste Teil davon – ein Allegro im Zweivierteltakt in a-Moll – hallte in seinem Kopf wider. Er stand auf und begann zu schreiben, und dann dachte er:

„Wenn ich mit diesem Stück anfange, muss ich die ganze Symphonie schreiben. Das wird eine große Sache, und ich werde drei oder vier Monate damit verbringen müssen. Das bedeutet, dass ich keine Artikel mehr schreiben und kein Geld verdienen werde. Und wenn die Symphonie fertig ist, werde ich der Versuchung nicht widerstehen können, sie kopieren zu lassen (was tausend oder zwölfhundert Francs kosten wird) und sie dann aufführen zu lassen. Ich werde ein Konzert geben, und die Einnahmen werden kaum die Hälfte der Kosten decken. Ich werde verlieren, was ich nicht habe; dem armen Kranken wird das Nötigste fehlen, und ich werde weder meine persönlichen Ausgaben noch die Gebühren meines Sohnes bezahlen können, wenn er an Bord geht... Diese Gedanken ließen mich schaudern, und ich warf meinen Stift hin und sagte: ,Pah! Morgen werde ich die Symphonie vergessen haben.' In der nächsten Nacht hörte ich das

Allegro deutlich und meinte, es niedergeschrieben zu sehen. Ich war von fieberhafter Erregung erfüllt; ich sang das Thema; ich wollte aufstehen … aber die Gedanken des Vortages hielten mich zurück; ich wappnete mich gegen die Versuchung und klammerte mich an den Gedanken, es zu vergessen. Schließlich ging ich schlafen; und als ich am nächsten Tag aufwachte, war tatsächlich jede Erinnerung daran für immer verschwunden." [23]

Diese Seite lässt einen schaudern. Selbstmord ist weniger qualvoll. Weder Beethoven noch Wagner erlitten solche Qualen. Was hätte Wagner bei einer ähnlichen Gelegenheit getan? Er hätte zweifellos die Symphonie geschrieben – und er hätte recht gehabt. Aber der arme Berlioz, der schwach genug war, seine Pflicht der Liebe zu opfern, war leider auch heroisch genug, sein Genie der Pflicht zu opfern. [24]

Und trotz all dieser materiellen Not und dem Kummer, missverstanden zu werden, sprechen die Leute von dem Ruhm, den er genoss. Was dachten seine Mitmenschen von ihm – zumindest diejenigen, die sich selbst so nannten? Er wusste, dass Mendelssohn, den er liebte und schätzte und der sich selbst als seinen „guten Freund" bezeichnete, ihn verachtete und sein Genie nicht erkannte. [25] Der großherzige Schumann, der mit Ausnahme von Liszt [26] der einzige Mensch war, der seine Größe intuitiv spürte, gab zu, dass er sich manchmal fragte, ob man ihn als „Genie oder musikalischen Abenteurer" [27] betrachten sollte.

Wagner, der seine Symphonien mit Verachtung behandelte, bevor er sie überhaupt gelesen hatte, [28] der sein Genie durchaus verstand und ihn bewusst ignorierte, warf sich Berlioz in die Arme, als er ihn 1855 in London traf. „Er umarmte ihn mit Inbrunst." , und weinte; und kaum hatte er ihn verlassen, veröffentlichte *The Musical World* Passagen aus seinem Buch *Oper und Drama* , in denen er Berlioz gnadenlos in Stücke reißt. [29] In Frankreich überhäufte der junge Gounod, *Doli-Fabrikant Epeus* , wie Berlioz ihn nannte, schmeichelhafte Worte über ihn, verbrachte aber seine Zeit damit, Fehler an seinen Kompositionen zu finden, [30] oder zu versuchen, ihn im Theater zu verdrängen. An der Oper wurde er zugunsten eines Fürsten Poniatowski übergangen.

Er präsentierte sich dreimal an der Akademie und wurde das erste Mal von Onslow, das zweite Mal von Clapisson geschlagen und das dritte Mal siegte er mit der Mehrheit von einer Stimme gegen Panseron, Vogel, Leborne und andere, darunter, wie immer , Gounod. Er starb, bevor die *Damnation de Faust* in Frankreich Anerkennung fand, obwohl es die bemerkenswerteste Musikkomposition war, die Frankreich hervorgebracht hatte. Sie zischten seine Leistung? Gar nicht; „sie waren einfach gleichgültig" – das sagt uns Berlioz. Es blieb unbemerkt. Er starb, bevor er *Les Troyens* vollständig gespielt hatte , obwohl es eines der edelsten Werke des französischen lyrischen Theaters war, das seit dem Tod von Gluck komponiert worden war. [31] Aber es besteht kein Grund zur Verwunderung. Um diese Werke heute zu hören, muss man nach Deutschland reisen. Und obwohl das dramatische Werk von Berlioz seinen Platz in Bayreuth gefunden hat – dank Mottl, in Karlsruhe und München – und der wunderbare *Benvenuto Cellini* in zwanzig deutschen Städten gespielt wurde [32] und von Weingartner und Richard Strauss als Meisterwerk angesehen wurde, was für ein Manager Würde ein französisches Theater daran denken, solche Werke zu produzieren?

Aber das ist nicht alles. Was war die Bitterkeit des Scheiterns im Vergleich zur großen Todesangst? Berlioz sah, wie alle, die er liebte, nacheinander starben: sein Vater, seine Mutter, Henrietta Smithson, Marie Recio. Dann blieb nur noch sein Sohn Louis übrig.

Er war Kapitän eines Handelsschiffes; ein kluger, gutherziger Junge, aber ruhelos und nervös, unentschlossen und unglücklich, wie sein Vater. „Er hat das Pech, mir in allem zu ähneln", sagte Berlioz; „Und wir lieben uns wie zwei Zwillinge." [33] „Ah, mein armer Ludwig", schrieb er ihm, „was soll ich ohne dich tun?" Einige Monate später erfuhr er, dass Louis in fernen Meeren gestorben war.

Er war jetzt allein. [34] Es gab keine freundlichen Stimmen mehr; alles, was er hörte, war ein scheußliches Duett aus Einsamkeit und Müdigkeit, das ihm während der Hektik des Tages und in der Stille der Nacht ins Ohr gesungen wurde. [35] Er war von der Krankheit erschöpft. 1856 wurde er in Weimar nach großer Erschöpfung von einer inneren Krankheit befallen. Es begann mit großer seelischer Qual; er schlief auf der Straße. Er litt ständig; er war wie „ein Baum ohne Blätter, der vom Regen überströmt wird". Ende 1861 war die Krankheit in einem akuten Stadium. Er hatte Schmerzanfälle, die manchmal dreißig Stunden dauerten, während derer er sich qualvoll in seinem Bett krümmte. „Ich lebe inmitten meiner körperlichen Schmerzen, überwältigt von Müdigkeit. Der Tod ist sehr langsam." [36]

Am schlimmsten war, dass es im Herzen seines Elends nichts gab, was ihn trösten konnte. Er glaubte an nichts – weder an Gott noch an die Unsterblichkeit.

„Ich habe keinen Glauben … Ich hasse jede Philosophie und alles, was ihr ähnelt, ob religiös oder nicht … Ich bin ebenso unfähig, aus dem Glauben eine Medizin zu machen, wie aus dem Glauben an die Medizin." [37]

„Gott ist dumm und grausam in seiner völligen Gleichgültigkeit." [38]

Er glaubte weder an Schönheit noch an Ehre, weder an die Menschheit noch an sich selbst.

„Alles vergeht. Raum und Zeit verzehren Schönheit, Jugend, Liebe, Ruhm, Genie. Das menschliche Leben ist nichts; der Tod ist nicht besser. Welten werden geboren und sterben wie wir selbst. Alles ist nichts. Ja, ja, ja! Alles ist nichts... Lieben oder hassen, genießen oder leiden, bewundern oder spotten, leben oder sterben – was macht das schon? Es ist nichts in Größe oder Kleinheit, Schönheit oder Hässlichkeit. Die Ewigkeit ist gleichgültig; Gleichgültigkeit ist ewig." [39]

„Ich bin des Lebens überdrüssig und muss einsehen, dass der Glaube an Absurditäten für den menschlichen Geist notwendig ist und dass er in ihm geboren wird, wie Insekten in Sümpfen geboren werden." [40]

„Sie bringen mich zum Lachen mit Ihren alten Worten über eine zu erfüllende Mission. Was für ein Missionar! Aber in mir gibt es einen unerklärlichen Mechanismus, der trotz aller Argumente funktioniert; und ich lasse ihn arbeiten, weil ich ihn nicht stoppen kann. Was mich am meisten anwidert, ist die Gewissheit, dass Schönheit für die Mehrheit dieser menschlichen Affen nicht existiert." [41]

„Das unlösbare Rätsel der Welt, die Existenz des Bösen und des Schmerzes, der wilde Wahnsinn der Menschheit und die dumme Grausamkeit, die sie stündlich und überall den harmlosesten Wesen und sich selbst zufügt – all das hat mich in den Zustand unglücklicher und hoffnungsloser Resignation eines Skorpions versetzt, der von glühenden Kohlen umgeben ist. Das Beste, was ich tun kann, ist, mich nicht mit meinem eigenen Pfeil zu verletzen." [42]

„Ich bin in meinem einundsechzigsten Jahr und habe keine Hoffnungen, Illusionen oder Bestrebungen mehr. Ich bin allein; und meine Verachtung für die Dummheit und Unehrlichkeit der Menschen und mein Hass auf ihre böse Grausamkeit sind auf dem Höhepunkt. Jeder Stunde sage ich zum Tod: „Wann du willst!" Worauf wartet er? [43]

Und doch fürchtet er den Tod, den er herbeiruft. Es ist das stärkste, das bitterste und wahrste Gefühl, das er hat. Kein Musiker seit dem alten Roland de Lassus hat es mit dieser Intensität gefürchtet. Erinnern Sie sich an die schlaflosen Nächte des Herodes in „ *L'Enfance du Christ*" oder an Fausts Monolog, an die Qual der Kassandra oder an die Beerdigung von Juliette? – in all dem finden Sie die geflüsterte Angst vor der Vernichtung. Der elende Mann wurde von dieser Angst heimgesucht, wie aus einem von M. Julien Tiersot veröffentlichten Brief hervorgeht:

„Mein Lieblingsspaziergang, besonders wenn es regnet, wirklich in Strömen regnet, ist der Friedhof von Montmartre, der in der Nähe meines Hauses liegt. Ich gehe oft dorthin; es gibt vieles, was mich dorthin zieht. Vorgestern habe ich zwei Stunden verbracht auf dem Friedhof fand ich einen bequemen Sitzplatz auf einem kostbaren Grab und schlief ein ... Paris ist für mich ein

Friedhof und seine Gehwege sind Grabsteine überall sind Erinnerungen an tote Freunde oder Feinde … . Ich leide nur unter unaufhörlichen Schmerzen und unaussprechlicher Müdigkeit. Ich frage mich, ob ich mit großen oder nur geringen Schmerzen sterben werde – ich bin nicht dumm genug, zu hoffen, dass wir überhaupt nicht tot sind ?" [44]

Seine Musik ist wie diese traurigen Worte; sie ist vielleicht noch schrecklicher, düsterer, denn sie atmet Tod. [45] Welch ein Kontrast: eine Seele, die nach Leben giert und vom Tod gejagt wird. Das ist es, was sein Leben zu einer so schrecklichen Tragödie macht. Als Wagner Berlioz traf, stieß er einen Seufzer der Erleichterung aus – er hatte endlich einen Mann gefunden, der unglücklicher war als er selbst. [46]

An der Schwelle des Todes wandte er sich in Verzweiflung dem einzigen Lichtstrahl zu, der ihm noch blieb – *Stella Montis* , die Inspiration seiner kindlichen Liebe; Estelle, inzwischen alt, eine Großmutter, verkümmert durch Alter und Kummer. Er machte eine Pilgerfahrt nach Meylan, in der Nähe von Grenoble, um sie zu sehen. Er war damals einundsechzig Jahre alt und sie fast siebzig. „Die Vergangenheit! Die Vergangenheit! O Zeit! Niemals mehr! Niemals mehr!" [47]

Trotzdem liebte er sie, und zwar verzweifelt. Wie rührend das ist. Man hat kaum Lust zu lächeln, wenn man die Tiefen dieses verlassenen Herzens sieht. Glauben Sie, er sah nicht so deutlich wie Sie oder ich das faltige alte Gesicht, die Gleichgültigkeit des Alters, die „ *triste raison* ", die er idealisierte, in ihr? Denken Sie daran, er war der ironischste aller Menschen. Aber er wollte diese Dinge nicht sehen, er wollte an ein wenig Liebe festhalten, die ihm helfen würde, in der Wildnis des Lebens zu leben.

„Es gibt nichts Reales auf dieser Welt außer dem, was im Herzen lebt... Mein Leben hat sich in dem obskuren kleinen Dorf abgespielt, in dem sie lebt... Das Leben ist nur erträglich, wenn ich mir sage: ‚Diesen Herbst werde ich einen Monat an ihrer Seite verbringen.' Ich würde in diesem höllischen Paris sterben, wenn sie mir nicht erlauben würde, ihr zu schreiben, und wenn ich nicht von Zeit zu Zeit Briefe von ihr bekäme."

Also sprach er mit Legouvé; und er setzte sich auf einen Stein in einer Pariser Straße und weinte. Inzwischen verstand die alte Dame diese Dummheit nicht; sie duldete es kaum und versuchte, ihn zu enttäuschen.

„Wenn das Haar weiß ist, muss man Träume aufgeben – sogar solche von Freundschaft … Was nützt es, Bindungen zu knüpfen, die, auch wenn sie heute halten, morgen zerbrechen könnten?"

Was waren seine Träume? Mit ihr leben? NEIN; lieber neben ihr sterben; zu spüren, dass sie an seiner Seite war, wenn der Tod kommen sollte.

„Zu deinen Füßen liegen, meinen Kopf auf deinen Knien, deine beiden Hände in meinen – also zum Abschluss." [48]

Als kleines Kind war er alt geworden und fühlte sich verwirrt, elend und verängstigt, wenn er an den Tod dachte.

Wagner, im gleichen Alter, ein Sieger, der verehrt, umschmeichelt und - wenn wir der Bayreuther Legende Glauben schenken - mit Wohlstand gekrönt wurde; Wagner, traurig und leidend, an seinen Errungenschaften zweifelnd, die Sinnlosigkeit seines erbitterten Kampfes gegen die Mittelmäßigkeit der Welt spürend, war „weit von der Welt geflohen" [49] und hatte sich der Religion gewidmet; und als ein Freund ihn überrascht ansah, während er bei Tisch das Tischgebet sprach, antwortete er: „Ja, ich glaube an meinen Erlöser." [50]

Arme Wesen! Eroberer der Welt, erobert und gebrochen!

Aber um wie viel trauriger ist von den beiden Todesfällen der Tod des Künstlers, der keinen Glauben hatte und der weder Kraft noch Stoizismus genug hatte, um ohne Glauben glücklich zu sein; der langsam in diesem kleinen Zimmer in der Rue de Calais inmitten des ablenkenden Lärms eines gleichgültigen und sogar feindseligen Paris starb; [51] der sich in wildes Schweigen verschloss; der in seinen letzten Augenblicken kein geliebtes Gesicht sah, das sich über ihn beugte; der nicht den Trost hatte, an sein Werk zu glauben; [52] der weder ruhig an das denken konnte, was er getan hatte, noch stolz auf den Weg zurückblicken konnte, den er gegangen war, noch sich mit dem Gedanken an ein gut gelebtes Leben zufrieden geben konnte; und der seine *Mémoires* mit Shakespeares düsteren Worten begann und schloss und sie im Sterben wiederholte: –

„Das Leben ist nur ein wandelnder Schatten, ein armer Schauspieler,
der seine Stunde auf der Bühne verbringt
und dann nicht mehr gehört wird. Es ist eine Geschichte,
erzählt von einem Idioten, voller Lärm und Wut,
die nichts bedeutet." [53]

Das war das unglückliche und unentschlossene Herz, das sich mit einem der kühnsten Genies der Welt vereinte. Es ist ein eindrucksvolles Beispiel für den Unterschied, der zwischen Genie und Größe bestehen kann – denn die beiden Wörter sind nicht synonym. Wenn man von Größe spricht, spricht man von der Größe der Seele, dem Adel des Charakters, der Festigkeit des Willens und vor allem von der Ausgeglichenheit des Geistes. Ich kann verstehen, dass Menschen die Existenz dieser Eigenschaften bei Berlioz leugnen; aber sein musikalisches Genie zu leugnen oder über seine wunderbare Kraft zu schimpfen – und das ist es, was man in Paris täglich tut

– ist beklagenswert und lächerlich. Ob er einen anzieht oder nicht, ein Fingerhut von einem seiner Werke, eine einzelne Rolle in einem seiner Werke, ein wenig von der *Fantastique* oder der Ouvertüre von *Benvenuto* verraten mehr Genialität – ich habe keine Angst, es zu sagen – als alles andere die französische Musik seines Jahrhunderts. Ich kann verstehen, dass die Leute in einem Land, das Beethoven und Bach hervorgebracht hat, über ihn streiten; Aber wen können wir bei uns in Frankreich gegen ihn aufbringen? Gluck und César Franck waren viel größere Männer, aber sie waren nie Genies seines Formats. Wenn Genie eine schöpferische Kraft ist, kann ich nicht mehr als vier oder fünf Genies auf der Welt finden, die über ihm stehen. Wenn ich Beethoven, Mozart, Bach, Händel und Wagner genannt habe, weiß ich nicht, wer Berlioz sonst noch überlegen ist; Ich weiß nicht einmal, wer ihm ebenbürtig ist.

Er ist nicht nur Musiker, er ist die Musik selbst. Er befiehlt nicht seinem vertrauten Geist, er ist sein Sklave. Wer seine Schriften kennt, weiß, dass er von seinen musikalischen Gefühlen einfach besessen und erschöpft war. Es waren wirklich Ekstase- oder Krämpfeanfälle. Zuerst herrschte fieberhafte Erregung; die Adern pochten heftig und die Tränen flossen in Strömen. Dann kam es zu krampfartigen Kontraktionen der Muskeln, völliger Taubheit der Füße und Hände und teilweiser Lähmung der Seh- und Hörnerven; er sah nichts, hörte nichts ; er war schwindlig und halb ohnmächtig. Und bei Musik, die ihm missfiel, litt er im Gegenteil unter „einem schmerzhaften Gefühl körperlicher Unruhe und sogar unter Übelkeit". [54]

Der Einfluss der Musik auf seine Natur zeigt sich deutlich im plötzlichen Ausbruch seines Genies. [55] Seine Familie war gegen die Idee, dass er Musiker werden sollte, und bis er zweiundzwanzig oder dreiundzwanzig Jahre alt war, gab sein schwacher Wille mürrisch ihren Wünschen nach. Aus Gehorsam gegenüber seinem Vater begann er sein Medizinstudium in Paris. Eines Abends hörte er Salieris *Les Danaïdes* . Es traf ihn wie ein Donnerschlag. Er rannte in die Bibliothek des Konservatoriums und las Glucks Partituren.

Er vergaß zu essen und zu trinken; er war wie ein Mann im Wahnsinn. Eine Aufführung von *Iphigénie en Tauride* beendete ihn. Er studierte bei Lesueur und dann am Konservatorium. Im folgenden Jahr, 1827, komponierte er *Les Francs-Juges* ; zwei Jahre später die *Huit scènes de Faust* , die den Kern der zukünftigen *Verdammnis bildeten* ; [56] drei Jahre später die *Symphonie fantastique* (begonnen 1830). [57] Und er hatte den *Prix de Rome noch nicht bekommen*! Hinzu kommt, dass er bereits 1828 Ideen für *Roméo et Juliette hatte und 1829 einen Teil von Lelio* geschrieben hatte. Kann man woanders ein glänzenderes musikalisches Debüt finden? Vergleichen Sie das von Wagner, der im gleichen Alter schüchtern *Les Fées, Défense d'aimer* und *Rienzi schrieb* .

Er schrieb sie im selben Alter, aber zehn Jahre später. *Les Fées* erschien nämlich 1833, als Berlioz bereits Die *Fantastique* , die *Huit scènes de Faust, Lelio* und *Harold geschrieben hatte; Rienzi* wurde erst 1842 aufgeführt, nach *Benvenuto* (1835), *Le Requiem* (1837), *Roméo* (1839) und *La Symphonie funèbre et triomphale* (1840) – das heißt, als Berlioz alle seine großen Werke vollendet und seine musikalische Revolution vollbracht hatte. Und diese Revolution vollzog er allein, ohne Vorbild, ohne Führer. Was hätte er während seiner Zeit am Konservatorium außer den Opern von Gluck und Spontini hören können? Als er die *Ouverture des Francs-Juges komponierte* , war ihm sogar der Name Weber unbekannt, [58] und von Beethovens Kompositionen hatte er nur ein *Andante gehört* . [59]

Er ist wahrlich ein Wunder und das verblüffendste Phänomen in der Musikgeschichte des 19. Jahrhunderts. Seine kühne Kraft beherrscht sein ganzes Alter; Und wer würde angesichts eines solchen Genies nicht dem Beispiel Paganinis folgen und ihn als Beethovens einzigen Nachfolger feiern? [60] Wer sieht nicht, was für eine schlechte Figur der junge Wagner damals machte, der in mühsamer und selbstzufriedener Mittelmäßigkeit arbeitete? Doch Wagner machte den verlorenen Boden bald wieder wett; denn er wusste, was er wollte, und er wollte es hartnäckig.

Den Höhepunkt von Berlioz' Genie erreichte er im Alter von 35 Jahren mit dem *Requiem* und *dem Roméo* . Es sind seine beiden wichtigsten Werke, und es sind zwei Werke, über die man möglicherweise sehr unterschiedliche Gefühle hat. Ich für meinen Teil mag das eine sehr, das andere mag ich nicht; Aber beide eröffnen zwei große neue Wege in der Kunst, und beide sind wie zwei riesige Bögen auf dem Siegesweg der Revolution platziert, die Berlioz begonnen hat. Auf die Thematik dieser Werke werde ich später zurückkommen.

Aber Berlioz wurde schon alt. Seine täglichen Sorgen und sein stürmisches häusliches Leben, [61] seine Enttäuschungen und Leidenschaften, seine alltägliche und oft entwürdigende Arbeit erschöpften ihn bald und erschöpften schließlich seine Kräfte. "Würdest du es glauben?" Er schrieb an seinen Freund Ferrand: „Das, was mich einst zu schwärmerischer musikalischer Leidenschaft reizte, erfüllt mich jetzt mit Gleichgültigkeit oder sogar Verachtung. Ich habe das Gefühl, als würde ich mit großer Geschwindigkeit einen Berg hinabsteigen. Das Leben ist so kurz, das merke ich." dass die Gedanken an das Ende mich schon seit einiger Zeit begleiten. 1848, im Alter von 45 Jahren, schrieb er in seinen *Mémoires* : „Ich fühle mich so alt und müde und es fehlt mir an Inspiration." Mit 45 Jahren hatte Wagner geduldig seine Theorien ausgearbeitet und spürte seine Macht; mit fünfundvierzig schrieb er *„Tristan"* und *„Die Musik der Zukunft"* . Von Kritikern beschimpft, der Öffentlichkeit unbekannt, „blieb er ruhig, in dem Glauben, dass er in fünfzig Jahren Herr der Musikwelt sein würde." [62]

Berlioz war entmutigt. Das Leben hatte ihn besiegt. Es war nicht so, dass er etwas von seiner künstlerischen Meisterschaft verloren hätte; im Gegenteil, seine Kompositionen wurden immer vollendeter; und nichts in seinen früheren Werken erreichte die reine Schönheit einiger Seiten von *L'Enfance du Christ* (1850-4) oder von *Les Troyens* (1855-63). Aber er verlor seine Kraft; und sein intensives Gefühl, seine revolutionären Ideen und seine Inspiration (die in seiner Jugend den Platz des ihm fehlenden Selbstvertrauens eingenommen hatten) ließen ihn im Stich. Er lebte jetzt in der Vergangenheit – die *Huit scènes de Faust* (1828) enthielten die Keime von *La Damnation de Faust* (1846); seit 1833 hatte er an *Béatrice et Bénédict* (1862) gedacht; die Ideen in *Les Troyens* waren von seiner kindlichen Verehrung von Virgil inspiriert und hatten ihn sein ganzes Leben lang begleitet. Aber mit welcher Schwierigkeit beendete er jetzt seine Aufgabe! Er hatte nur sieben Monate gebraucht, um *Roméo zu schreiben* , und „da er das *Requiem nicht* schnell genug schreiben konnte, hatte er sich eine Art musikalische Kurzschrift angewöhnt" [63] , aber er brauchte sieben oder acht Jahre, um *Les Troyens zu schreiben* , wobei er zwischen Stimmungen der Begeisterung und des Ekels schwankte und Gleichgültigkeit und Zweifel gegenüber seinem Werk empfand. Er tastete sich zögernd und unsicher vor; er verstand kaum, was er tat. Er bewunderte die mittelmäßigeren Seiten seines Werkes: die Szene des Laokoon, das Finale des letzten Aktes von *Les Troyens à Troie* , die letzte Szene mit Aeneas in *Les Troyens à Carthage* . [64] Die leeren Wichtigtuereien Spontinis vermischen sich mit den erhabensten Vorstellungen. Man könnte sagen, sein Genie wurde ihm fremd: Es war das mechanische Werk einer unbewussten Kraft, wie „Stalaktiten in einer tropfenden Grotte". Er hatte keinen Schwung. Es war nur eine Frage der Zeit, bis die Decke der Grotte nachgeben würde. Man ist beeindruckt von der traurigen Verzweiflung, mit der er arbeitet; es ist sein letzter Wille und Testament, das er macht. Und wenn er damit fertig ist, wird er alles fertig haben. Sein Werk ist beendet; selbst wenn er noch hundert Jahre leben würde, würde er es nicht übers Herz bringen, noch etwas hinzuzufügen. Das Einzige, was bleibt – und das ist es, was er jetzt tun wird – ist, sich in Schweigen zu hüllen und zu sterben.

Oh, trauriges Schicksal! Es gibt große Männer, die ihr Genie überlebt haben; aber bei Berlioz überlebte das Genie das Verlangen. Sein Genie war immer noch da; man spürt es auf den erhabenen Seiten des dritten Akts von *Les Troyens à Carthage* . Aber Berlioz hatte aufgehört, an seine Macht zu glauben; er hatte den Glauben an alles verloren. Sein Genie starb aus Mangel an Nahrung; es war eine Flamme über einem leeren Grab. In der gleichen Stunde seines hohen Alters setzte die Seele Wagners ihren glorreichen Flug fort; und nachdem es alles überwunden hatte, errang es den höchsten Sieg, indem es alles für seinen Glauben aufgab. Und die göttlichen Lieder Parsifals erklangen wie in einem prächtigen Tempel und antworteten auf die Schreie des leidenden Amfortas mit den seligen Worten: „ *Selig in Glauben! Selig in Liebe* !"

II

Berlioz' Werk erstreckte sich nicht gleichmäßig über sein ganzes Leben; es wurde in wenigen Jahren vollendet. Es war nicht wie der Lauf eines großen Flusses, wie bei Wagner und Beethoven; es war ein Ausbruch von Genialität, dessen Flammen für eine kurze Zeit den ganzen Himmel erleuchteten und dann allmählich erloschen. [65] Lassen Sie mich versuchen, Ihnen von diesem wunderbaren Feuer zu erzählen.

Einige der musikalischen Qualitäten von Berlioz sind so beeindruckend, dass es unnötig ist, hier näher darauf einzugehen. Sein instrumentaler Klang, so berauschend und aufregend, [66] seine außergewöhnlichen Entdeckungen in Bezug auf die Klangfarbe, seine Erfindungen neuer Nuancen (wie in der berühmten Kombination von Flöten und Posaunen in den *Hostias et preces* des *Requiems* und der seltsame Einsatz der Harmonien von Violinen und Harfen) und sein riesiges und nebulöses Orchester – all dies eignet sich für den subtilsten Gedankenausdruck. [67]

Denken Sie an die Wirkung, die solche Werke zu dieser Zeit gehabt haben müssen. Berlioz war der erste, der erstaunt war, als er sie zum ersten Mal hörte. Bei der *Ouverture des Francs-Juges* weinte er, raufte sich die Haare und fiel schluchzend auf die Pauken. Bei der Aufführung seiner *Tuba mirum* in Berlin fiel er fast in Ohnmacht. Der Komponist, der sich ihm am meisten näherte, war Weber, und wie wir bereits gesehen haben, kannte Berlioz ihn erst spät im Leben. Aber wie viel weniger reichhaltig und komplex ist Webers Musik trotz ihrer nervösen Brillanz und verträumten Poesie? Vor allem ist Weber viel profaner und klassizistischer; ihm fehlt Berlioz' revolutionäre Leidenschaft und plebejische Kraft; er ist weniger ausdrucksstark und weniger großartig.

Wie kam es, dass Berlioz fast von Anfang an dieses Genie für die Orchestrierung hatte? Er selbst sagt, dass ihm seine beiden Meister am Konservatorium in Bezug auf die Instrumentierung nichts beigebracht hätten:

„Lesueur hatte nur sehr begrenzte Vorstellungen von dieser Kunst. Reicha kannte die besonderen Möglichkeiten der meisten Blasinstrumente; aber ich denke, dass er keine sehr fortgeschrittenen Ideen zum Thema der Gruppierung hatte."

Berlioz hat es sich selbst beigebracht. Er las die Partitur einer Oper, während diese aufgeführt wurde.

„Auf diese Weise", sagt er, [68] „fing ich an, mich mit der Verwendung des Orchesters vertraut zu machen und seinen Ausdruck und sein Timbre sowie den Tonumfang und die Mechanik der meisten Instrumente kennenzulernen. Durch sorgfältigen Vergleich der erzielten Wirkung mit den Mitteln, die zu ihrer Erzeugung verwendet wurden, lernte ich das verborgene Band kennen, das den musikalischen Ausdruck mit der besonderen Kunst der Instrumentation verbindet; aber niemand hinderte mich daran. Das Studium der Methoden der drei modernen Meister Beethoven, Weber und Spontini, die unvoreingenommene Untersuchung der Traditionen der Instrumentation und der wenig verwendeten Formen und Kombinationen, Gespräche mit Virtuosen und die Effekte, die ich sie auf ihren verschiedenen Instrumenten ausprobieren ließ, zusammen mit ein wenig Instinkt, taten den Rest für mich." [69]

Dass er ein Begründer dieser Richtung war, daran zweifelt niemand. Und niemand bestreitet in der Regel „seine teuflische Klugheit", wie Wagner sie verächtlich nannte, oder bleibt unempfindlich gegenüber seinem Geschick und seiner Meisterschaft im Mechanismus des Ausdrucks und seiner Macht über klangliche Materie, die ihn, abgesehen von seiner schöpferischen Kraft, zu einer Art Zauberer der Musik machen, einem König des Tons und des Rhythmus. Diese Gabe wird sogar von seinen Feinden anerkannt – von Wagner, der mit einiger Ungerechtigkeit versucht, sein Genie in enge Grenzen zu drängen und es auf „eine Struktur mit Rädern von unendlicher Genialität und äußerster List … ein Wunderwerk des Mechanismus" zu reduzieren. [70]

Aber obwohl es kaum jemanden gibt, den Berlioz nicht irritiert oder anzieht, beeindruckt er die Menschen immer durch seinen ungestümen Eifer, seine glühende Romantik und seine brodelnde Fantasie, die sein Werk zu einem der malerischsten Spiegelbilder aller Zeiten machen und auch weiterhin machen werden sein Alter. Seine rasende Kraft der Ekstase und Verzweiflung, seine Fülle an Liebe und Hass, sein fortwährender Durst nach Leben, der „im Herzen der tiefsten Trauer die Katharinenräder und Cracker der wildesten Freude entzündet" [71] – das sind die Eigenschaften, die … erregen die Massen in *Benvenuto* und die Heere in der *Verdammnis*, die Erde, Himmel und Hölle erschüttern und niemals ausgelöscht werden, sondern verschlingend und „leidenschaftlich" bleiben, auch wenn das Thema weit von der Leidenschaft entfernt ist, und doch auch süß und zärtlich zum Ausdruck kommen Gefühle und die tiefste Ruhe." [72]

Was auch immer man von dieser vulkanischen Kraft, diesem reißenden Strom der Jugend und Leidenschaft halten mag, es ist unmöglich, sie zu leugnen; ebenso gut könnte man die Sonne leugnen.

Und ich werde nicht näher auf Berlioz' Liebe zur Natur eingehen, die, wie uns M. Prudhomme zeigt, die Seele einer Komposition wie Die *Verdammnis* und, man könnte sagen, aller großen Kompositionen ist. Kein Musiker, mit Ausnahme von Beethoven, hat die Natur so tief geliebt. Wagner selbst war sich der Intensität der Gefühle nicht bewusst, die sie in Berlioz weckte, [73] und wie dieses Gefühl die Musik der *Verdammnis* , des *Roméo* und der *Trojaner durchdrang* .

Doch dieses Genie hatte noch andere Charakterzüge, die weniger bekannt, aber nicht weniger ungewöhnlich sind. Da wäre zunächst sein Sinn für reine Schönheit. Berlioz' äußerliche Romantik darf uns dafür nicht blind machen. Er hatte eine vergilische Seele, und wenn seine Farbgebung an die von Weber erinnert, so ist seine Gestaltung oft von italienischer Eleganz. Wagner hatte nie diese Liebe zur Schönheit im lateinischen Sinne des Wortes. Wer hat die südliche Natur, die schöne Form und die harmonische Bewegung so verstanden wie Berlioz? Wer hat seit Gluck das Geheimnis klassischer Schönheit so gut erkannt? Seit *Orfeo* komponiert wurde, hat niemand ein so vollkommenes Flachrelief in Musik gemeißelt wie den Auftritt der Andromache im zweiten Akt von *Les Troyens à Troie* . In *Les Troyens à Carthage* ergießt sich der Duft der Aeneis über die Liebesnacht, und wir sehen den leuchtenden Himmel und hören das Rauschen des Meeres. Einige seiner Melodien sind wie Statuen, oder die reinen Linien athenischer Friese, oder die edlen Gesten schöner italienischer Mädchen, oder das wellige Profil der albanischen Hügel, erfüllt von göttlichem Lachen. Er hat mehr getan, als die Schönheit des Mittelmeers zu spüren und in Musik umzusetzen – er hat Wesen geschaffen, die einer griechischen Tragödie würdig sind. Allein seine Kassandre würde genügen, um ihn zu den größten Tragödiendichtern zu zählen, die die Musik je gekannt hat. Und Kassandre ist eine würdige Schwester von Wagners Brünnhilde; aber sie hat den Vorteil, einer edleren Rasse zu entstammen und eine erhabene Zurückhaltung in Geist und Tat zu besitzen, die Sophokles selbst geliebt hätte.

Dem klassischen Adel, dem Berlioz' Kunst so spontan entspringt, wurde nicht genügend Aufmerksamkeit geschenkt. Es ist nicht vollständig anerkannt, dass er von allen Musikern des 19. Jahrhunderts derjenige war, der das höchste Gespür für plastische Schönheit besaß. Auch erkennt man nicht immer, dass er ein Autor süßer und fließender Melodien war. Weingartner drückte die Überraschung aus, die er empfand, als er, erfüllt von aktuellen Vorurteilen gegenüber Berlioz' mangelnder melodischer Erfindungsgabe, zufällig die Partitur der Ouvertüre von *Benvenuto aufschlug* und in dieser kurzen Komposition, deren Spiel kaum zehn Minuten dauert, nicht eine oder mehr fand zwei, aber vier oder fünf Melodien von bewundernswertem Reichtum und Originalität: –

"Ich begann zu lachen, sowohl vor Freude, einen solchen Schatz entdeckt zu haben, als auch vor Ärger, weil ich feststellte, wie eng das menschliche Urteilsvermögen ist. Hier zählte ich fünf Themen, alle plastisch und ausdrucksstark, von bewundernswerter Kunstfertigkeit, abwechslungsreich in der Form, sich allmählich zu einem Höhepunkt steigernd und dann mit starker Wirkung endend. Und das von einem Komponisten, dem Kritiker und Publikum nachsagten, er habe keine schöpferische Kraft! Von diesem Tag an gab es für mich einen weiteren großen Bürger in der Republik der Kunst." [74]

Zuvor hatte Berlioz 1864 geschrieben:

„Andere können sich leicht davon überzeugen, dass ich, ohne mich auch nur darauf zu beschränken, eine sehr kurze Melodie zum Thema einer Komposition zu nehmen – wie es die größten Musiker oft getan haben –, immer versucht habe, eine Fülle von Melodien in meine Kompositionen zu integrieren Man kann natürlich den Wert dieser Melodien, ihre Besonderheit, Originalität oder ihren Charme bestreiten – es steht mir nicht zu, sie zu beurteilen –, aber ihre Existenz zu leugnen, ist entweder ungerecht oder dumm. und eine unreife oder kurzsichtige musikalische Vision kann ihre Form nicht klar erkennen; oder, wiederum, sie können von sekundären Melodien begleitet sein, die für eine begrenzte Vision die Form der Hauptmelodien verschleiern können Sie finden diese Melodien so unähnlich zu den lustigen kleinen Dingern, die sie Melodien nennen, dass sie sich nicht dazu durchringen können, beiden den gleichen Namen zu geben. [75]

Und was für eine herrliche Vielfalt gibt es in diesen Melodien: Da ist das Lied im Gluck-Stil (Cassandres Arien), das rein deutsche *Lied* (Marguerites Lied „D'amour l'ardente flamme"), die italienische Melodie nach Bellini, in seine klarste und fröhlichste Form (Arietta von Arlequin in *Benvenuto*), die breite Wagner-Phrase (Finale von *Roméo*), das Volkslied (Chor der Hirten in *L'Enfance du Christ*) und das freieste und modernste Rezitativ (die Monologe). von Faust), das Berlioz' eigene Erfindung war, mit seiner vollen Entwicklung, seinem geschmeidigen Umriss und seinen komplizierten Nuancen. [76]

Ich habe gesagt, dass Berlioz eine unvergleichliche Gabe hatte, tragische Melancholie, Lebensmüdigkeit und Todesschmerz auszudrücken. Im Allgemeinen kann man sagen, dass er ein großer Elegist der Musik war. Ambros, der ein sehr anspruchsvoller und unvoreingenommener Kritiker war, sagte: „Berlioz fühlt mit innerer Freude und tiefer Emotion, was kein Musiker außer Beethoven zuvor gefühlt hat." Und Heinrich Heine hatte ein scharfes Gespür für Berlioz' Originalität, als er ihn „eine kolossale Nachtigall, eine Lerche von der Größe eines Adlers" nannte. Das Gleichnis ist nicht nur malerisch, sondern auch bemerkenswert treffend. Denn Berlioz' kolossale Kraft steht im Dienste eines verlassenen und zarten Herzens; er hat nichts vom Heldentum eines Beethoven, Händels, Glucks oder gar Schuberts. Er besitzt den ganzen Charme eines umbrischen Malers, wie er in *L'Enfance du Christ gezeigt wird* , aber auch Süße und innere Traurigkeit, die Gabe der Tränen und eine elegische Leidenschaft.

Nun komme ich zu Berlioz' großer Originalität, einer Originalität, über die selten gesprochen wird, obwohl sie ihn zu mehr als einem großen Musiker macht, mehr als zum Nachfolger von Beethoven oder, wie manche ihn nennen, zum Vorläufer von Wagner. Es ist eine Originalität, die ihn noch passender als Wagner selbst dazu berechtigt, als Schöpfer einer „Kunst der Zukunft", als Apostel einer neuen Musik bekannt zu werden, die bis heute kaum spürbar ist.

Berlioz ist im doppelten Sinne originell. Durch die außerordentliche Komplexität seines Genies berührte er die beiden gegensätzlichen Pole seiner Kunst und zeigte uns zwei völlig unterschiedliche Aspekte der Musik – den einer großen Volkskunst und den der freien Musik.

Wir sind alle Sklaven der musikalischen Tradition der Vergangenheit. Seit Generationen sind wir so daran gewöhnt, dieses Joch zu tragen, dass wir es kaum noch bemerken. Und infolge des deutschen Musikmonopols seit dem Ende des 18. Jahrhunderts wurden die musikalischen Traditionen – die in den beiden vorangegangenen Jahrhunderten hauptsächlich italienisch waren – nun fast ausschließlich deutsch. Wir denken in deutschen Formen: Der Plan der Phrasen, ihre Entwicklung, ihre Balance und die gesamte Rhetorik der Musik und die Grammatik der Komposition stammen aus fremdem Denken, das langsam von deutschen Meistern ausgearbeitet wurde. Diese Herrschaft war seit Wagners Sieg nie vollständiger oder schwerer. Damals herrschte diese große deutsche Periode über die Welt – ein schuppiges Ungeheuer mit tausend Armen, dessen Griff so weit reichte, dass er Seiten, Szenen, Akte und ganze Dramen in seinen Griff nahm. Wir können nicht sagen, dass französische Schriftsteller jemals versucht hätten, im Stil Goethes oder Schillers zu schreiben; aber französische Komponisten haben versucht und versuchen es immer noch, Musik im Stil deutscher Musiker zu schreiben.

Warum sollte man sich darüber wundern? Sehen wir der Sache offen ins Auge. In der Musik haben wir sozusagen keine Meister des französischen Stils. Alle unsere größten Komponisten sind Ausländer. Der Gründer der ersten Schule der französischen Oper, Lulli, war Florentiner; der Gründer der zweiten Schule, Gluck, war Deutscher; die beiden Gründer der dritten Schule waren Rossini, ein Italiener, und Meyerbeer, ein Deutscher; die Schöpfer der *Opéra-comique* waren Duni, ein Italiener, und Gretry, ein Belgier; Franck, der unsere moderne Opernschule revolutionierte, war ebenfalls Belgier. Diese Männer brachten einen Stil mit, der ihrer Rasse eigen war; oder sie versuchten, wie Gluck, einen „internationalen" Stil zu begründen, [77] durch den sie die individuelleren Merkmale des französischen Geistes auslöschten. Der französischste aller dieser Stile ist die *Opéra-comique* , das Werk zweier Ausländer, die jedoch der *Opéra-bouffe viel mehr zu verdanken hat* , als allgemein zugegeben wird, und die Frankreich auf jeden Fall sehr unzureichend repräsentiert.

Einige rationalere Geister haben versucht, sich von diesem italienischen und deutschen Einfluss zu befreien, sind aber größtenteils zu einem mittelmäßigen deutsch-italienischen Stil gelangt, für den die Opern von Auber und Ambroise Thomas ein Beispiel sind.

Vor Berlioz' Zeit gab es eigentlich nur einen Meister ersten Ranges, der sich große Mühe gab, die französische Musik zu befreien: Es war Rameau; und trotz seines Genies wurde er von der italienischen Kunst erobert. [78]

Durch die Umstände wurde die französische Musik daher von fremden Musikformen geprägt. Und so wie Deutschland im 18. Jahrhundert versuchte, die französische Architektur und Literatur nachzuahmen, so gewöhnte sich Frankreich im 19. Jahrhundert an, in der Musik Deutsch zu sprechen. Da die meisten Menschen mehr reden als sie denken, wurde sogar das Denken selbst eingedeutscht; und es war damals schwierig, durch diese traditionelle Unaufrichtigkeit die wahre und spontane Form des französischen Musikdenkens zu entdecken.

Aber Berlioz' Genie fand es instinktiv. Von Anfang an strebte er danach, die französische Musik von der Unterdrückung durch die ausländische Tradition zu befreien, die sie erstickte. [79]

Er war in jeder Hinsicht für die Rolle geeignet, trotz seiner Unzulänglichkeiten und seiner Unwissenheit. Seine klassische musikalische Ausbildung war unvollständig. M. Saint-Saëns erzählt uns, dass „die Vergangenheit für ihn nicht existierte; er verstand die alten Komponisten nicht, da sein Wissen über sie sich auf das beschränkte, was er über sie gelesen hatte." Er kannte Bach nicht. Glückliche Unwissenheit! Er konnte Oratorien wie *L'Enfance du Christ schreiben* , ohne sich von Erinnerungen und Traditionen der deutschen Oratorienmeister beunruhigen zu lassen. Es gibt Männer wie Brahms, die fast ihr ganzes Leben lang nichts anderes waren als Spiegelbilder der Vergangenheit. Berlioz versuchte nie, jemand anderes zu sein als er selbst. So schuf er sein Meisterwerk *La Fuite en Égypte* , das seiner tiefen Sympathie für das Volk entsprang.

Er hatte einen der ungebundensten Geister, die je gelebt haben. Freiheit war für ihn eine verzweifelte Notwendigkeit. „Freiheit des Herzens, des Geistes, der Seele – in allem ... Wirkliche Freiheit, absolut und unermesslich!" [80] Und diese leidenschaftliche Liebe zur Freiheit, die sein Unglück im Leben war, da sie ihn des Trostes jeden Glaubens beraubte, ihm jede Zuflucht für seine Gedanken verweigerte, ihm den Frieden und sogar das weiche Kissen des Skeptizismus raubte – diese „wirkliche Freiheit" bildete die einzigartige Originalität und Erhabenheit seiner musikalischen Konzeptionen.

„Musik", schrieb Berlioz 1852 an C. Lobe, „ist die poetischste, kraftvollste und lebendigste aller Künste. Sie sollte die freieste sein, aber sie ist es noch nicht ... Moderne Musik ist es." Wie die klassische Andromeda, nackt und von göttlicher Schönheit, ist sie an einen Felsen am Ufer eines riesigen Meeres gekettet und wartet auf den siegreichen Perseus, der ihre Fesseln lösen und die Chimäre namens Routine in Stücke brechen wird.

Die Aufgabe bestand darin, die Musik von ihren begrenzten Rhythmen und den sie umgebenden traditionellen Formen und Regeln zu befreien; [81] und vor allem musste es frei von der Herrschaft der Sprache und von ihrer demütigenden Bindung an die Poesie befreit werden. Berlioz schrieb 1856 an die Prinzessin von Wittgenstein:

"Ich bin für freie Musik. Ja, ich möchte, dass die Musik stolz frei ist, siegreich, überragend. Ich möchte, dass sie alles nimmt, was sie kann, damit es für sie keine Alpen oder Pyrenäen mehr gibt. Aber sie muss ihre Siege erringen, indem sie persönlich kämpft und sich nicht auf ihre Leutnants verlässt. Ich möchte, dass sie, wenn möglich, gute Verse in Schlachtordnung verfasst; aber wie Napoleon muss sie sich selbst dem Feuer stellen und wie Alexander in den vordersten Reihen der Phalanx marschieren. Sie ist so mächtig, dass sie in manchen Fällen allein siegen würde; denn sie hat das Recht, mit Medea zu sagen: ‚Ich selbst bin genug.'"

Berlioz protestierte energisch gegen Glucks gottlose Theorie [82] und Wagners „Verbrechen", die Musik zum Sklaven der Sprache zu machen. Musik ist höchste Poesie und kennt keinen Meister. [83] Es lag daher an Berlioz, die Ausdruckskraft der reinen Musik kontinuierlich zu steigern.

Und während Wagner, der gemäßigter war und der Tradition näher stand, einen (vielleicht unmöglichen) Kompromiss zwischen Musik und Sprache herstellen und das neue lyrische Drama schaffen wollte, gelang Berlioz, der revolutionärer war, die dramatische Symphonie , dessen unübertroffenes Vorbild auch heute noch *Roméo et Juliette ist* .

Die dramatische Symphonie verstieß natürlich gegen alle formalen Theorien. Dagegen wurden zwei Argumente vorgebracht: eines stammt aus Bayreuth und ist inzwischen ein Akt des Glaubens; die andere, aktuelle Meinung, vertreten durch die Menge, die über Musik spricht, ohne sie zu verstehen.

Das erste von Wagner vertretene Argument ist, dass Musik ohne die Hilfe von Sprache und Gesten keine wirkliche Handlung ausdrücken kann. Im Namen dieser Meinung verurteilen so viele Menschen Berlioz' *Roméo a priori*

. Sie halten es für kindisch, Action in Musik *zu übersetzen* . Ich nehme an, sie halten es für weniger kindisch, eine Handlung durch Musik zu *veranschaulichen* . Glauben Sie, dass diese Geste sehr gut mit Musik verbunden ist? Wenn sie nur versuchen würden, diese große Fiktion auszurotten, die uns in den letzten drei Jahrhunderten beschäftigt hat; Wenn sie nur ihre Augen öffnen und sehen würden – was große Männer wie Rousseau und Tolstoi so deutlich sahen – die Albernheit der Oper; Wenn sie nur die Anomalien der Bayreuther Show sehen würden. Im zweiten Akt von *Tristan* gibt es eine berühmte Passage, in der Ysolde voller Sehnsucht auf Tristan wartet; Sie sieht ihn endlich kommen und wedelt aus der Ferne mit ihrem Schal, begleitet von einer Phrase, die das Orchester mehrmals wiederholt. Ich kann die Wirkung, die diese *Nachahmung* (denn es ist nichts anderes) einer Reihe von Lauten durch eine Reihe von Gesten auf mich hervorruft, nicht ausdrücken; Ich kann es nie ohne Empörung oder ohne Lachen sehen. Das Merkwürdige ist, dass man die Geste sieht, wenn man diese Passage auf einem Konzert hört. Im Theater „sieht" man es entweder nicht, oder es wirkt kindisch. Die natürliche Handlung wird steif, wenn sie in eine musikalische Rüstung gehüllt wird, und die Absurdität des Versuchs, die beiden zur Übereinstimmung zu bringen, wird einem aufgezwungen. In der Musik von *Rheingold* stellt man sich die Statur und den Gang der Riesen vor, und man sieht den Blitz leuchten und den Regenbogen in den Wolken spiegeln. Im Theater ist es wie ein Marionettenspiel; und man spürt die unüberbrückbare Kluft zwischen Musik und Geste. Musik ist eine Welt für sich. Wenn die Musik das Drama darstellen will, spiegelt sich in ihr nicht die wirkliche Handlung wider, sondern die vom Geist verklärte, nur für die innere Vision wahrnehmbare ideelle Handlung. Die schlimmste Dummheit besteht darin, zwei Visionen zu präsentieren – eine für die Augen und eine für den Geist. Fast immer töten sie sich gegenseitig.

Das andere Argument, das gegen die Symphonie mit Programm vorgebracht wird, ist das vorgetäuschte klassische Argument (es ist überhaupt nicht wirklich klassisch). „Musik", sagen sie, „ist nicht dazu gedacht, bestimmte Themen auszudrücken; sie ist nur für vage Ideen geeignet. Je unbestimmter sie ist, desto größer ist ihre Kraft und desto mehr suggeriert sie." Ich frage: Was ist eine unbestimmte Kunst? Was ist eine vage Kunst? Widersprechen sich die beiden Wörter nicht? Kann es diese seltsame Kombination überhaupt geben? Kann ein Künstler etwas schreiben, das er sich nicht klar vorstellt? Glauben die Leute, dass er willkürlich komponiert, während ihm sein Genie zuflüstert? Zumindest muss man sagen: Eine Symphonie Beethovens ist ein „definitives" Werk bis ins Innerste; und Beethoven hatte, wenn auch kein genaues Wissen, so doch eine klare Vorstellung davon, worum es ihm ging. Seine letzten Quartette sind Symphonien, die seine Seele beschreiben und ganz anders ausgeführt sind als die Sinfonien von Berlioz. Eines davon konnte Wagner unter dem Titel „Ein Tag mit Beethoven" analysieren. Beethoven versuchte immer, die Tiefen seines Herzens, die Feinheiten seines Geistes in Musik zu übersetzen, die sich nicht klar mit Worten erklären lassen, die aber so eindeutig wie Worte sind – tatsächlich noch eindeutiger; Denn da ein Wort ein abstraktes Ding ist, fasst es viele Erfahrungen zusammen und umfasst viele verschiedene Bedeutungen. Musik ist hundertmal ausdrucksvoller und präziser als Sprache; und es ist nicht nur ihr Recht, bestimmte Gefühle und Themen auszudrücken, es ist ihre Pflicht. Wenn diese Pflicht nicht erfüllt wird, ist das Ergebnis keine Musik – es ist überhaupt nichts.

Berlioz ist also der wahre Erbe von Beethovens Gedanken. Der Unterschied zwischen einem Werk wie *Roméo* und einer von Beethovens Symphonien besteht darin, dass ersteres, so scheint es, versucht, objektive Gefühle und Themen in Musik auszudrücken. Ich sehe keinen Grund, warum Musik nicht der Poesie folgen sollte, indem sie von der Introspektion abkommt und versucht, das Drama des Universums zu schildern. Shakespeare ist so gut wie Dante. Außerdem, so könnte man hinzufügen, ist es immer Berlioz selbst, der in seiner Musik entdeckt wird: Es ist seine nach Liebe hungernde und von Schatten verspottete Seele, die in allen Szenen von *Roméo offenbart wird* .

Ich werde eine Diskussion, bei der so viele Dinge ungesagt bleiben müssen, nicht in die Länge ziehen. Aber ich würde vorschlagen, dass wir diese absurden Versuche, die Kunst einzuschränken, ein für alle Mal aufgeben. Sagen wir nicht: Musik kann... Musik kann das und das nicht ausdrücken. Sagen wir lieber: Wenn es dem Genie gefällt, ist alles möglich; und wenn die Musik es wünscht, könnte sie morgen malen und dichten. Berlioz hat es in seinem *Roméo gut bewiesen* .

Dieser *Roméo* ist ein außerordentliches Werk: „eine wunderbare Insel, auf der ein Tempel reiner Kunst errichtet ist." Ich für meinen Teil halte ihn nicht nur für ebenbürtig mit den mächtigsten Werken Wagners, sondern glaube auch, dass er reicher an Lehren und an Ressourcen für die Kunst ist – Ressourcen und Lehren, die die zeitgenössische französische Kunst noch nicht voll ausgeschöpft hat. Man weiß, dass die junge französische Schule seit mehreren Jahren Anstrengungen unternimmt, unsere Musik von deutschen Vorbildern zu befreien, eine Rezitativsprache zu schaffen, die zu Frankreich gehört und die das *Leitmotiv* nicht überwältigt; eine präzisere und weniger schwere Sprache, die beim Ausdruck der Freiheit des modernen Denkens nicht auf die Hilfe der klassischen oder Wagnerschen Formen zurückgreifen muss. Vor nicht allzu langer Zeit veröffentlichte die *Schola Cantorum* ein Manifest, das „die Freiheit der musikalischen Deklamation … freie Rede in freier Musik … den Triumph der natürlichen Musik mit der freien Bewegung der Rede und dem plastischen Rhythmus des antiken Tanzes" verkündete – und damit der metrischen Kunst der letzten drei Jahrhunderte den Krieg erklärte. [84]

Nun, hier ist diese Musik; Sie werden nirgends ein perfekteres Modell finden. Es stimmt, dass viele, die sich zu den Prinzipien dieser Musik bekennen, das Modell ablehnen und ihre Verachtung für Berlioz nicht verbergen. Das lässt mich, das gebe ich zu, ein wenig an den Ergebnissen ihrer Bemühungen zweifeln. Wenn sie die wunderbare Freiheit von Berlioz' Musik nicht spüren und nicht sehen, dass sie der zarte Schleier eines sehr lebendigen Geistes war, dann, denke ich, wird in ihren Ansprüchen auf "freie Musik" mehr Archaismus als wirkliches Leben stecken. Studieren Sie nicht nur die berühmtesten Seiten seines Werkes, wie die *Scène d'amour* (diejenige von all seinen Kompositionen, die Berlioz selbst am besten gefiel), [85] *La Tristesse de Roméo* oder *La Fête des Capulet* (wo ein Geist wie der von Wagner Stürme der Leidenschaft und Freude entfesselt und wieder bezwingt), aber nehmen Sie auch weniger bekannte Stücke wie das *Scherzetto chanté de la reine Mab* oder *Réveil de Juliette* und die Musik, die den Tod der beiden Liebenden beschreibt. [86] In dem einen steckt welch leichte Anmut, in dem anderen welch vibrierende Leidenschaft und in beiden welch große Freiheit und treffender Gedankenausdruck. Die Sprache ist großartig, von wunderbarer Klarheit und Einfachheit; kein Wort zu viel und kein Wort, das nicht eine unfehlbare Feder verriet. In fast allen großen Werken von Berlioz vor 1845 (das heißt bis zur *Verdammnis*) finden Sie diese nervöse Präzision und umfassende Freiheit.

Dazu kommt die Freiheit seiner Rhythmen. Schumann, der Berlioz von allen Musikern dieser Zeit am nächsten stand und ihn daher am besten verstehen konnte, war davon seit der Komposition der *Symphonic fantastique betroffen* . [87] Er schrieb:

„Die heutige Zeit hat sicherlich kein Werk hervorgebracht, in dem ähnliche Zeiten und Rhythmen in Kombination mit unterschiedlichen Zeiten und Rhythmen freier verwendet wurden. Der zweite Teil einer Phrase stimmt selten mit dem ersten, der Antwort auf die Frage, überein. Diese Anomalie ist charakteristisch von Berlioz und entspricht seinem südländischen Temperament.

Weit davon entfernt, Einwände dagegen zu erheben, sieht Schumann darin etwas Notwendiges für die musikalische Entwicklung.

„Offenbar neigt die Musik dazu, zu ihren Anfängen zurückzukehren, zu der Zeit, als die Gesetze des Rhythmus sie noch nicht beunruhigten; es scheint, als wolle sie sich befreien, zu einem ungezwungenen Ausdruck zurückfinden und sich zu dem erheben Würde einer Art poetischer Sprache.“

Und Schumann zitiert diese Worte von Ernest Wagner: „Wer die Tyrannei der Zeit abschüttelt und uns von ihr erlöst, wird, soweit man sehen kann, der Musik die Freiheit zurückgeben.“ [88]

Beachten Sie auch Berlioz' Freiheit der Melodie. Seine musikalischen Phrasen pulsieren und fließen wie das Leben selbst. „Manche Phrasen haben für sich genommen", sagt Schumann, „eine solche Intensität, dass sie eine Harmonisierung nicht ertragen – *wie in vielen alten Volksliedern* – und oft verdirbt sogar eine Begleitung ihre Fülle." [89] Diese Melodien korrespondieren so sehr mit den Gefühlen, dass sie durch ihre kräftige Bearbeitung und zarten Reliefs, durch herrliche Barbarei der Modulation und kräftige und leuchtende Farben, durch sanfte Abstufungen von Licht und Schatten oder durch sanfte Abstufungen von Licht und Schatten auch die geringsten Erregungen von Körper und Geist wiedergeben unmerkliche Gedankenwellen, die wie eine stetige Flut über den Körper strömen. Es ist eine Kunst von besonderer Sensibilität, feiner ausdrucksstark als die von Wagner; Sie begnügt sich nicht mit der modernen Tonalität, sondern kehrt zu alten Tonarten zurück – ein Rebell, wie M. Saint-Saëns bemerkt, gegen die Polyphonie, die seit Bachs Tagen die Musik beherrscht hatte und die vielleicht doch „eine Ketzerei ist, die dazu bestimmt ist verschwinden." [90]

Wie viel schöner sind meiner Meinung nach Berlioz' Rezitative mit ihren langen und gewundenen Rhythmen [91] als Wagners Deklamationen, die sich - abgesehen vom Höhepunkt eines Themas, wo die Luft in kühne und kraftvolle Phrasen ausbricht, deren Einfluss sonst oft schwach ist - auf die Quasi-Notation gesprochener Beugungen beschränken und lautstark mit den feinen Harmonien des Orchesters kollidieren. Berlioz' Orchestrierung ist auch von zarterer Art und hat ein freieres Leben als die Wagners, sie fließt in einem ungestümen Strom und reißt alles in ihrem Lauf mit; sie ist auch weniger einheitlich und fest, sondern flexibler; ihre Natur ist wellenförmig und abwechslungsreich, und die tausend unmerklichen Impulse des Geistes und der Handlung spiegeln sich darin wider. Sie ist ein Wunder an Spontaneität und Laune.

Trotz des Anscheins ist Wagner im Vergleich zu Berlioz ein Klassizist; er führte die Arbeit der deutschen Klassiker fort und perfektionierte sie; er machte keine Neuerungen; er ist der Höhepunkt und das Ende einer Entwicklung der Kunst. Berlioz begann eine neue Kunst; und man findet darin den ganzen kühnen und anmutigen Eifer der Jugend. Die eisernen Gesetze, die die Kunst Wagners banden, finden sich in den frühen Werken von Berlioz nicht, die den Eindruck vollkommener Freiheit erwecken. [92]

Sobald man die tiefe Originalität der Musik von Berlioz erfasst hat, versteht man, warum sie auf so viel heimliche Feindseligkeit stieß und stößt. Wie viele versierte und gebildete Musiker, die der künstlerischen Tradition Ehre erweisen, sind nicht in der Lage, Berlioz zu verstehen, weil sie den Hauch von Freiheit, den seine Musik ausstrahlt, nicht ertragen können. Sie sind es so gewohnt, auf Deutsch zu denken, dass Berlioz' Rede sie verärgert und schockiert. Ich kann es gut glauben. Es ist das erste Mal, dass ein französischer Musiker es wagt, auf Französisch zu denken; und das ist der Grund, warum ich Sie vor der Gefahr gewarnt habe, zu demütige deutsche Vorstellungen über Berlioz zu akzeptieren. Männer wie Weingartner, Richard Strauss und Mottl – Vollblutmusiker – können Berlioz' Genie zweifellos besser und schneller einschätzen als wir französischen Musiker. Aber ich misstraue eher der Art von Wertschätzung, die sie für einen Geist empfinden, der ihrem eigenen so entgegengesetzt ist. Es ist Sache Frankreichs und des französischen Volkes, zu lernen, seine Gedanken zu lesen; sie gehören ihnen zutiefst und werden ihnen eines Tages ihre Erlösung schenken.

Berlioz' andere große Originalität lag in seinem Talent für Musik, die dem Geist des einfachen Volkes, das gerade zur Souveränität erhoben worden war, und der jungen Demokratie entsprach. Trotz seiner aristokratischen Verachtung war seine Seele bei den Massen. M. Hippeau wendet auf ihn Taines Definition eines romantischen Künstlers an: „der Plebejer einer neuen Rasse, reich begabt und voller Bestrebungen, der, nachdem er zum ersten Mal die Höhen der Welt erreicht hat, lautstark die Gärung seines Geistes und Herzens zur Schau stellt." Berlioz wuchs inmitten von Revolutionen und Geschichten imperialer Errungenschaften auf. Er schrieb seine Kantate für den *Prix de Rome* im Juli 1830 „zum harten, dumpfen Geräusch verirrter Kugeln, die über die Dächer sausten und sich an die Wand neben seinem Fenster drückten." [93] Als er diese Kantate beendet hatte, ging er „mit der Pistole in der Hand, um in Paris mit der *Sainte Canaille den Schurken zu spielen* ." Er sang die *Marseillaise* und brachte „alle, die eine Stimme und Herz und Blut in ihren Adern hatten" [94] dazu, sie ebenfalls zu singen. Auf seiner Reise nach Italien reiste er mit mazzinischen Verschwörern, die am Aufstand in Modena und Bologna teilnehmen wollten, von Marseille nach Livourne. Ob er sich dessen bewusst war oder nicht, er war der Musiker der Revolutionen; seine Sympathien galten dem Volk. Er füllte seine Theaterszenen nicht nur mit wimmelnden und aufrührerischen Menschenmengen, wie die des römischen Karnevals im zweiten Akt von *Benvenuto* (und nahm damit die Menschenmassen der *Meistersinger um dreißig Jahre vorweg*), sondern er schuf auch eine Musik für die Massen und einen kolossalen Stil. Sein Vorbild war hierbei Beethoven; Beethoven der Eroica, des c-Moll, des A-Tonleiters und vor allem der Neunten Sinfonie. Er war Beethovens Anhänger in dieser wie auch in anderen Dingen und der Apostel, der dessen Werk fortführte. [95] Und mit seinem Verständnis für Materialwirkungen und Klangmaterie baute er Bauwerke, die, wie er sagt, „babylonisch und ninivetisch" [96] waren , „Musik nach Michelangelo" [97] , „von gewaltigem Ausmaß". [98]

Es waren die *Symphonie funèbre et triomphale* für zwei Orchester und einen Chor und das *Te Deum* für Orchester, Orgel und drei Chöre, die Berlioz liebte (dessen Finale *Judex crederis* ihm das Wirkungsvollste erschien, was er je geschrieben hatte [99]). sowie das *Impériale* für zwei Orchester und zwei Chöre und das berühmte *Requiem* mit seinen „vier Orchestern aus Blechblasinstrumenten, die um das Hauptorchester und die Stimmenmasse angeordnet sind, aber getrennt sind und in einiger Entfernung einander antworten". Wie das *Requiem* sind diese Kompositionen oft grob im Stil und von eher banaler Stimmung, aber ihre Erhabenheit ist überwältigend. Dies liegt nicht nur an der enormen Größe der eingesetzten Mittel, sondern auch an „der Breite des Stils und der beeindruckenden Langsamkeit mancher Fortschreitungen – deren Endziel man nicht erraten kann – was diesen Kompositionen einen seltsam gigantischen Charakter verleiht." [100] Berlioz hat in diesen Kompositionen eindrucksvolle Beispiele für die Schönheit hinterlassen, die sich in einer rohen Masse an Musik offenbaren kann. Wie die hoch aufragenden Alpen bewegen sie einen durch ihre schiere Unermesslichkeit. Ein deutscher Kritiker sagt: „In diesen zyklopischen Werken lässt der Komponist die elementaren und rohen Kräfte des Klangs und des reinen Rhythmus auf sich wirken." [101] Es ist kaum Musik, es ist die Kraft der Natur selbst. Berlioz selbst nennt sein *Requiem* „eine musikalische Katastrophe". [102]

Diese Orkane werden losgelassen, um zu den Menschen zu sprechen, um den trüben Ozean der Menschheit aufzurütteln und aufzurütteln. Das *Requiem* ist ein Jüngstes Gericht, das nicht wie das der Sixtinischen Kapelle (die Berlioz überhaupt nicht mochte) für große Aristokratien bestimmt ist, sondern für eine Menschenmenge, eine wogende, aufgeregte und ziemlich wilde Menge. Der *Marche de Rakoczy* ist weniger ein ungarischer Marsch als vielmehr die Musik für einen revolutionären Kampf; er läutet den Angriff ein, und Berlioz sagt uns, er könnte Vergils Verse als Motto tragen:

„… Furor iraque mentes
Praecipitant, pulchrumque mori succurrit in armis." [103]

Symphonic funèbre et triomphale hörte, musste er Berlioz' „Fähigkeit, Kompositionen zu schreiben, die im besten Sinne des Wortes populär waren" anerkennen.

„Als ich mir diese Symphonie anhörte, hatte ich den lebhaften Eindruck, dass jeder kleine Straßenjunge in blauer Bluse und roter Haube sie perfekt verstehen würde. Ich zögere nicht, diesem Werk den Vorzug vor den anderen Werken von Berlioz zu geben; es ist groß und edel von Anfang an." Von der ersten Note bis zur letzten Note erhebt sich ein feiner und eifriger Patriotismus, der sie von jeder unheilvollen Übertreibung abhält. Ich möchte gerne meine Überzeugung zum Ausdruck bringen, dass diese Symphonie den Mut und Willen der Menschen anregen wird lebe, solange eine Nation den Namen Frankreich trägt. [104]

Wie kommt es, dass solche Arbeiten von unserer Republik vernachlässigt werden? Wie kommt es, dass sie in unserem öffentlichen Leben keinen Platz haben? Warum sind sie nicht Teil unserer großen Zeremonien? Das ist es, was man sich fragen würde, wenn man nicht im letzten Jahrhundert die Gleichgültigkeit des Staates gegenüber der Kunst gesehen hätte. Was hätte Berlioz nicht getan, wenn ihm die Mittel gegeben worden wären oder wenn seine Werke einen Platz auf den Festen der Revolution gefunden hätten? Leider muss man hinzufügen, dass auch hier sein Charakter der Feind seines Genies war. Als dieser Apostel der musikalischen Freiheit im zweiten Teil seines Lebens Angst vor sich selbst bekam und vor den Ergebnissen seiner eigenen Prinzipien zurückschreckte und zum Klassizismus zurückkehrte, so begann dieser Revolutionär, das Volk und die Revolutionen mürrisch zu verunglimpfen; und er spricht von „der republikanischen Cholera", „der schmutzigen und dummen Republik", „der Republik der Straßenträger und Lumpensammler", „dem schmutzigen Pöbel der Menschheit, der in seinen Zucken und revolutionären Grimassen hundertmal dümmer und tierischer ist." als die Paviane und Orang-Outangs von Borneo." [105] Welche Undankbarkeit! Er verdankte diesen Revolutionen, diesen demokratischen Stürmen, diesen menschlichen Stürmen das Beste seines ganzen Genies – und er verleugnete alles. Dieser Musiker einer neuen Ära flüchtete in die Vergangenheit.

Nun, was spielte es für eine Rolle? Ob er es wollte oder nicht, er eröffnete der Kunst einige großartige Wege. Er hat der Musik Frankreichs den Weg gezeigt, den ihr Genie gehen sollte; Er hat ihr Möglichkeiten aufgezeigt, von denen sie nie zuvor geträumt hatte. Er hat uns einen musikalischen Ausdruck gegeben, der gleichzeitig wahrheitsgetreu und ausdrucksstark ist, frei von fremden Traditionen, der aus den Tiefen unseres Seins kommt und unseren Geist widerspiegelt; eine Äußerung, die seiner Fantasie entsprach, seinem Instinkt für das Malerische, seinen flüchtigen Eindrücken und seinen zarten Gefühlsnuancen. Er hat das starke Fundament einer nationalen und populären Musik für die größte Republik Europas gelegt.

Das sind glänzende Qualitäten. Hätte Berlioz Wagners Urteilsvermögen besessen und seine Intuitionen voll ausgeschöpft, hätte er Wagners Willen gehabt und die Inspirationen seines Genies geformt und zu einem soliden Ganzen zusammengefügt, dann wage ich zu behaupten, dass er eine größere Revolution in der Musik bewirkt hätte als Wagners eigene; denn Wagner war zwar stärker und beherrschter, aber weniger originell und im Grunde nur das Ende einer glorreichen Vergangenheit.

Wird diese Revolution noch stattfinden? Vielleicht; aber sie hat sich um ein halbes Jahrhundert verzögert. Berlioz rechnete verbittert damit, dass die Menschen ihn etwa im Jahr 1940 verstehen würden. [106]

Warum sollte man sich schließlich wundern, dass seine gewaltige Mission zu viel für ihn war? Er war so allein. [107] Als die Menschen ihn verließen, wurde seine Einsamkeit noch deutlicher. Er war allein im Zeitalter von Wagner, Liszt, Schumann und Franck; allein und doch in sich eine ganze Welt enthaltend, deren sich seine Feinde, seine Freunde, seine Bewunderer und er selbst nicht ganz bewusst waren; allein und gequält von seiner Einsamkeit. Allein – das Wort wiederholt sich in der Musik seiner Jugend und seines Alters, in der *Symphonie fantastique* und in *Les Troyens* . Es ist das Wort, das ich in dem Porträt vor mir lese, während ich diese Zeilen schreibe – das wunderschöne Porträt der *Mémoires* , in dem sein Gesicht in traurigem und strengem Vorwurf auf die Zeit blickt, die ihn so missverstanden hat.

WAGNER „SIEGFRIED"

Nichts ist so aufregend wie der erste Eindruck. Ich erinnere mich, wie ich als Kind zum ersten Mal Fragmente von Wagners Musik hörte, bei einem von Pasdeloups Konzerten im Cirque d'Hiver. Ich wurde an einem trüben und nebligen Sonntagnachmittag dorthin gebracht, und als wir den gelben Nebel draußen hinter uns ließen und den Saal betraten, empfingen uns eine überwältigende Wärme, ein blendendes Licht und das Gemurmel der Menge. Meine Augen waren geblendet, ich atmete schwer, und meine Glieder verkrampften sich bald, denn wir saßen auf Holzbänken, eingezwängt in einem engen Raum zwischen massiven Wänden aus Menschen. Aber mit der ersten Note der Musik war alles vergessen, und man verfiel in einen Zustand schmerzhafter, aber köstlicher Erstarrung. Vielleicht machte gerade das Unbehagen das Vergnügen noch intensiver. Wer den Rausch des Bergsteigens kennt, weiß auch, wie eng er mit den Unannehmlichkeiten des Aufstiegs verbunden ist – mit der Müdigkeit und dem blendenden Licht der Sonne, mit Atemnot und all den anderen Empfindungen, die das Leben wecken und anregen und den Körper kribbeln lassen, so dass sich die Erinnerung an all das unauslöschlich ins Gedächtnis eingräbt. Der Komfort eines Theaters trägt nichts zur Illusion eines Theaterstücks bei; und vielleicht verdanke ich meine lebhafte Erinnerung an meine erste Begegnung mit Wagners Werk sogar der völligen Unbequemlichkeit der alten Konzertsäle.

Wie geheimnisvoll es war und was für eine seltsame Erregung es mich erfüllte! Es gab neue Effekte der Orchestrierung, neue Klangfarben, neue Rhythmen und neue Themen; es enthielt die wilde Poesie des fernen Mittelalters und alter Legenden, es pulsierte mit dem Fieber unserer verborgenen Sorgen und Wünsche. Ich verstand es nicht sehr gut. Wie auch? Die Musik war Werken entnommen, die mir völlig unbekannt waren. Es war fast unmöglich, den Zusammenhang der Ideen zu erfassen, da die Akustik des Raumes schlecht war, das Orchester schlecht aufgestellt war und die Spieler ungeschickt waren – all dies führte dazu, dass die musikalische Gestaltung gestört und die Harmonie der Farben zerstört wurde. Passagen, die hervorgehoben werden sollten, wurden verschleiert und andere durch falsches Tempo oder mangelnde Genauigkeit verzerrt. Selbst heute, wo unsere Orchester durch jahrelanges Studium gereift sind, wäre ich oft nicht in der Lage, Wagners Gedanken während einer ganzen Szene zu folgen, wenn ich nicht zufällig die Partitur kennen würde, denn die Konturen einer Melodie werden oft durch die Begleitung erstickt, und so geht ihre Stimmung verloren. Wenn wir in Wagners Werken immer noch Bedeutungsschwierigkeiten finden, können Sie sich vorstellen, wie viel schlimmer es damals war. Aber was machte das schon? Ich fühlte mich oft von Leidenschaften bewegt, die nicht menschlich waren: ein magnetischer

Einfluss schien mich sowohl vor Freude als auch vor Schmerz zu durchdringen, und ich fühlte mich gestärkt und glücklich, denn es gab mir Kraft. Es war, als ob mir mein Kinderherz entrissen und das Herz eines Helden an seine Stelle gesetzt worden wäre.

Ich war mit dieser Erfahrung auch nicht allein. In den Gesichtern der Menschen um mich herum sah ich die Widerspiegelung meiner eigenen Gefühle. Was hatte das zu bedeuten? Das Publikum bestand hauptsächlich aus armen und einfachen Leuten, deren Gesichter von der Abnutzung eines Lebens ohne Interessen und Ideale gezeichnet waren; Ihre Gedanken waren stumpf und schwer, und doch reagierten sie hier auf den göttlichen Geist der Musik. Es gibt keinen eindrucksvolleren Anblick als den Anblick tausender Menschen, die von einer Melodie in ihren Bann gezogen werden; es ist abwechselnd erhaben, grotesk und berührend.

Was für einen Platz in meinem Leben hatten diese Sonntagskonzerte! Die ganze Woche habe ich für diese zwei Stunden gelebt; und als sie vorbei waren, dachte ich bis zum nächsten Sonntag darüber nach. Die Faszination, die Wagners Musik für die Jugend ausübt, hat die Menschen oft beunruhigt; Sie denken, es vergiftet die Gedanken und trübt die Aktivitäten. Aber die Generation, die damals von Wagner berauscht war, scheint seitdem keine Anzeichen einer Demoralisierung gezeigt zu haben. Warum verstehen die Menschen nicht, dass wir diese Musik nicht brauchten, weil sie für uns den Tod, sondern das Leben bedeutete? Eingezwängt durch die Künstlichkeit einer Stadt, fernab von Action, Natur oder starkem oder realem Leben, expandierten wir unter dem Einfluss dieser edlen Musik – Musik, die aus einem Herzen strömte, das vom Verständnis der Welt und dem Atem der Natur erfüllt war. In „*Die Meistersinger*", in „*Tristan*" und in „*Siegfried*" suchten wir die Freude, die Liebe und die Kraft, die uns so fehlten.

Zu der Zeit, als ich die Verführungskraft Wagners so stark spürte, gab es unter meinen Älteren immer ein paar nörgelnde Leute, die bereit waren, meine Bewunderung zu ersticken und mit einem überlegenen Lächeln zu sagen: „Das ist nichts. Über Wagner kann man bei einem Konzert nicht urteilen. Das muss man hören." ihn im Opernhaus in Bayreuth. Seitdem war ich mehrmals in Bayreuth; Ich habe Wagners Werke in Berlin, in Dresden, in München und in anderen deutschen Städten aufgeführt, aber den alten Rausch verspürte ich nie wieder. Man irrt, wenn man so tut, als ob die nähere Bekanntschaft mit einem guten Werk die Freude daran steigert. Es bringt vielleicht Licht ins Dunkel, regt aber die Vorstellungskraft an und lüftet das Geheimnis. Die rätselhaften Fragmente, die man auf Konzerten hört, werden durch all das, was der Geist zu ihnen hinzufügt, prächtige Ausmaße annehmen. Dieses epische Gedicht über die *Niebelungen* war einst wie ein Wald in unseren Träumen, in dem seltsame und schreckliche Wesen vor unseren Augen aufblitzten und dann verschwanden. Später, als wir alle seine

Wege erkundet hatten, entdeckten wir, dass inmitten dieses scheinbaren Dschungels Ordnung und Vernunft herrschten; und als wir die kleinste Falte in den Gesichtern seiner Bewohner bemerkten, erfüllten uns die Verwirrung und Emotionen früherer Tage nicht mehr.

Aber das kann eine Folge des Älterwerdens sein; und wenn ich den Wagner von früher nicht wiedererkenne, so liegt es vielleicht daran, dass ich mich selbst nicht wiedererkenne. Ein Kunstwerk, und vor allem ein musikalisches Kunstwerk, verändert sich mit uns selbst. *Siegfried* zum Beispiel ist für mich nicht mehr voller Geheimnisse. Was mir heute an ihm auffällt, ist seine heitere Kraft, seine Klarheit der Form, seine männliche Kraft und Freiheit und die außerordentliche Gesundheit des Helden und des ganzen Werkes.

Ich denke manchmal an den armen Nietzsche und seine Leidenschaft, die Dinge zu zerstören, die er liebte, und wie er in anderen die Dekadenz suchte, die in Wirklichkeit in ihm selbst steckte. Er versuchte, diese Dekadenz in Wagner zu verkörpern, und, hingerissen von seinen Höhenflügen der Phantasie und seiner Manie für Paradoxien (die lächerlich wäre, wenn man nicht bedenken würde, dass seine Launen nicht in Stunden des Glücks ausgeheckt wurden), sprach er Wagner seine offensichtlichsten Qualitäten ab – seine Kraft, seine Entschlossenheit, seine Einheit, seine Logik und seine Kraft des Fortschritts. Er amüsierte sich, indem er Wagners Stil mit dem von Goncourt verglich, indem er ihn – mit amüsanter Ironie – zu einem großen Miniaturmaler, einem Dichter der Halbtöne, einem Musiker der Affektiertheit und Melancholie machte, so zart und weibisch im Stil, dass „nach ihm alle anderen Musiker zu robust erschienen". [108] Er hat Wagner und seine Zeit wunderbar gemalt. Wir alle erfreuen uns an diesen kleinen Bildern der Tetralogie, die mit Hilfe einer Lupe sorgfältig gezeichnet und ausgearbeitet wurden – Bilder von Wagner, schmachtend und schön, in einem traurigen Salon, und Bilder von den sportlichen Treffen der anderen Musiker, die „zu robust" waren! Das Amüsante daran ist, dass dieser Witz von gewissen Schiedsrichtern der Eleganz ernst genommen wurde, die nur zu gerne jeder gängigen Meinung zuwiderlaufen, was auch immer sie sein mag.

Ich behaupte nicht, dass es in Wagner nicht auch eine dekadente Seite gibt, die Übersensibilität oder gar Hysterie und andere moderne nervöse Affektionen offenbart. Und wenn diese Seite fehlen würde, wäre er nicht repräsentativ für seine Zeit, und das sollte jeder große Künstler sein. Aber in ihm steckt sicherlich mehr als nur Dekadenz; und wenn Frauen und junge Männer nichts darüber hinaus sehen können, beweist das nur ihre Unfähigkeit, aus sich selbst herauszukommen. Wagner selbst beklagte sich vor langer Zeit bei Liszt darüber, dass weder das Publikum noch die Künstler eine andere Seite seiner Musik zu hören oder zu verstehen wüssten als die weibliche Seite: „Sie erfassen ihre Stärke nicht", sagte er. „Meine vermeintlichen Erfolge", erzählt er uns auch, „basieren auf Missverständnissen. Mein Ruf in der Öffentlichkeit ist keine Walnussschale wert." Und es ist wahr, dass er seit einem Vierteljahrhundert von allen Dekadenten der Kunst und Literatur bejubelt, bevormundet und monopolisiert wurde. Kaum jemand hat in ihm einen energischen Musiker und klassischen Schriftsteller gesehen oder ihn als direkten Nachfolger Beethovens erkannt, als Erben seines heroischen und pastoralen Genies, seiner epischen Inspirationen und Schlachtfeldrhythmen, seiner napoleonischen Phrasen und der Atmosphäre mitreißender Trompetenmusik. Anrufe.

Nirgendwo steht Wagner Beethoven näher als in *Siegfried* . In *der Walküre* weisen gewisse Charaktere, gewisse Phrasen Wotans, Brünnhildes und besonders Siegmunds eine enge Verwandtschaft zu Beethovens Symphonien und Sonaten auf. Ich kann das Rezitativ *con espressione e semplice* der siebzehnten Sonate für Klavier (op. 31, Nr. 2) nie spielen, ohne an die Wälder der *Walküre* und den flüchtigen Helden erinnert zu werden. Doch in *Siegfried* finde ich nicht nur eine Ähnlichkeit mit Beethoven in Einzelheiten, sondern auch den gleichen Geist, der sich durch das Werk zieht – sowohl das Gedicht als auch die Musik. Ich kann den Gedanken nicht umhin, dass Beethoven *Tristan* vielleicht nicht gemocht , *Siegfried* aber geliebt hätte ; denn letzterer ist eine perfekte Verkörperung des Geistes des alten Deutschlands, jungfräulich und derb, aufrichtig und boshaft, voller Humor und Empfindsamkeit, tiefer Gefühle, von Träumen blutiger und fröhlicher Schlachten, vom Schatten großer Eichen und Vogelgesang.

Meiner Meinung nach steht *Siegfried* im Geiste und in der Form allein im Werk Wagners. Es strahlt vollkommene Gesundheit und Glück aus und strömt über vor Freude. Nur *Die Meistersinger* können es an Heiterkeit mit ihm aufnehmen, obwohl auch dort keine so schöne Balance zwischen Poesie und Musik zu finden ist.

Und *Siegfried* erregt unsere Bewunderung umso mehr, wenn wir bedenken, dass er das Ergebnis von Krankheit und Leiden ist. Die Zeit, in der Wagner ihn schrieb, war eine der traurigsten seines Lebens. Das ist in der Kunst oft der Fall. Man begibt sich auf den Irrweg, wenn man versucht, das Leben eines Künstlers anhand seines Werks zu interpretieren, denn es ist außergewöhnlich, wenn man das eine als Gegenstück zum anderen findet. Es ist wahrscheinlicher, dass das Werk eines Künstlers das Gegenteil seines Lebens ausdrückt – die Dinge, die er nicht erlebt hat. Das Ziel der Kunst ist es, das zu ergänzen, was in der Erfahrung des Künstlers fehlt: „Die Kunst beginnt dort, wo das Leben aufhört", sagte Wagner. Ein Mann der Tat freut sich selten über anregende Kunstwerke. Borgia und Sforza waren die

Förderer Leonardos. Die starken, vollblütigen Männer des 17. Jahrhunderts;
der apoplektische Hof von Versailles (wo Fagons Lanzette eine so wichtige
Rolle spielte); die Generäle und Minister, die die Protestanten drangsalierten
und die Pfalz niederbrannten – alle diese liebten Pastorales. Napoleon weinte
bei einer Lesung von *Paul et Virginie* und erfreute sich an der blassen Musik
von Paesiello. Ein Mensch, der von einem zu geschäftigen Leben ermüdet
ist, sucht Ruhe in der Kunst; ein Mensch, der ein beschränktes, alltägliches
Leben führt, sucht Energie in der Kunst. Ein großer Künstler schreibt ein
heiteres Werk, wenn er traurig ist, und ein trauriges Werk, wenn er heiter ist,
fast gegen seinen Willen. Beethovens Sinfonie *An die Freude* ist das Produkt
seines Elends; und Wagners *Meistersinger* wurden unmittelbar nach dem
Misserfolg von *Tannhäuser* in Paris komponiert. Man versucht, in *Tristan* die
Spur einer Liebesgeschichte Wagners zu finden, aber Wagner selbst sagt: „Da
ich in meinem ganzen Leben nie das Glück der Liebe wirklich gekostet habe,
will ich einem schönen Traum davon ein Denkmal setzen: Ich habe die Idee
von *Tristan und Isolde* in meinem Kopf." Und so war es mit seiner Schöpfung
des glücklichen und sorglosen *Siegfried* .

Die ersten Ideen *Siegfrieds* fielen in die Zeit der Revolution von 1848, an der
Wagner mit der gleichen Begeisterung teilnahm, mit der er alles andere
verband. Sein anerkannter Biograph, Herr Houston Stewart Chamberlain –
dem es zusammen mit M. Henri Lichtenberger am besten gelungen ist,
Wagners komplexe Seele zu entschlüsseln, obwohl er nicht ohne gewisse
Vorurteile ist – hat sich große Mühe gegeben, zu beweisen, dass Wagner
immer ein Patriot und ein Deutscher war Monarchist. Nun, vielleicht war er
es später, aber es war, glaube ich, nicht die letzte Phase seiner Entwicklung.
Seine Taten sprechen für sich. Am 14. Juni 1848 griff Wagner in einer
berühmten Rede vor der Nationaldemokratischen Vereinigung die
Organisation der Gesellschaft selbst heftig an und forderte sowohl die
Abschaffung des Geldes als auch die Ausrottung der Überreste der
Aristokratie. In *Das Kunstwerk der Zukunft* (1849) zeigte er, dass es jenseits des
„lokalen Nationalismus" Anzeichen eines „übernationalen Universalismus"
gab. Und das alles war nicht nur Gerede, denn er riskierte sein Leben für
seine Ideen. Herr Chamberlain selbst zitiert den Bericht eines Zeugen, der
ihn im Mai 1849 dabei beobachtete, wie er revolutionäre Flugblätter an die
Truppen verteilte, die Dresden belagerten. Es war ein Wunder, dass er nicht
verhaftet und erschossen wurde. Wir wissen, dass nach der Einnahme
Dresdens ein Haftbefehl gegen ihn ergangen war und er mit einem Pass, auf
dem ein geliehener Name stand, in die Schweiz floh. Wenn es wahr ist, dass
Wagner später erklärte, er sei „in einen Irrtum verwickelt und von seinen
Gefühlen verführt worden", so ist das für die Geschichte dieser Zeit von
geringer Bedeutung. Fehler und Begeisterung sind ein wesentlicher

Bestandteil des Lebens, und man darf sie in der Biographie eines Menschen nicht unter dem Vorwand ignorieren, dass er sie zwanzig oder dreißig Jahre später bereue, denn sie haben ihm dennoch geholfen, sein Handeln zu leiten und seine Fantasie zu beeindrucken. Es war die Revolution selbst, die *Siegfried* unmittelbar hervorbrachte.

Im Jahr 1848 dachte Wagner noch nicht an eine Tetralogie, sondern an eine Heldenoper in drei Akten namens *Siegfrieds Tod* , in der die verhängnisvolle Macht des Goldes im Schatz der Niebelungen symbolisiert werden sollte; und Siegfried sollte „einen sozialistischen Erlöser darstellen, der auf die Erde kam, um die Herrschaft des Kapitals abzuschaffen." Während sich der Rohentwurf entwickelte, widmete sich Wagner dem Lebenslauf seines Helden. Er träumte von seiner Kindheit, von der Eroberung des Schatzes, vom Erwachen Brünnhildes; und 1851 verfasste er das Gedicht *Der junge Siegfried* . Siegfried und Brünnhilde repräsentieren die Menschheit der Zukunft, die neue Ära, die verwirklicht werden sollte, als die Erde vom Joch des Goldes befreit wurde. Dann ging Wagner noch weiter zurück, zu den Quellen der Legende selbst, und es erschien Wotan, das Symbol unserer Zeit, ein Mann wie Sie oder ich – im Gegensatz zu Siegfried, einem Mann, wie er sein sollte und eines Tages sein wird . Zu diesem Thema sagt Wagner in einem Brief an Roeckel: „Sehen Sie sich Wotan genau an; er ist das unverkennbare Ebenbild unserer selbst und die Summe des Geistes der Gegenwart, während Siegfried der Mann ist, auf den wir warten und den wir uns wünschen – der zukünftige Mensch." den wir nicht erschaffen können, der sich aber durch unsere Vernichtung selbst erschaffen wird – der vollkommenste Mann, den ich mir vorstellen kann." Schließlich konzipierte Wagner die Götterdämmerung, den Untergang der Walhalla – unseres gegenwärtigen Gesellschaftssystems – und die Geburt einer wiedergeborenen Menschheit. Wagner schrieb 1851 an Uhlig, dass das gesamte Werk nach der großen Revolution gespielt werden sollte.

Das Opernpublikum wäre wahrscheinlich sehr erstaunt, wenn es erfahren würde, dass es mit *Siegfried* einem revolutionären Werk Beifall spendet, das Wagner ausdrücklich gegen dieses verhasste Kapital richtete, dessen Untergang ihm so nahe gelegen hätte. Und er zweifelte nie daran, dass er auf all diesen Seiten strahlender Freude seinen Kummer ausdrückte.

Wagner ging nach einem Aufenthalt in Paris nach Zürich, wo er „so viel Misstrauen gegenüber der Welt der Künstler und so viel Entsetzen über die Beschränkungen empfand, die er sich auferlegen musste", dass er von einer Nervenkrankheit befallen wurde, die ihn fast umbrachte. Er kehrte zur Arbeit am *Jungen Siegfried zurück* und sagte, dass ihm dies große Freude bereitete.

„Aber ich bin unglücklich darüber, dass ich mich nicht auf etwas anderes als die Musik konzentrieren kann. Ich weiß, dass ich mich von einer Illusion ernähre und dass die Realität das Einzige ist, was es wert ist, angenommen zu werden. Mein Gesundheitszustand ist nicht gut und meine Nerven sind in einem schlechten Zustand." Die zunehmende Schwäche ermüdet mich so sehr, dass ich nur mit häufigen Pausen und langen Pausen arbeiten kann, sonst leide ich lange und schmerzhaft sehr einsam. Ich wünsche mir oft den Tod.

„Während ich arbeite, vergesse ich meine Sorgen; aber sobald ich mich ausruhe, strömen sie in Scharen um mich, und ich fühle mich sehr elend. Was für ein herrliches Leben ist das eines Künstlers! Schauen Sie es sich an! Wie bereitwillig würde ich mich für eine Woche wirklich davon trennen Leben.

„Ich kann nicht verstehen, wie ein wirklich glücklicher Mensch auf die Idee kommen kann, der Kunst zu dienen. Wenn wir das Leben genießen würden, bräuchten wir keine Kunst. Wenn die Gegenwart uns nichts mehr zu bieten hat, schreien wir unsere Bedürfnisse durch die Kunst heraus. Meine Jugend und meine Gesundheit wiederzuerlangen, die Natur zu genießen, eine Frau zu haben, die mich hingebungsvoll liebt, und schöne Kinder – dafür würde ich *meine ganze Kunst aufgeben* . Jetzt habe ich es gesagt – gib mir, was mir noch bleibt."

So entstand das Gedicht der Tetralogie, wie er selbst sagte, in Zweifeln darüber, ob er die Kunst und alles, was dazu gehört, aufgeben und ein gesunder, normaler Mensch werden sollte – ein Sohn der Natur. Er begann die Musik des Gedichts in einem Leidenszustand zu komponieren, der von Tag zu Tag schlimmer wurde.

„Meine Nächte sind oft schlaflos; ich stehe elend und erschöpft aus dem Bett, mit dem Gedanken an einen langen Tag vor mir, der mir keine einzige Freude bereiten wird. Die Gesellschaft anderer quält mich, und ich vermeide sie nur, um zu quälen." Ich selbst. Alles, was ich tue, erfüllt mich mit Ekel. Ich kann ein solches Leben nicht länger ertragen. Ich würde mich lieber umbringen, als so zu leben , und ich habe nur einen Wunsch – so tief zu schlafen, dass es für mich kein menschliches Elend mehr gibt, es sollte mir irgendwie nicht schwerfallen.

Zur Ablenkung ging er nach Italien; Turin, Genua, Spezia und Nizza. Doch dort, in einer fremden Welt, kam ihm seine Einsamkeit so schrecklich vor, dass er sehr deprimiert wurde und eilig nach Zürich zurückkehrte. Dort schrieb er die fröhliche Musik von „ *Das Rheingold* " . Er begann mit der Partitur der *Walküre* zu einer Zeit, als sein normaler Zustand vom Leiden geprägt war. Dann entdeckte er Schopenhauer, dessen Philosophie nur dazu beitrug, seinen instinktiven Pessimismus zu bestätigen und zu kristallisieren.

Im Frühjahr 1855 ging er nach London, um Konzerte zu geben; aber er war dort krank, und dieser neue Kontakt mit der Welt ärgerte ihn nur noch mehr. Es fiel ihm schwer, *die Walküre* wieder aufzunehmen ; aber er beendete es schließlich trotz häufiger Anfälle von Gesichtserysipel, für die er sich später in Genf einer hydropathischen Kur unterziehen musste. Er begann die Partitur von *Siegfried* gegen Ende des Jahres 1856, während der Gedanke an Tristan in ihm regte. Im *Tristan* wollte er die Liebe als „eine schreckliche Qual" darstellen; und dieser Gedanke beschäftigte ihn so sehr, dass er *Siegfried nicht zu Ende bringen konnte* . Er schien von einem brennenden Fieber erfasst zu werden; und als er *Siegfried* mitten im zweiten Akt im Stich ließ, stürzte er sich wahnsinnig in *Tristan* . „Ich möchte mein Verlangen nach Liebe befriedigen", sagt er, „bis es völlig befriedigt ist; und in den Falten der schwarzen Flagge, die über seiner Vollendung schwebt, möchte ich mich einhüllen und sterben." [109] *Siegfried* wurde nach mehreren Unterbrechungen erst am 5. Februar 1871, am Ende des Deutsch-Französischen Krieges, also vierzehn Jahre später, fertiggestellt.

Dies ist in wenigen Worten die Geschichte dieser heroischen Idylle. Vielleicht ist es auch gut, das Publikum hin und wieder daran zu erinnern, dass die Stunden der Zerstreuung, die es durch die Kunst genießt, für den Künstler Jahre des Leidens bedeuten können.

Kennen Sie den amüsanten Bericht Tolstois über eine Aufführung des *Siegfried* ? Ich zitiere ihn aus seinem Buch „ *Was ist Kunst* ?" –

„Als ich ankam, saß ein Schauspieler in enganliegenden Kniehosen vor einem Objekt, das einen Amboss darstellen sollte. Er trug eine Perücke und einen falschen Bart; seine weißen und manikürten Hände hatten nichts von einem Arbeiter an sich; und sein lockeres Auftreten." Sein hervorstehender Bauch und seine schlaffen Muskeln verrieten den Schauspieler bereitwillig. Mit einem absurden Hammer schlug er auf eine fantastisch aussehende Schwertklinge ein, denn beim Gehen beugte er die Beine Auf den Knien schrie er viel und öffnete auf seltsame Weise den Mund. Das Orchester gab auch seltsame Geräusche von sich, die nichts miteinander zu tun hatten. Dann erschien ein anderer Schauspieler mit einem Horn im Gürtel ein als Bär verkleideter Mann, der auf allen Vieren ging. Er ließ den Bären los, der davonlief, aber diesmal vergaß, den Helden zu beugen schrie lange, und der Zwerg antwortete genauso. Dann kam ein Reisender – der Gott Wotan. Er hatte auch eine Perücke; und indem er sich mit seinem Speer in einer albernen Haltung niederließ, erzählte er Mimi alles über Dinge, die er bereits wusste, von denen das Publikum aber nichts wusste. Dann ergriff Siegfried einige Stücke, die Teile eines Schwertes darstellen sollten, und sang:

„Heaho, heaho, hoho! Hoho, hoho, hoho, hoho! „Hoho, haho, haheo, hoho!' Und das war das Ende des ersten Aktes. Es war alles so künstlich und dumm, dass ich große Schwierigkeiten hatte, es auszusitzen. Aber meine Freunde flehten mich an zu bleiben und versicherten mir, dass der zweite Akt besser sein würde.

„Die nächste Szene stellte einen Wald dar. Wotan weckte den Drachen. Zuerst sagte der Drache: ‚Ich möchte schlafen gehen', doch schließlich kam er aus seiner Grotte. Der Drache wurde durch zwei grün gekleidete Männer dargestellt An einem Ende der Haut wedelten sie mit einem Schwanz, und am anderen Ende öffneten sie das Maul eines Krokodils, aus dem Feuer kam, das ein schreckliches Tier hätte sein sollen – und vielleicht Er hätte Kinder im Alter von etwa fünf Jahren erschreckt – sagte ein paar Worte mit Bassstimme. Es war so kindisch und schwach, dass man erstaunt war, zu sehen, wie auch Tausende sogenannter gebildeter Menschen aufmerksam zuhörten , und geriet ins Schwärmen. Er legte sich in einer Pause nieder, die angeblich sehr schön war, und manchmal war er ganz still Vögel und schnitt mit seinem Horn eine Binse und machte daraus eine Flöte. Aber er spielte schlecht Flöte und begann, sein Horn zu blasen. Die Szene ist unerträglich und es gibt nicht die geringste Spur von Musik darin. Es ärgerte mich, dreitausend Menschen um mich herum zu sehen, die dieser Absurdität unterwürfig zuhörten und sie pflichtbewusst bewunderten.

„Mit einigem Mut schaffte ich es, auf die nächste Szene zu warten – Siegfrieds Kampf mit dem Drachen. Es gab Brüllen und Feuerflammen und Schwertschwingen. Aber ich konnte es nicht länger ertragen und floh mit einem Gefühl des Ekels, das ich noch nicht vergessen habe, aus dem Theater."

Ich gebe zu, dass ich diese entzückende Kritik nicht lesen kann, ohne zu lachen; und es berührt mich nicht so schmerzlich wie Nietzsches verderbliche und krankhafte Ironie. Früher war es für mich ein Kummer, dass zwei Männer, die ich mit gleicher Zuneigung liebte und die ich als die besten Geister Europas verehrte, einander fremd und feindselig blieben. Ich konnte den Gedanken nicht ertragen, dass ein von der Menge hoffnungslos missverstandenes Genie seine Einsamkeit noch bitterer und enger machen sollte, indem es sich mit einer Art eifersüchtiger Eigensinnigkeit weigerte, sich mit seinesgleichen zu versöhnen oder ihnen die Hand anzubieten der Freundschaft. Aber jetzt denke ich, dass es vielleicht besser war. Die erste Tugend des Genies ist Aufrichtigkeit. Wenn Nietzsche sich alle Mühe geben musste, Wagner *nicht* zu verstehen, ist es andererseits natürlich, dass Wagner für Tolstoi ein Buch mit sieben Siegeln war; es wäre fast überraschend, wenn es anders wäre. Jeder hat seine eigene Rolle zu spielen und muss diese nicht ändern. Wagners wunderbare Träume und magische Intuition des Innenlebens sind für uns nicht weniger wertvoll als Tolstois erbarmungslose

Wahrheit, in der er die moderne Gesellschaft entlarvt und den Schleier der Heuchelei zerreißt, mit dem sie sich bedeckt. Deshalb bewundere ich *Siegfried* und genieße gleichzeitig Tolstois Satire; Denn mir gefällt der kräftige Humor des Letzteren, der eines der hervorstechendsten Merkmale seines Realismus ist und ihn, wie er selbst bemerkte, Rousseau stark ähneln lässt. Beide Männer zeigen uns eine hochentwickelte Zivilisation, und beide sind kompromisslose Apostel einer Rückkehr zur Natur.

Tolstois derbe Sprüche erinnern an Rousseaus Sarkasmus über eine Oper von Rameau. In der *Nouvelle Héloïse* wettert er auf ähnliche Weise gegen die traurigen, fantastischen Aufführungen im Theater. Schon damals handelte es sich um Monster, „um Drachen, die von einem Savoyer Dummkopf belebt wurden, der nicht genug Geist für das Biest hatte."

"Sie versicherten mir, dass sie über eine enorme Menge an Maschinen verfügten, um all diese Bewegungen zu erzeugen, und boten mir mehrmals an, sie mir zu zeigen; aber ich war nicht neugierig auf die kleinen Effekte, die mit großem Aufwand erzielt wurden... Der Himmel wird durch einige blaue Lumpen dargestellt, die an Stöcken und Schnüren aufgehängt sind, wie eine Wäscheschau... Die Wagen der Götter und Göttinnen bestehen aus vier Balken in einem Rahmen, der an einem dicken Seil aufgehängt ist, wie eine Schaukel. Dann wird ein Brett über die Balken gespannt, und darauf sitzt ein Gott. Vor ihm hängt ein Stück beschmierter Stoff, das als Wolke dient, auf der sein prächtiger Wagen ruhen kann... Das Theater ist mit kleinen quadratischen Falltüren ausgestattet, die sich bei Bedarf öffnen lassen und zeigen, dass die Dämonen aus den Kellern freigelassen werden können. Wenn die Dämonen in die Luft fliegen müssen, werden Puppen aus braunem Stoff oder manchmal echte Schornsteinfeger eingesetzt, die an Schnüren aufgehängt in der Luft schwingen, bis sie herrlich im Lumpenhimmel verschwinden...

„Aber man kann sich gar nicht vorstellen, von dem schrecklichen Geschrei und Gebrüll, von dem das Theater hallt ... Das Außergewöhnliche ist, dass dieses Geheul fast das Einzige ist, was das Publikum applaudiert. Die Art, wie sie in die Hände klatschen, würde man nehmen." Es handelte sich um viele gehörlose Wesen, die ab und zu so erfreut waren, ein paar durchdringende Geräusche zu hören, dass sie wollten, dass die Schauspieler sie noch einmal aufführen. Ich bin mir ziemlich sicher, dass die Leute dem Gebrüll einer Schauspielerin in der Oper applaudieren Sie wären die Kunststücke eines Meisters auf einem Jahrmarkt – man leidet, während sie weitergehen, aber man ist so erfreut, sie unfallfrei beenden zu sehen, dass man bereitwillig seine Freude demonstriert ... Mit diesen wunderschönen Klängen, so wahr wie sie sind süß, die des Orchesters fügen sich sehr würdig ein, ein anhaltendes und endloses Stöhnen zwischen den Bassstimmen; Ich halte es nicht eine halbe Stunde lang aus, ohne heftige Kopfschmerzen zu bekommen.

„All dies bildet eine Art Psalmodie, die weder Melodie noch Zeit hat. Aber wenn zufällig eine lebhafte Melodie gespielt wird, gibt es ein allgemeines Stampfen; das Publikum wird in Bewegung gesetzt und folgt mit viel Ärger und Lärm Einige Musiker im Orchester sind erfreut, für ein paar Momente den Rhythmus zu spüren, der ihnen so fehlt, und quälen ihr Ohr, ihre Stimme, ihre Arme, ihre Beine und ihren ganzen Körper, um einer Melodie nachzujagen, die immer bereit ist Entkomme ihnen …"

Ich habe diese ziemlich lange Passage zitiert, um zu zeigen, wie der Eindruck, den eine von Rameaus Opern auf seine Zeitgenossen machte, dem ähnelte, den Wagner auf seine Feinde machte. Nicht umsonst galt Rameau als Vorläufer Wagners, so wie Rousseau Tolstois Vorläufer war.

richtete sich Tolstois Kritik nicht gegen Siegfried selbst; und Tolstoi war dem Geist dieses Dramas näher, als er dachte. Ist Siegfried nicht die heroische Verkörperung eines freien und gesunden Menschen, der direkt der Natur entsprungen ist? In einer Skizze über Siegfried aus dem Jahr 1848 sagt Wagner:

„Den Impulsen meines Herzens zu folgen, ist mein oberstes Gesetz. Was ich erreichen kann, indem ich meinen Instinkten gehorche, ist das, was ich tun sollte. Ist diese Stimme des Instinkts verflucht oder gesegnet? Ich weiß es nicht. Aber ich gebe ihr nach und zwinge mich nie, gegen meine Neigung zu handeln."

Wagner bekämpfte die Zivilisation mit ganz anderen Methoden als Tolstoi, und wenn auch die Anstrengungen beider gleich groß waren, so ist das praktische Ergebnis - man muss es wirklich sagen - auf der einen Seite ebenso dürftig wie auf der anderen.

Tolstois Spott richtet sich nicht gegen Wagners Werk, sondern gegen die Art und Weise, wie es dargestellt wurde. Die Pracht der Kulisse kann die kindliche Idee dahinter nicht verbergen: Der Drache Fafna, Frickas Widder, der Bär, die Schlange und die ganze Walhalla-Menagerie waren schon immer lächerlich. Ich möchte nur hinzufügen, dass es nicht Wagners Schuld war, dass der Drache nicht furchterregend wirkte, denn er hat nie versucht, einen furchterregenden Drachen darzustellen. Er hat ihm ganz klar und aus eigener Wahl einen komischen Charakter gegeben. Sowohl der Text als auch die Musik machen Fafner zu einer Art Oger, einem einfachen, aber vor allem grotesken Geschöpf.

Außerdem kann ich mich des Eindrucks nicht erwehren, dass die szenische Realität die Wirkung dieser großen philosophischen Märchen eher abschwächt als verstärkt. Malwida von Meysenbug erzählte mir, dass sie bei den Bayreuther Festspielen 1876, als sie eine der *Ringszenen* mit ihrem

Opernglas sehr aufmerksam verfolgte, zwei Hände vor die Augen legte und Wagners Stimme ungeduldig sagen hörte: „Schauen Sie nicht so genau hin. Hören Sie zu!" Das war ein guter Rat. Es gibt Dilettanten, die behaupten, dass man bei einem Konzert Beethovens letzte Werke – bei denen die Klangfülle mangelhaft ist – am besten genießen kann, indem man die Ohren zuhält und die Partitur liest. Weniger paradox könnte man sagen, dass man einer Aufführung von Wagners Opern am besten folgt, indem man mit geschlossenen Augen zuhört. Die Musik ist so perfekt, ihr Einfluss auf die Vorstellungskraft so stark, dass sie keine Wünsche offen lässt; was sie dem Geist suggeriert, ist unendlich viel schöner als das, was die Augen sehen können. Ich habe nie die Meinung geteilt, dass man Wagners Werke am besten im Theater genießen kann. Seine Werke sind epische Symphonien. Als Rahmen dafür hätte ich Tempel gern, als Kulisse das grenzenlose Land der Gedanken, als Akteure unsere Träume.

Der erste Akt von *Siegfried* ist einer der dramatischsten der Tetralogie. Nichts hat mich in Bayreuth mehr überzeugt, weder was die Schauspieler noch die dramatischen Effekte betrifft. Phantastische Kreaturen wie Alberich und Mimi, die in Frankreich fehl am Platz zu sein scheinen, sind tief in der deutschen Vorstellungswelt verwurzelt. Die Bayreuther Schauspieler übertrafen sich selbst, indem sie sie mit einem bebenden und Grimassen schneidenden Realismus verblüffend lebensecht darstellten. Burgstaller, der damals in *Siegfried debütierte* , spielte mit einer ungestümen Unbeholfenheit, die gut zu der Rolle passte. Ich erinnere mich, mit welcher Begeisterung – die keineswegs gekünstelt schien – er den heldenhaften Schmied spielte, der wie ein echter Arbeiter schuftete, das Feuer anfachte und die Klinge zum Glühen brachte, sie in dampfendes Wasser tauchte und sie auf dem Amboss bearbeitete; und dann, in einem Anflug homerischer Fröhlichkeit, am Ende des ersten Aktes jene schöne Hymne sang, die wie eine Arie von Bach oder Händel klingt.

Aber trotz alledem fühlte ich, wie viel besser es war, zu träumen oder dieses Gedicht einer jugendlichen Seele bei einem Konzert zu hören. Dann sprechen die magischen Geräusche des Waldes im zweiten Akt direkter zum Herzen. Wie schön die Landschaft der Lichtungen und Wälder auch sein mag, wie geschickt das Licht auch zwischen den Bäumen verändert und tanzt – und es wird jetzt wie eine Reihe von Orgelregistern manipuliert –, es scheint immer noch fast falsch, mit offenen Augen der Musik zu lauschen, die uns ohne Hilfe einen herrlichen Sommertag zeigen und uns das Schwanken der Baumwipfel sehen und das Streichen des Windes über die Blätter hören lassen kann. Nur durch die Musik umgibt uns das Summen und Murmeln tausender kleiner Stimmen, schwebt der herrliche Gesang der Vögel in die Tiefen eines blauen Himmels; oder es tritt eine Stille ein, die von unsichtbarem Leben vibriert, wenn die Natur mit ihrem geheimnisvollen Lächeln ihre Arme öffnet und alle Dinge in einen göttlichen Schlaf hüllt.

Wagner ließ *Siegfried* schlafend im Wald zurück, um sich auf das Trauerschiff von *Tristan und Isolde zu begeben*. Aber er verließ Siegfried mit einer gewissen Herzensangst. Als er 1857 an Liszt schrieb, sagte er:

„Ich habe den jungen Siegfried in die Tiefen eines einsamen Waldes geführt; dort habe ich ihn unter einer Linde zurückgelassen und mit Tränen in den Augen von ihm Abschied genommen. Es hat mir das Herz zerrissen, ihn lebendig zu begraben, und ich Ich hatte einen harten und schmerzhaften Kampf mit mir selbst, bevor ich es tun konnte ... Soll ich jemals zu ihm zurückkehren? Nein, es ist nicht alles vorbei.

Wagner hatte Grund, traurig zu sein. Er wusste genau, dass er seinen jungen Siegfried nie wieder finden würde. Zehn Jahre später weckte er ihn wieder auf. Aber alles war anders. Dieser großartige dritte Akt hat nicht die Frische der ersten beiden. Wotan ist zu einer wichtigen Figur geworden und hat Vernunft und Pessimismus in das Drama mitgebracht. Wagners spätere Konzeptionen waren vielleicht erhabener und sein Genie war Herr seiner selbst (man denke an die klassische Würde beim Erwachen Brünnhildes); aber die Leidenschaft und der glückliche Ausdruck der Jugend sind verschwunden. Ich weiß, dass dies nicht die Meinung der meisten Bewunderer Wagners ist; aber mit Ausnahme einiger Seiten erhabener Schönheit haben mir die Liebesszenen am Ende von *Siegfried* und zu Beginn der *Götterdämmerung nie wirklich gefallen*. Ich finde ihren Stil eher pompös und deklamatorisch; und ihre fast übertriebene Verfeinerung lässt sie an die Grenze der Langeweile grenzen. Auch die Form des Duetts scheint klar und eindeutig und weist Anzeichen von Ermüdung auf. Die Schwere der letzten Seiten von *Siegfried* erinnert an *Die Meistersinger*, das ebenfalls aus dieser Zeit stammt. Es ist nicht mehr dieselbe Freude und auch nicht mehr dieselbe Qualität der Freude, die in den früheren Akten zu finden ist.

Doch das ist eigentlich egal, denn es herrscht dennoch Freude; und die erste Inspiration für das Werk war so prächtig, dass die Jahre seine Brillanz nicht getrübt haben. Man möchte mit *Siegfried enden* und der düsteren *Götterdämmerung entfliehen*. Auf Menschen mit sensiblen Gefühlen hat der vierte Tag der Tetralogie eine deprimierende Wirkung. Ich erinnere mich an die Tränen, die ich am Ende des *Rings fließen sah*, und an die Worte eines Freundes, als wir das Theater in Bayreuth verließen und nachts den Hügel hinabstiegen: „Mir ist, als käme ich von der Beerdigung eines Menschen, den ich sehr geliebt habe." Es war wirklich eine Zeit der Trauer. Vielleicht war es etwas Unpassendes, ein solches Bauwerk zu errichten, wenn es den allgemeinen Tod als Abschluss hatte – oder zumindest das Ganze zu einem

Gegenstand der Schau und Belehrung zu machen. *Tristan* erreicht dasselbe Ende mit viel mehr Kraft, da die Handlung schneller ist. Außerdem ist das Ende von *Tristan nicht ohne Trost, denn das Leben dort ist schrecklich. Aber in der Götterdämmerung* ist es nicht dasselbe ; denn trotz der Absurdität des Zaubers, der auf der Liebe von Siegfried und Brünnhilde liegt, ist das Leben mit ihnen glücklich und begehrenswert, da sie Wesen sind, die der Liebe fähig sind, und der Tod als eine herrliche, aber schreckliche Katastrophe erscheint. Und man kann nicht sagen, dass der *Ring* einen Geist der Entsagung und Aufopferung atmet wie *Parsifal ; von Entsagung und Aufopferung wird im Ring* nur gesprochen ; und trotz der letzten Verzückung, die Brünnhilde auf den Scheiterhaufen treibt, sind sie weder eine Inspiration noch ein Vergnügen. Man hat den Eindruck, als ob sich vor einem ein großer Abgrund auftut, und man empfindet die Qual, die Menschen, die man liebt, hineinfallen zu sehen.

Ich habe es oft bedauert, dass sich Wagners erste Vorstellung von *Siegfried* im Laufe der Jahre verändert hat; und trotz des großartigen *Abschlusses* der *Götterdämmerung* (der in einem Konzertsaal wirklich wirkungsvoller ist, denn die eigentliche Tragödie endet mit Siegfrieds Tod), kann ich nicht umhin, mit Bedauern daran zu denken, wie gut ein optimistischeres Gedicht aus diesem Revolutionär von 1948 hätte sein können gewesen. Die Leute sagen mir, dass es dann weniger lebensnah gewesen wäre. Aber warum sollte es wahr sein, das Leben nur als eine schlechte Sache darzustellen? Das Leben ist weder gut noch schlecht, es ist einfach das, was wir daraus machen und das Ergebnis der Art und Weise, wie wir es betrachten. Freude ist so real wie Trauer und eine sehr fruchtbare Quelle des Handelns. Was für eine Inspiration liegt im Lachen eines großen Mannes! Begrüßen wir daher die funkelnde, wenn auch vergängliche Fröhlichkeit *Siegfrieds* .

Wagner schrieb an Malwida von Meysenbug: „Ich habe gerade zufällig Plutarchs Leben des Timoleon gelesen. Dieses Leben endete sehr glücklich – eine seltene und unerhörte Sache, besonders in der Geschichte. Es tut einem gut, zu denken, dass so etwas möglich ist. Es hat mich zutiefst bewegt.“

Dasselbe empfinde ich, wenn ich *Siegfried höre* . In der großen tragischen Kunst ist es uns selten gestattet, das Glück zu betrachten; doch wenn wir es dürfen, wie herrlich ist es und wie gut tut es uns!

"TRISTAN"

Tristan überragt wie ein Berg alle anderen Liebesgedichte, wie Wagner alle anderen Künstler seines Jahrhunderts. Es ist das Ergebnis einer erhabenen Idee, obwohl das Werk als Ganzes alles andere als perfekt ist. Von vollkommenen Werken gibt es bei Wagner keine. Der für ihre Erstellung erforderliche Aufwand war zu groß, um lange durchgehalten zu werden; denn eine einzelne Arbeit könnte jahrelange Mühe bedeuten. Und die angespannten Emotionen eines ganzen Dramas können nicht durch eine Reihe plötzlicher Eingebungen ausgedrückt werden, die in dem Moment, in dem sie konzipiert werden, in Form gebracht werden. Es ist eine lange und anstrengende Arbeit erforderlich. Diese Giganten, geformt wie die von Michelangelo, diese konzentrierten Stürme heroischer Kraft und dekadenter Komplexität, werden nicht wie die Arbeit eines Bildhauers oder Malers in einem Moment ihres Handelns angehalten; Sie leben und leben in endlosen Einzelheiten der Empfindung weiter. Dauerhafte Inspiration zu erwarten heißt, etwas zu erwarten, was nicht menschlich ist. Das Genie kann das Göttliche offenbaren; Es ruft vielleicht *die Mütter an und erhascht einen Blick auf sie* , aber es kann nicht immer die erschöpfte Luft dieser Welt einatmen. Deshalb muss manchmal der Wille an die Stelle der Inspiration treten; obwohl der Wille unsicher ist und bei seiner Aufgabe oft stolpert. Deshalb stoßen wir in den größten Werken auf Dinge, die erschüttern und erschüttern – sie sind Zeichen menschlicher Schwäche. Nun, vielleicht gibt es im *Tristan weniger Schwäche* als in Wagners anderen Dramen – *der Götterdämmerung* zum Beispiel –, denn nirgendwo sonst ist die Anstrengung seines Genies anstrengender und sein Flug schwindelerregender. Wagner selbst wusste es gut. Seine Briefe zeigen die Verzweiflung einer Seele, die mit ihrem vertrauten Geist ringt, den sie umklammert und festhält, nur um ihn wieder zu verlieren. Und wir scheinen Schmerzensschreie zu hören und seine Wut und Verzweiflung zu spüren.

„Ich kann dir nie sagen, was für ein wirklich erbärmlicher Musiker ich bin. In meinem tiefsten Herzen weiß ich, dass ich ein Stümper und ein absoluter Versager bin. Du solltest mich sehen, wenn ich mir sage: ‚Es sollte jetzt gehen' und mich hinsetze." Ich setze mich ans Klavier und stelle einen elenden Mist zusammen, den ich wie ein Idiot wieder wegwerfe. Ich weiß ganz genau, was für einen musikalischen Müll ich produziere Ich glaube wirklich, dass es Reissiger war, der mich dazu inspirierte, *Tannhäuser* und *Lohengrin zu schreiben* .

So schrieb Wagner an Liszt, als er dieses erstaunliche Kunstwerk vollendete. Auf die gleiche Weise schrieb Michelangelo 1509 an seinen Vater: „Ich leide große Qualen. Ich habe nicht gewagt, den Papst um etwas zu bitten, denn meine Arbeit macht keine ausreichenden Fortschritte, um eine Vergütung zu verdienen. Die Arbeit ist zu schwierig und es ist tatsächlich nicht mein Beruf. Ich verschwende meine Zeit sinnlos. Der Himmel helfe mir!" Ein Jahr lang hatte er an der Decke der Sixtinischen Kapelle gearbeitet.

Das ist mehr als ein Anflug von Bescheidenheit. Niemand war stolzer als Michelangelo oder Wagner; doch beide empfanden die Mängel ihrer Arbeit wie eine scharfe Wunde. Und obwohl diese Mängel ihre Werke nicht daran hindern, der Ruhm des menschlichen Geistes zu sein, sind sie trotzdem da.

Ich möchte nicht auf die inhärenten Unvollkommenheiten von Wagners Dramen eingehen; eigentlich sind es dramatische oder epische Symphonien, die unmöglich zu spielen sind und denen die Darstellung nichts bringt. Das gilt besonders für *Tristan* , wo die Diskrepanz zwischen dem dargestellten Gefühlssturm und der kalten Konvention und erzwungenen Schüchternheit der Handlung auf der Bühne so groß ist, dass es in bestimmten Momenten – zum Beispiel im zweiten Akt – schmerzt und schockiert und fast grotesk erscheint.

Doch während man zugibt, dass *Tristan* eine Symphonie ist, die nicht zur Darstellung geeignet ist, erkennt man doch auch ihre Schönheitsfehler und vor allem ihre Ungleichmäßigkeit. Die Orchestrierung im ersten Akt ist oft eher dürftig und der Handlung mangelt es an Solidität. Es gibt Lücken und unerklärliche Löcher, und melodische Linien bleiben im Raum hängen. Von Anfang bis Ende werden lyrische Melodieausbrüche durch Deklamationen oder, was noch schlimmer ist, durch Dissertationen unterbrochen. Hektische Wirbelstürme der Leidenschaft hören plötzlich auf und machen Rezitativen der Erklärung oder Argumentation Platz. Und obwohl diese Rezitative fast immer eine große Erleichterung sind, obwohl diese metaphysischen Träumereien einen Charakter barbarischer List haben, den man genießt, ist doch die überragende Schönheit der Bewegungen purer Poesie, Emotion und Musik so offensichtlich, dass dieses musikalische und philosophische Drama entsteht dient dazu, eine Abneigung gegen Philosophie und Drama und alles andere zu wecken, was die Musik einengt und einschränkt.

Aber auch der musikalische Teil des *Tristans* ist nicht frei von den Mängeln des Gesamtwerks, denn auch ihm fehlt die Einheit. Wagners Musik besteht aus sehr unterschiedlichen Stilen: Man findet in ihr Italianismen und Germanismen und sogar Gallizismen aller Art; es gibt einige, die erhaben sind, andere, die alltäglich sind; und manchmal spürt man die Unbeholfenheit ihrer Vereinigung und die Unvollkommenheit ihrer Form. Andererseits treffen vielleicht zwei Ideen von gleicher Originalität aufeinander und verderben sich gegenseitig, indem sie einen zu starken Kontrast erzeugen. Die schöne Klage über König Markus – die Verkörperung eines Gralsritters – wird mit einer solchen Mäßigung und mit einer so edlen Verachtung für die äußere Erscheinung behandelt, dass ihr reines, kaltes Licht nach dem glühenden Feuer des Duetts völlig verloren geht.

Das Werk leidet überall unter einem Mangel an Ausgewogenheit. Dies ist ein fast unvermeidlicher Mangel, der sich aus seiner großen Erhabenheit ergibt. Ein mittelmäßiges Werk kann in seiner Art durchaus perfekt sein; aber ein Werk mit erhabenen Zielen erreicht selten Vollkommenheit. Eine Landschaft mit kleinen Tälern und lächelnden Wiesen lässt sich leichter in angenehme Harmonie bringen als eine Landschaft mit schillernden Alpen, Sturzbächen, Gletschern und Stürmen; denn die Höhen können das Bild manchmal erdrücken und die Wirkung verderben. Und so ist es mit bestimmten großen Seiten des *Tristan* . Nehmen wir zum Beispiel die Verse, die von entsetzlicher Erwartung berichten – im zweiten Akt Isoldes Erwartung in der sehnsüchtigen Nacht; und im dritten Akt Tristans Erwartung, als er verwundet und im Delirium auf das Schiff wartet, das Isolde und den Tod bringt – oder wir nehmen das Vorspiel, diesen Ausdruck ewiger Sehnsucht, das wie ein ruheloses Meer ist, das ewig stöhnt und an die Küste schlägt.

Tristan am tiefsten berührt, ist der Beweis der Ehrlichkeit und Aufrichtigkeit eines Mannes, der von seinen Feinden als Scharlatan behandelt wurde, der oberflächliche und grob materielle Mittel einsetzte, um die Öffentlichkeit zu fesseln und zu verblüffen. Welches Drama ist nüchterner oder verächtlicher gegenüber äußeren Einflüssen als *Tristan* ? Seine Zurückhaltung geht fast bis zum Exzess. Wagner lehnte darin jede malerische Episode ab, die für sein Thema irrelevant war. Der Mann, der die ganze Natur in seiner Fantasie trug, der nach seinem Willen die Stürme der *Walküre toben* oder das sanfte Licht des Karfreitags erstrahlen ließ, würde im ersten Akt nicht einmal ein Stück Meer rund um das Schiff darstellen. Glauben Sie mir, das muss ein Opfer gewesen sein, obwohl er es so gewollt hat. Es gefiel ihm, dieses schreckliche Drama in den vier Wänden einer Tragödienkammer unterzubringen. Es gibt kaum Refrains; Es gibt nichts, was die Aufmerksamkeit vom Geheimnis der menschlichen Seelen ablenken könnte; es gibt nur zwei wirkliche Teile – die der Liebenden; und wenn es einen Dritten gibt, gehört er dem Schicksal, in dessen Hände die Opfer ausgeliefert werden. Was für eine schöne Ernsthaftigkeit in diesem Liebesspiel steckt. Seine Leidenschaft bleibt düster und streng; Es ist kein Gelächter darin, nur ein Glaube, der fast religiös ist, vielleicht religiöser in seiner Aufrichtigkeit als der von *Parsifal* .

Für Dramatiker ist es eine Lehre, einen Mann zu sehen, der alle frivolen, unbedeutenden und leeren Episoden unterdrückt, um sein Thema ganz auf das Innenleben zweier lebendiger Seelen zu konzentrieren. Darin ist Wagner unser Meister, ein besserer, stärkerer und gewinnbringenderer Meister, dem wir trotz seiner Fehler folgen können, als allen anderen literarischen und dramatischen Autoren seiner Zeit.

Ich sehe, dass die Kritik in diesen Anmerkungen mehr Platz eingenommen hat, als ich beabsichtigt hatte. Aber trotzdem liebe ich *Tristan* ; für mich und andere meiner Zeit war er seit langem ein berauschender Trank. Und er hat nie etwas von seiner Erhabenheit verloren; die Jahre haben seine Schönheit unberührt gelassen, und für mich ist er der höchste künstlerische Höhepunkt, den irgendjemand seit Beethovens Tod erreicht hat.

Aber als ich es neulich abends hörte, musste ich unweigerlich denken: Ach, Wagner, auch du wirst eines Tages gehen und dich Gluck und Bach und Monteverde und Palestrina und all den großen Seelen anschließen, deren Namen noch unter den Menschen leben, deren Gedanken aber nur von einer Handvoll Eingeweihter wahrgenommen werden, die vergeblich versuchen, die Vergangenheit wiederzubeleben. Auch du bist bereits Vergangenheit, obwohl du das stetige Licht unserer Jugend warst, die starke Quelle des Lebens und des Todes, des Verlangens und des Verzichts, aus der wir unsere moralische Kraft und unsere Macht des Widerstands gegen die Welt bezogen. Und die Welt, immer gierig nach neuen Sensationen, geht ihren Weg inmitten des unaufhörlichen Auf und Ab ihrer Wünsche. Schon haben sich ihre Gedanken geändert, und neue Musiker schreiben neue Lieder für die Zukunft. Aber es ist die Stimme eines stürmischen Jahrhunderts, die mit dir vorüberzieht.

CAMILLE SAINT-SAËNS

M. Saint-Saëns hatte die seltene Ehre, schon zu Lebzeiten zum Klassiker zu werden. Sein Name, obwohl lange Zeit unbekannt, genießt heute weltweite Hochachtung, nicht weniger wegen seines Charakters als wegen der Vollkommenheit seiner Kunst. Kein Künstler hat sich so wenig um das Publikum gekümmert oder war so gleichgültig gegenüber Kritik, egal ob populär oder fachmännisch. Als Kind hatte er eine Art körperliche Abneigung gegen äußeren Erfolg:

„Mit Beifall
ertönt hier das Geräusch, ich werde es seltsam finden,
denn mein Kind ist wie ein Maulwurf gequält,
lass mich nicht anfassen; ich rede von
seinem Kontakt und vielleicht, ja, ich werde es genießen,
den Räuber zu treffen." [110]

Später erreichte er den Erfolg durch einen langen und schmerzlichen Kampf, in dem er gegen die Art dummer Kritik ankämpfen musste, die ihn dazu verurteilte, „als Buße eine von Beethovens Symphonien anzuhören, die ihm wahrscheinlich die unerträglichste Folter bereiten würde." [111] Und doch blieb er auch danach und nach seiner Aufnahme in die Akademie, nach *Heinrich VIII.* und der *Symphonie avec orgue* weiterhin jeglichem Lob oder Tadel fern und beurteilte seine Triumphe mit trauriger Strenge:

„Du kennst die Augen der Geister, die Heuchelei, die Verborgenheit
der Augen,
die Freundschaftsmaske, die Jalousie,
die Pfoten blenden die Augen.

„An diesen Triumphtagen war es die vulgäre Truppe
, die auf das gleiche Gewicht sank .
Der lächerliche Schauspieler und das strenge Genie
. Ihr landetet im Pavillon." [112]

M. Saint-Saëns ist inzwischen alt geworden und sein Ruhm hat sich im Ausland verbreitet, aber er hat nicht kapituliert. Vor nicht allzu vielen Jahren schrieb er an einen deutschen Journalisten: „Ich nehme weder Lob noch Tadel sehr ernst, nicht weil ich Ich habe keine überzogene Vorstellung von meinen eigenen Verdiensten (was töricht wäre), sondern weil ich bei meiner Arbeit und der Erfüllung meiner natürlichen Aufgabe – so wie ein Apfelbaum Äpfel wachsen lässt – keine Notwendigkeit habe, mich mit den Ansichten anderer Leute zu befassen." [113]

Eine solche Unabhängigkeit ist zu keiner Zeit gegeben; aber es kommt heutzutage sehr selten vor, da die Macht der öffentlichen Meinung tyrannisch ist; und am seltensten kommt es in Frankreich vor, wo Künstler vielleicht geselliger sind als in anderen Ländern. Von allen Eigenschaften eines Künstlers ist sie die wertvollste; denn es bildet die Grundlage seines Charakters und ist die Garantie seines Gewissens und seiner angeborenen Stärke. Wir dürfen es also nicht unter den Scheffel stellen.

Die Bedeutung von M. Saint-Saëns in der Kunst ist eine doppelte, denn man muss ihn von innerhalb wie von außerhalb Frankreichs beurteilen. Er steht für etwas Außergewöhnliches in der französischen Musik, etwas, das bis vor kurzem fast einzigartig war: einen großen klassischen Geist und eine große Bandbreite musikalischer Kultur - deutscher Kultur, müssen wir sagen, da die Grundlage aller modernen Kunst auf den deutschen Klassikern ruht. Die französische Musik des neunzehnten Jahrhunderts ist reich an klugen Künstlern, phantasievollen Melodiedichtern und geschickten Dramatikern; aber es fehlt ihr an wahren Musikern und an guter und solider Handwerkskunst. Abgesehen von zwei oder drei hervorragenden Ausnahmen haben unsere Komponisten zu sehr den Charakter begabter Amateure, die Musik zum Zeitvertreib komponieren und sie nicht als eine besondere Form des Denkens betrachten, sondern als eine Art Verkleidung für literarische Ideen. Unsere musikalische Ausbildung ist oberflächlich: Man kann sie vielleicht ein paar Jahre lang auf formelle Weise an einem Konservatorium erwerben, aber sie ist nicht für jedermann erreichbar; Das Kind atmet Musik nicht so, wie es in gewisser Weise die Atmosphäre der Literatur und des Redens atmet; und obwohl fast jeder in Frankreich ein instinktives Gefühl für schöne Texte hat, interessieren sich nur sehr wenige Menschen für schöne Musik. Daraus ergeben sich die allgemeinen Fehler und Mängel unserer Musik. Sie ist eine luxuriöse Kunst geblieben; sie ist nicht wie die deutsche Musik zum poetischen Ausdruck des Volksdenkens geworden.

Um dies zu erreichen, bräuchten wir eine Kombination von Bedingungen, die in Frankreich sehr selten sind; doch solche Bedingungen haben Camille Saint-Saëns hervorgebracht. Er hatte nicht nur ein bemerkenswertes natürliches Talent, sondern stammte auch aus einer Familie leidenschaftlicher Musiker, die sich seiner Ausbildung widmeten. Im Alter von fünf Jahren wurde er mit der Orchesterpartitur von *Don Juan großgezogen* ; [114] als kleiner Junge

„Von jeher, zart, fröhlich, mit gelber Haut,
aber vertraut, naiv, voller Leidenschaft und Freude" [115]

er „maß sich mit Beethoven und Mozart", indem er in einem öffentlichen Konzert spielte; im Alter von sechzehn Jahren schrieb er seine *Première Symphonie* . Als er älter wurde, vertiefte er sich in die Musik von Bach und Händel und konnte nach Belieben nach der Art von Rossini, Verdi, Schumann und Wagner komponieren. [116] Er hat hervorragende Musik in allen Stilrichtungen geschrieben – im griechischen Stil und im 16., 17. und 18. Jahrhundert. Seine Kompositionen sind vielfältig: Messen, große Opern, leichte Opern, Kantaten, Sinfonien, symphonische Dichtungen; Musik für Orchester, Orgel, Klavier, Gesang und Kammermusik. Er ist der erfahrene Herausgeber von Gluck und Rameau; und ist somit nicht nur ein Künstler, sondern ein Künstler, der über seine Kunst sprechen kann. Er ist eine ungewöhnliche Figur in Frankreich – man hätte gedacht, dass er eher in Deutschland zu Hause ist.

In Deutschland jedoch täuscht man sich nicht über ihn. Dort steht der Name Camille Saint-Saëns für den französischen klassischen Geist und wird für am würdigsten gehalten, uns in der Musik von der Zeit Berlioz bis zum Aufkommen der jungen Schule César Francks zu repräsentieren – obwohl Franck selbst in Deutschland noch wenig bekannt ist. M. Saint-Saëns besitzt tatsächlich einige der besten Eigenschaften eines französischen Künstlers, und unter ihnen die wichtigste Eigenschaft von allen – vollkommene Klarheit der Konzeption. Es ist bemerkenswert, wie wenig dieser gelehrte Künstler sich von seiner Gelehrsamkeit stört und wie frei er von aller Pedanterie ist. Pedanterie ist die Plage der deutschen Kunst, und die größten Männer sind ihr nicht entgangen. Ich spreche nicht von Brahms, der davon heimgesucht wurde, sondern von entzückenden Genies wie Schumann oder von mächtigen wie Bach. „Diese unnatürliche Kunst ermüdet einen wie der scheinheilige Salon einer kleinen Provinzstadt; sie erstickt einen, sie ist genug, um einen umzubringen." [117] „Saint-Saëns ist kein Pedant", schrieb Gounod; „dafür ist er zu sehr Kind geblieben und zu klug geworden." Außerdem sei er immer zu sehr Franzose gewesen.

Manchmal erinnert mich Saint-Saëns an einen unserer Schriftsteller des 18. Jahrhunderts. Weder ein Autor der *Encyclopédie* , noch einer aus dem Lager Rousseaus, sondern eher aus der Schule Voltaires. Er verfügt über eine Klarheit des Denkens, eine Eleganz und Präzision des Ausdrucks sowie eine geistige Qualität, die seine Musik „nicht nur edel, sondern sehr edel machen, da er aus einer feinen Rasse und einer angesehenen Familie stammt". [118]

Er verfügt auch über ein ausgezeichnetes Urteilsvermögen, das jedoch nicht auf Emotionen beruht. Er ist „ruhig im Geist, zurückhaltend in seiner Vorstellungskraft und behält seine Selbstbeherrschung sogar inmitten der beunruhigendsten Emotionen." [119] Dieses Urteilsvermögen ist der Feind von allem, was auch nur annähernd an gedankliche Dunkelheit oder Mystizismus heranreicht. Das Ergebnis war das merkwürdige Buch „

Problèmes et Mystères " – ein irreführender Titel, denn darin herrscht der Geist der Vernunft, und es appelliert an die jungen Leute, „das Licht einer bedrohten Welt" vor „den Nebeln des Nordens, skandinavischen Göttern, indischen Gottheiten, katholischen Wundern, Lourdes, Spiritualismus, Okkultismus und Obskurantismus" [120] zu schützen.

Auch seine Liebe und sein Bedürfnis nach Freiheit sind typisch für das 18. Jahrhundert. Man könnte sagen, dass die Freiheit seine einzige Leidenschaft ist. „Ich bin ein leidenschaftlicher Anhänger der Freiheit", schrieb er. [121]

Und er hat dies durch die absolute Furchtlosigkeit seiner Urteile über die Kunst bewiesen; denn er hat nicht nur vernünftig gegen Wagner argumentiert, sondern auch gewagt, die Schwächen von Gluck und Mozart, die Irrtümer von Weber und Berlioz und die allgemein anerkannten Meinungen über Gounod zu kritisieren; und dieser Klassiker, der von Bach genährt wurde, geht so weit zu sagen: „Die Aufführung von Werken von Bach und Händel ist heute ein müßiges Vergnügen", und diejenigen, die ihre Kunst wiederbeleben wollen, sind wie „Leute, die in einem alten Herrenhaus leben wollen, das seit Jahrhunderten unbewohnt ist." [122] Er ging sogar noch weiter; er kritisierte sein eigenes Werk und widersprach seinen eigenen Meinungen. Seine Liebe zur Freiheit ließ ihn zu verschiedenen Zeiten verschiedene Meinungen über dasselbe Werk bilden. Er dachte, die Leute hätten das Recht, ihre Meinung zu ändern, da sie sich manchmal selbst täuschten. Es schien ihm besser, kühn einen Irrtum zuzugeben, als der Sklave der Konsequenz zu sein. Und dieses gleiche Gefühl zeigte sich auch in anderen Bereichen als der Kunst, beispielsweise in der Ethik, wie einige Verse belegen, die er an einen jungen Freund schrieb und in denen er ihn drängte, sich nicht an eine allzu rigide Strenge zu binden:

„Je sens qu'une triste chimère
A toujours assombri ton âme: la Vertu...." [123]

und auch in der Metaphysik, wo er Religionen, Glauben und die Evangelien mit ruhiger Gedankenfreiheit beurteilt und allein in der Natur die Grundlage für Moral und Gesellschaft sucht.

Hier sind einige seiner Meinungen, zufällig entnommen aus *Problèmes et Mystères* :

„Während die Wissenschaft voranschreitet, tritt Gott zurück."

„Die Seele ist nur ein Medium zum Ausdruck des Gedankens."

„Die Entmutigung bei der Arbeit, die Schwächung des Charakters, das Teilen der eigenen Güter unter Todesstrafe – das ist die Lehre des Evangeliums über die Grundlage der Gesellschaft."

„Die christlichen Tugenden sind keine sozialen Tugenden."

„Die Natur ist ziellos: Sie ist ein endloser Kreis und führt uns nirgendwohin."

Seine Gedanken sind frei und voller Liebe zur Menschheit und einem Gefühl für die Verantwortung des Einzelnen. Er nannte Beethoven „den größten, den einzigen wirklich großen Künstler", weil er die Idee der universellen Brüderlichkeit hochhielt. Sein Geist ist so umfassend, dass er Bücher über Philosophie, über das Theater, über klassische Malerei [124] sowie wissenschaftliche Essays, [125] Gedichtbände und sogar Theaterstücke geschrieben hat. [126]

Er war in der Lage, alle möglichen Dinge in Angriff zu nehmen, ich möchte nicht sagen, dass er das gleiche Geschick hatte, aber mit Urteilsvermögen und unbestreitbarer Fähigkeit. Er zeigt eine Denkweise, die unter Künstlern und vor allem unter Musikern selten ist. Die beiden Grundsätze, die er verkündet und denen er selbst folgt, sind: „Halten Sie sich frei von jeder Übertreibung" und „Bewahren Sie die Gesundheit Ihres Geistes." [127] Sie sind sicherlich nicht die Prinzipien eines Beethoven oder eines Wagner, und es wäre ziemlich schwierig, einen bekannten Musiker des letzten Jahrhunderts zu finden, der sie angewendet hätte. Sie erzählen uns, ohne dass es eines Kommentars bedarf, was an Herrn Saint-Saëns charakteristisch ist und was an ihm mangelhaft ist. Ihn stört keinerlei Leidenschaft. Nichts stört die Klarheit seiner Vernunft. „Er hat keine Vorurteile; er vertritt keine Seite" [128] – man könnte hinzufügen, nicht einmal seine eigene, da er keine Angst davor hat, seine Ansichten zu ändern – „er gibt sich nicht als Reformer von irgendetwas"; er ist völlig unabhängig, vielleicht fast zu sehr. Es scheint ihm manchmal, als wüsste er nicht, was er mit seiner Freiheit anfangen sollte. Ich glaube, Goethe hätte gesagt, dass er etwas mehr Teufel in sich brauchte.

Sein charakteristischster Geisteszug scheint eine träge Melancholie zu sein, die ihren Ursprung in einem ziemlich bitteren Gefühl der Sinnlosigkeit des Lebens hat; [129] und diese wird begleitet von Anfällen von Müdigkeit, die nicht ganz gesund sind, gefolgt von kapriziösen Stimmungen und nervöser Heiterkeit und einer bizarren Vorliebe für Burleske und Mimikry. Es ist sein eifriger, ruheloser Geist, der ihn durch die Welt eilen lässt und bretonische und auvergnische Rhapsodien, persische Lieder, algerische Suiten, portugiesische Barkarolen, dänische, russische oder arabische Capricen, Souvenirs aus Italien, afrikanische Fantasien und ägyptische Konzerte schreiben lässt; und auf die gleiche Weise streift er durch die Jahrhunderte und schreibt griechische Tragödien, Tanzmusik des sechzehnten und siebzehnten Jahrhunderts und Präludien und Fugen des achtzehnten. Doch in all diesen exotischen und archaischen Spiegelbildern von Zeiten und Ländern, durch die seine Phantasie schweift, erkennt man das heitere, intelligente Antlitz eines reisenden Franzosen, der müßig seinen Neigungen folgt und sich nicht die Mühe macht, tief in die Seele der Menschen einzudringen, denen er begegnet, sondern alles aufnimmt, was er kann, und es dann mit französischem Teint wiedergibt – nach Art Montaignes in Italien, der Verona mit Poitiers und Padua mit Bordeaux verglich und der, als er in Florenz war, Michelangelo viel weniger Aufmerksamkeit schenkte als „einem sehr seltsam geformten Schaf und einem Tier von der Größe einer großen Dogge, das die Gestalt einer Katze hatte und schwarz und weiß gestreift war und das sie einen Tiger nannten.“

Aus rein musikalischer Sicht gibt es eine gewisse Ähnlichkeit zwischen M. Saint-Saëns und Mendelssohn. In beiden finden wir die gleiche intellektuelle Zurückhaltung, das gleiche Gleichgewicht, das zwischen den heterogenen Elementen ihrer Arbeit gewahrt bleibt. Diese Elemente sind beiden nicht gemeinsam, da die Zeit, das Land und die Umgebung, in der sie lebten, nicht dieselben sind; und es gibt auch große Unterschiede in ihren Charakteren. Mendelssohn ist naiver und religiöser; M. Saint-Saëns ist eher ein Dilettant und sinnlicher. Sie sind weniger Seelenverwandte aufgrund ihrer Wissenschaft als vielmehr gute Gesellschafter aufgrund ihrer gemeinsamen Reinheit des Geschmacks, eines Sinns für Rhythmus und einer genialen Methode, die allem, was sie schrieben, einen neoklassischen Charakter verlieh.

Was die Dinge betrifft, die M. Saint-Saëns direkt beeinflusst haben, so sind sie so zahlreich, dass es schwierig und ziemlich gewagt von mir wäre, vorzugeben, sie alle herausgreifen zu können. Seine bemerkenswerte Fähigkeit zur Assimilation hat ihn oft dazu bewegt, im Stil von Wagner oder Berlioz, von Händel oder Rameau, von Lulli oder Charpentier oder sogar von einem englischen Cembalo- oder Clavichordspieler des 16. Jahrhunderts wie William Byrd zu schreiben – dessen Melodien ganz natürlich in die Musik von *Heinrich VIII. einfließen* ; aber wir müssen bedenken, dass es sich dabei um absichtliche Nachahmungen handelt, die Vergnügungen eines Virtuosen, über die sich M. Saint-Saëns nie etwas vormacht. Sein Gedächtnis dient ihm, wie es ihm beliebt, aber es stört ihn nie.

Soweit man das beurteilen kann, sind die musikalischen Ideen von M. Saint-Saëns vom Geist der großen Klassiker des ausgehenden 18. Jahrhunderts durchdrungen – weit mehr, was auch immer man sagen mag, vom Geist Beethovens, Haydns usw Mozart, als mit dem Geist von Bach. Schumanns Verführungskraft hat auch bei ihm Spuren hinterlassen und er hat den Einfluss von Gounod, Bizet und Wagner gespürt. Aber ein stärkerer Einfluss war der von Berlioz, seinem Freund und Meister, [130] und vor allem der von Liszt. Bei diesem Nachnamen müssen wir aufhören.

Herr Saint-Saëns hat gute Gründe, Liszt zu mögen, denn auch Liszt war ein Freiheitsliebhaber, er hatte Traditionen und Pedanterie abgeschüttelt und verachtete deutsche Routine; und er mochte ihn auch, weil seine Musik eine Reaktion auf die steife Schule von Brahms war. [131] Er war von Liszts Werk begeistert und einer der ersten und glühendsten Verfechter jener neuen Musik, deren führender Geist Liszt war - jener „Programmmusik", die Wagners Triumph im Keim erstickt zu haben schien, die aber in den Werken von Richard Strauss plötzlich und herrlich wieder zum Leben erwacht. „Liszt ist einer der großen Komponisten unserer Zeit", schrieb Herr Saint-Saëns; "Er hat mehr gewagt als Weber, Mendelssohn, Schubert oder Schumann. Er hat die sinfonische Dichtung geschaffen. Er ist der Befreier der Instrumentalmusik... Er hat die Herrschaft der freien Musik verkündet." [132] Dies wurde nicht impulsiv in einem Moment der Begeisterung gesagt; M. Saint-Saëns war schon immer dieser Meinung. Sein ganzes Leben lang ist er seiner Bewunderung für Liszt treu geblieben – seit 1858, als er „dem Abbé Liszt" ein *Veni Creator widmete* , bis 1886, als er, wenige Monate nach Liszts Tod, sein Meisterwerk, die *Symphonic avec orgue* , „dem Andenken an Franz Liszt" widmete. [133]

"Die Leute haben nicht gezögert, über das zu spotten, was sie meine Schwäche für Liszts Werke nennen. Aber selbst wenn die Gefühle der Zuneigung und Dankbarkeit, die er in mir weckte, wie ein Prisma kamen und sich zwischen meine Augen und sein Gesicht stellten, sehe ich darin nichts, was ich sehr bedauern müsste. [134] Ich hatte den Zauber seiner persönlichen Faszination noch nicht gespürt, ich hatte ihn weder gehört noch gesehen, und ich schuldete ihm überhaupt nichts, als mein Interesse beim Lesen seiner ersten symphonischen Gedichte geweckt wurde; und als sie mir später den Weg wiesen, der zu *La Danse macabre* , *Le Rouet d'Omphale* und anderen Werken der gleichen Art führen sollte, bin ich sicher, dass mein Urteil nicht durch ein Vorurteil zu seinen Gunsten beeinflusst war und dass ich allein für das verantwortlich war, was ich tat." [135]

Dieser Einfluss scheint mir einige Werke von Saint-Saëns zu erklären. Dieser Einfluss ist nicht nur in seinen symphonischen Dichtungen – einige seiner besten Werke – offensichtlich, sondern auch in seinen Suiten für Orchester, seinen Fantasien und seinen Rhapsodien, in denen das beschreibende und erzählende Element stark ausgeprägt ist. „Musik sollte von selbst bezaubern", sagte Saint-Saëns, „aber ihre Wirkung ist viel feiner, wenn wir unsere Vorstellungskraft nutzen und sie in eine bestimmte Richtung fließen lassen, um uns so die Musik vorzustellen. Dann werden alle Fähigkeiten der Seele für dasselbe Ziel ins Spiel gebracht. Was die Kunst dadurch gewinnt, ist nicht größere Schönheit, sondern ein breiteres Feld für ihren Wirkungsbereich – das heißt eine größere Vielfalt der Formen und eine größere Freiheit." [136]

Und so stellen wir fest, dass M. Saint-Saëns an dem energischen Versuch moderner deutscher Sinfoniker beteiligt war, etwas von der Kraft der anderen Künste in die Musik zu bringen: Poesie, Malerei, Philosophie, Romantik, Drama – das ganze Leben. Aber was für eine Kluft trennt sie und ihn! Eine Kluft, die nicht nur aus Stilunterschieden besteht, sondern auch aus den Unterschieden zwischen zwei Rassen und zwei Welten. Neben den rasenden Ausbrüchen von Richard Strauss, der unsicher zwischen Schlamm, Trümmern und Genie hin und her schwankt, erhebt sich die lateinische Kunst von Saint-Saëns ruhig und ironisch. Seine zarte Berührung, seine sorgfältige Mäßigung, seine glückliche Anmut, „die auf tausend kleinen Wegen in die Seele eindringt" [137] bringen die Freuden schöner Sprache und ehrlicher Gedanken mit sich; und wir können nicht umhin, ihren Charme zu spüren. Verglichen mit der ruhelosen und unruhigen Kunst von heute beeindruckt uns seine Musik durch ihre Ruhe, ihre ruhigen Harmonien, ihre samtigen Modulationen, ihre kristallklare Klarheit, ihren sanften und fließenden Stil und eine Eleganz, die sich nicht in Worte fassen lässt. Sogar seine klassische Kälte tut uns gut, da sie auf die Übertreibungen der neuen Schule reagiert, so aufrichtig sie auch sein mögen. Manchmal fühlt man sich zu Mendelssohn, sogar zu Spontini und der Schule Glucks zurückversetzt. Man scheint in einem Land zu reisen, das man kennt und liebt; und doch findet man in den Werken von M. Saint-Saëns keine direkte Ähnlichkeit mit den Werken anderer Komponisten; Denn bei niemandem sind Erinnerungen seltener als bei diesem Meister, der alle alten Meister in seinem Kopf trägt — es ist sein Geist, der dem ihren verwandt ist. Und das ist das Geheimnis seiner Persönlichkeit und seines Wertes für uns; er bringt ein wenig vom Licht und der Süße anderer Zeiten in unsere künstlerische Unruhe. Seine Kompositionen sind wie Fragmente einer anderen Welt.

„Von Zeit zu Zeit", sagte er, als er von *Don Giovanni sprach* , „finden wir in der heiligen Erde von Hellene ein Fragment, einen Arm, die Überreste eines Torsos, zerkratzt und beschädigt durch den Zahn der Zeit; es ist nur der Schatten des Gottes, den der Meißel des Bildhauers einst schuf; aber der Zauber ist irgendwie immer noch da, der erhabene Stil strahlt trotz allem." [138]

Und so ist es auch mit dieser Musik. Sie ist manchmal ein wenig blass, ein wenig zu zurückhaltend; doch in einer Phrase, in ein paar Harmonien leuchtet eine klare Vision der Vergangenheit hervor.

VINCENT D'INDY

„Ich halte Kritik für nutzlos, ich würde sogar sagen, dass sie schädlich ist ... Kritik bedeutet im Allgemeinen die Meinung, die jemand über die Arbeit einer anderen Person hat. Wie kann diese Meinung zum Wachstum der Kunst beitragen? Das ist interessant." Kennen Sie die Ideen, sogar die falschen Ideen von Genies und Männern mit großem Talent wie Goethe, Schumann, Wagner, Sainte-Beuve und Michelet, wenn sie sich der Kritik hingeben möchten, aber es ist überhaupt nicht von Interesse, sie zu wissen ob Herr So und So dieses und jenes dramatische oder musikalische Werk mag oder nicht. [139]

So schreibt M. Vincent d'Indy.

Nach einer solchen Meinungsäußerung kann man sich vorstellen, dass ein Kritiker sich etwas unwohl fühlen sollte, wenn er über M. Vincent d'Indy schreibt. Und ich selbst sollte mich umso mehr darum kümmern, denn in der Ausgabe der Rezension, in der das Obige geschrieben wurde, stammten die einzigen anderen Meinungen, die mit gleicher Überzeugung geäußert wurden, vom Autor dieses Buches. Es gibt nur eines zu tun – M. d'Indys Beispiel zu kopieren; denn dieser eingeschworene Feind der Kritik ist selbst ein scharfer Kritiker.

Ich möchte mich nicht ausschließlich mit M. d'Indys musikalischen Talenten befassen. Es ist bekannt, dass er heute in Europa einer der Meister des dramatischen musikalischen Ausdrucks, der Orchesterfarben und der Stilwissenschaft ist. Aber das ist nicht das Ende seiner Errungenschaften; er besitzt künstlerische Originalität, die aus etwas noch Tieferem entspringt. Wenn ein Künstler einen gewissen Wert besitzt, findet man ihn nicht nur in seiner Arbeit, sondern auch in seinem Wesen. Deshalb werden wir versuchen, M. d'Indys Wesen zu erforschen.

Die Persönlichkeit von M. d'Indy ist nicht geheimnisvoll. Im Gegenteil, sie ist offen und klar wie das Tageslicht; und das sehen wir in seinem musikalischen Werk, in seinen künstlerischen Aktivitäten und in seinen Schriften. Auf seine eigenen Schriften können wir die Ausnahme seiner Regel zur Kritik zugunsten einer kleinen Anzahl von Männern anwenden, deren Gedanken interessant sind, selbst wenn sie falsch sind. Es wäre in der Tat schade, M. d'Indys Gedanken nicht zu kennen – selbst die falschen; denn sie geben uns nicht nur einen Einblick in die Ideen eines hervorragenden Künstlers, sondern auch in gewisse überraschende Merkmale des Denkens unserer Zeit. M. d'Indy hat die Geschichte seiner Kunst genau studiert; aber das Hauptinteresse seiner Schriften liegt eher in ihrem unbewussten Ausdruck des Geistes der modernen Kunst als in dem, was sie uns über die Vergangenheit erzählen.

M. d'Indy ist kein Mann, der an die Grenzen seiner Kunst gebunden ist; sein Geist ist offen und gut befruchtet. Heutzutage sind Musiker nicht mehr völlig in ihre Notizen vertieft, sondern können sich anderen Interessen widmen. Und es ist nicht eines der uninteressantesten Phänomene der heutigen französischen Musik, das uns diese gelehrten und nachdenklichen Komponisten beschert, die sich dessen bewusst sind, was sie schaffen, und ihrer Kunst eine ausgeprägte kritische Fähigkeit verleihen, wie die von M. Saint- Saëns, M. Dukas oder M. d'Indy. Von M. d'Indy haben wir wissenschaftliche Ausgaben von Rameau, Destouches und Salomon de Rossi erhalten. Sogar mitten in den Proben von *L'Étranger* in Brüssel arbeitete er an einer Rekonstruktion von Monteverdes *Orfeo* . Er hat eine Auswahl von Volksliedern mit kritischen Anmerkungen, Essays über Beethovens Vorgänger, eine Geschichte der Musikkomposition sowie Debatten und Vorträge veröffentlicht. Diese hervorragende intellektuelle Kultur ist jedoch nicht das bemerkenswerteste Merkmal von M. d'Indy, obwohl sie vielleicht das bemerkenswerteste war. Andere Musiker teilen diese Kultur mit ihm; und sein wirklicher Unterschied liegt in seinen moralischen und fast religiösen Qualitäten, und es ist diese Seite von ihm, die ihm im Vergleich zu anderen zeitgenössischen Künstlern für uns ein ungewöhnliches Interesse verleiht.

„Maneant in vobis Fides, Spes, Caritas.
Tria haec: Major autem horum est Caritas.

„Ein Künstler muss mindestens Glauben, Glauben an Gott und Glauben an seine Kunst haben; denn es ist der Glaube, der ihn dazu befähigt, zu *lernen* und sich durch sein Lernen immer höher auf der Leiter des Seins zu erheben, bis zu seinem Ziel, das ist Gott.

„Ein Künstler sollte Hoffnung praktizieren; denn er kann von der Gegenwart nichts erwarten; er weiß, dass seine Mission darin besteht, zu *dienen* und sein Werk für das Leben und die Lehre der Generationen zu geben, die nach ihm kommen werden."

„Ein Künstler sollte von einer großartigen Wohltätigkeitsorganisation inspiriert werden – ‚der größten davon'. Sein Lebensziel sollte die *Liebe sein; denn das treibende Prinzip aller Schöpfung ist die göttliche und barmherzige Liebe.* "

Wer spricht so? Ist es der Mönch Denys in seiner Zelle auf dem Berg Athos? Oder Cennini, der die frommen Lehren Giotteschis verbreitete? Oder einer der alten Maler Sienas, die sich in ihrem Glaubensbekenntnis selbst als „durch Gottes Gnade jene bezeichneten, die dem einfachen und ungebildeten Menschen durch die Kraft des heiligen Glaubens und zu seiner Ehre wunderbare Dinge offenbaren"?

Nein, es war der Direktor der *Schola Cantorum* , der sich in einer Eröffnungsrede an die Studenten wandte oder ihnen eine Vorlesung über Komposition hielt. [140]

Wir müssen ein wenig über dieses einzigartige Buch nachdenken, in dem eine lebendige Wissenschaft und ein gotischer Geist eng miteinander vermischt sind (ich verwende das Wort „gotisch" im besten Sinne; ich weiß, dass es das höchste Lob ist, das man Herrn d'Indy aussprechen kann). Diese Arbeit hat nicht die Aufmerksamkeit erhalten, die sie verdient. Es ist eine Aufzeichnung des Geistes der zeitgenössischen Kunst; und auch wenn es sich deutlich von anderen Schriften abhebt, sollte es aus diesem Grund nicht unbemerkt bleiben.

In diesem Buch wird gezeigt, dass der Glaube alles ist – der Anfang und das Ende. Wir erfahren, wie es die Flamme des Genies entfacht, das Denken nährt, die Arbeit lenkt und sogar die Modulationen und den Stil eines Musikers bestimmt. Es gibt darin eine Passage, von der man annehmen könnte, sie stamme aus dem 13. Jahrhundert; es ist merkwürdig, aber nicht ohne Würde:

„Man sollte im fortschreitenden Verlauf der Modulationen ein Ziel haben, wie man es in den verschiedenen Phasen des Lebens hat. Der Verstand, die Instinkte und der Glaube, die einen Menschen in den Schwierigkeiten seines Lebens leiten, leiten auch den Musiker bei der Wahl der Modulationen." So erzeugen nutzlose und widersprüchliche Modulationen, ein unentschlossenes Gleichgewicht zwischen Licht und Schatten beim Hörer einen schmerzhaften und verwirrenden Eindruck, vergleichbar mit dem, den ein armer Mensch hervorruft, wenn er schwach und inkonsequent ist und dabei zwischen Ost und West hin- und hergerissen wird seines unglücklichen Lebens, ohne Ziel und ohne Glauben. [141]

Dieses Buch scheint aufgrund einer Art scholastischen Geistes der Abstraktion und Klassifizierung aus dem Mittelalter zu stammen.

„Beim künstlerischen Schaffen werden von der Seele sieben Fähigkeiten ins Spiel gebracht: die Vorstellungskraft, die Gefühle, der Verstand, die Intelligenz, das Gedächtnis, der Wille und das Gewissen." [142]

Und wiederum zeigt sich sein mittelalterlicher Geist in einer außerordentlichen Symbolik, die in allem (soweit ich es verstehe) den Abdruck göttlicher Mysterien und das Zeichen Gottes in drei Personen entdeckt, etwa im Herzschlag und in dreiteiligen Rhythmen – „eine bewundernswerte Anwendung des Prinzips der Einheit der Dreifaltigkeit"! [143]

Aus dieser fernen Zeit stammt auch M. d'Indys Methode, Geschichte zu schreiben, indem er Tatsachen nicht auf Gesetze zurückführte, sondern im

Gegenteil Tatsachen aus bestimmten großen allgemeinen Ideen ableitete, die einst anerkannt, aber nicht durch häufige Beweise bewiesen wurden Wiederkehr, etwa: „Der Ursprung der Kunst liegt in der Religion" [144] – eine Tatsache, die alles andere als sicher ist. Aus dieser Überlegung folgt, dass Volkslieder von gregorianischen Gesängen abgeleitet sind und nicht die gregorianischen Gesänge von den Volksliedern – wie ich eher glauben würde. Die Geschichte der Kunst kann so zu einer Art Weltgeschichte moralischer Errungenschaften werden. Man könnte es in zwei Teile unterteilen: die Welt vor dem Aufkommen von Pride und die Welt danach.

„Der Stolz, dieser furchtbare Feind des Menschen, wurde durch den christlichen Glauben bezwungen und zeigte sich im Mittelalter kaum in der Seele eines Künstlers. Aber mit der Schwächung des religiösen Glaubens und mit dem Geist der Reformation, der sich fast gleichzeitig auf jeden Zweig der menschlichen Bildung auswirkte, sehen wir den Stolz wieder auftauchen und seine wahre Renaissance erleben." [145]

Schließlich zeigt sich dieser gotische Geist – allerdings auf weniger originelle Weise – in den religiösen Antipathien von M. d'Indy, die trotz der Herzensgüte und der großen persönlichen Toleranz des Autors immer wieder gegen die beiden Glaubensrichtungen ausbrechen sind Rivalen seiner eigenen; und ihnen schreibt er alle Fehler der Kunst und alle Laster der Menschheit zu. Jeder hat sein Vergehen. Der Protestantismus wird für die Extreme des Individualismus verantwortlich gemacht; [146] und das Judentum wegen der Absurdität seiner Bräuche und der Schwäche seines moralischen Sinns. [147] Ich weiß nicht, welches von beiden besser ausgearbeitet ist; Der zweite hat das Privileg, dies zu tun, nicht nur schriftlich, sondern auch in Bildern. [148] Das Schlimmste daran ist, dass diese Antipathien dazu geeignet sind, die Fairness von M. d'Indys künstlerischem Urteil zu zerstören. Es versteht sich von selbst, dass den jüdischen Musikern wenig Beachtung geschenkt wird; und selbst die großen protestantischen Musiker, Giganten ihrer Kunst, können sich der Zurechtweisung nicht entziehen. Wenn Goudimel erwähnt wird, dann deshalb, weil er Palestrinas Meister war, und seine Leistung, „die calvinistischen Psalmen in Choräle umzuwandeln", wird als unwichtig abgetan. [149]

Händels Oratorien werden als „erschreckend und, ehrlich gesagt, langweilig" bezeichnet. [150] Bach selbst entgeht mit dieser Einschränkung: „Wenn er groß ist, dann nicht wegen, sondern trotz des dogmatischen und dürrenden Geistes der Reformation." [151]

Ich werde nicht versuchen, die Rolle des Richters zu spielen; denn ein Mensch wird durch seine eigenen Schriften ausreichend beurteilt. Und schließlich ist es ziemlich interessant, Menschen zu treffen, die aufrichtig sind und keine Angst haben, ihre Meinung zu äußern. Ich gebe zu, dass mir einige dieser extremen Meinungen, in denen die Persönlichkeit des Autors deutlich zum Vorschein kommt, eher gefallen – vielleicht etwas pervers.

So lebt der alte gotische Geist noch immer unter uns und prägt den Geist eines unserer bekanntesten Künstler und zweifellos auch den Geist von Hunderten von denen, die ihm zuhören und ihn bewundern. M. Louis Laloy hat das Fortbestehen bestimmter Formen des Chorgesangs in M. Debussys *Pelléas gezeigt* ; und in einem vagen Gefühl weit entfernter Verwandtschaft findet er die Ursache für den geheimnisvollen Charme, den solche Musik auf einige von uns ausübt. [152] Dieses erlernte Paradoxon ist möglich. Warum nicht? Die Vermischung der Rassen und die Wechselfälle der Geschichte haben uns eine so volle und komplexe Seele verliehen, dass wir dort, wenn es uns gefällt, durchaus ihre Anfänge finden können – oder die Anfänge ganz anderer Dinge. Von Anfängen gibt es kein Ende; Die Wahl ist ziemlich peinlich, und ich kann mir vorstellen, dass die Neigung eines Menschen genauso viel mit der Sache zu tun hat wie sein Temperament.

Wie dem auch sei, M. d'Indy stammt aus dem Mittelalter und nicht aus der Antike (die für ihn nicht existiert [153]) oder aus der Renaissance, die er mit der Reformation verwechselt (obwohl die beiden Schwestern Feinde sind).), um es besser zu zerkleinern. [154] „Nehmen wir uns die Vorbilder", sagt er, „die großen Kunstschaffenden des Mittelalters." [155]

Schola gerne zitieren ; es ist das von César Franck, unter dessen Leitung das kleine Konservatorium in der Rue Saint-Jacques stand. Und tatsächlich könnten sie keinen besseren Namen nennen als den dieses einfältigen Mannes. Fast jeder, der mit ihm in Kontakt kam, spürte seinen unwiderstehlichen Charme – ein Charme, der vielleicht viel mit dem Einfluss zu tun hat, den seine Werke noch heute auf die französische Musik haben. Niemand hat Francks moralische und musikalische Macht mehr gespürt als M. Vincent d'Indy; und niemand hegt eine tiefere Ehrfurcht vor dem Mann, dessen Schüler er so lange war.

1888 bei einem Konzert der *Société Nationale in der Salle Pleyel. Es wurden mehrere Werke von Franck gespielt, darunter zum ersten Mal sein bewundernswertes Thème, fugue, et variation* für Harmonium und Pianoforte, eine Komposition, in der sich der Geist Bachs mit einer ganz modernen Zärtlichkeit vermischt. Franck dirigierte und Monsieur d'Indy saß am Pianoforte. Ich werde mich immer an seine ehrfürchtige Art gegenüber dem alten Musiker erinnern und daran, wie gewissenhaft er dessen Anweisungen befolgte; man hätte sagen können, er war ein fleißiger und gehorsamer Schüler. Es war eine rührende Hommage von jemandem, der sich bereits mit Werken wie *Le Chant de la cloche* , *Wallenstein* und *La Symphonie sur un thème montagnard als Meister erwiesen hatte* und der damals vielleicht bekannter und beliebter war als César Franck selbst.

Seitdem sind zwanzig Jahre vergangen und ich sehe Monsieur d'Indy noch immer so wie an jenem Abend. Und was auch immer in der Zukunft geschehen mag, seine Erinnerung wird für mich immer mit der des großen alten Künstlers verbunden bleiben, der mit seinem väterlichen Lächeln über die kleine Versammlung der Gläubigen wachte.

Von allen Merkmalen von Francks moralischer Natur war sein religiöser Glaube der bemerkenswerteste. Er muss die Künstler seiner Zeit in Erstaunen versetzt haben, die noch weniger davon hatten als heute. Er machte sich bei einigen seiner Anhänger bemerkbar, besonders bei denen, die dem Meister am Herzen lagen, wie es M. d'Indy war. Der religiöse Gedanke des letzteren spiegelt in gewissem Maße den Gedanken seines Meisters wider; obwohl die Form dieses Gedankens möglicherweise unbewusste Veränderungen erfahren hat. Ich weiß nicht, ob Franck ganz der Vorstellung entspricht, die die Leute heute von ihm haben. Ich möchte hier keine persönlichen Erinnerungen an ihn einbringen. Ich kannte ihn gut genug, um ihn zu lieben und einen Blick auf die Schönheit und Aufrichtigkeit seiner Seele zu erhaschen; aber ich kannte ihn nicht gut genug, um die Geheimnisse seines Geistes zu entdecken. Diejenigen, die das Glück hatten, seine engen Freunde zu sein, scheinen ihn immer als einen Mystiker darzustellen, der sich vom Geist seiner Zeit abschottete. Ich hoffe, dass einer seiner Freunde irgendwann in der Zukunft einige der Gespräche veröffentlichen wird, die er mit ihm geführt hat und von denen ich gehört habe. Aber dieser Mann, der einen so starken Glauben hatte, war auch sehr unabhängig. An seiner Religion hatte er keine Zweifel: Sie war die Triebfeder seines Lebens; obwohl der Glaube für ihn viel mehr eine Frage des Gefühls als eine Frage der Lehre war. Aber bei Franck war alles Gefühl, und die Vernunft sprach ihn wenig an. Sein religiöser Glaube beunruhigte seinen Geist nicht, denn er maß Menschen und ihre Werke nicht nach seinen Regeln; und er wäre nicht in der Lage gewesen, eine Kunstgeschichte nach der Bibel zusammenzustellen. Dieser große Katholik hatte zuweilen eine sehr heidnische Seele; und er konnte den musikalischen Dilettantismus von Renan und den klangvollen Nihilismus von Leconte de Lisle ohne Bedenken genießen. Seine großen Sympathien kannten keine Grenzen. Er versuchte nicht, das zu kritisieren, was er liebte – das Verständnis war bereits in seinem Herzen. Vielleicht hatte er recht; und vielleicht gab es in den Tiefen seines Herzens mehr Probleme, als die tapfere Gelassenheit seiner Oberfläche uns glauben machen würde.

Auch sein Glaube ... Ich weiß, wie gefährlich es ist, die Gefühle eines Musikers anhand seiner Musik zu interpretieren; aber wie können wir anders handeln, wenn uns Francks Anhänger sagen, der Ausdruck der Seele sei das einzige Ziel und der einzige Zweck der Musik? Finden wir seinen Glauben, wie er in seiner Musik zum Ausdruck kommt, immer voller Frieden und

Ruhe? [156] Ich frage diejenigen, die diese Musik lieben, weil sie darin einen Teil ihrer eigenen Traurigkeit widergespiegelt finden. Wer hat nicht die geheimen Tragödien gespürt, die einige seiner musikalischen Passagen in sich tragen – diese kurzen, charakteristisch abrupten Phrasen, die in flehender Bitte an Gott aufzusteigen scheinen und oft in Trauer und Tränen zurückfallen? Es ist nicht alles Licht in dieser Seele; aber das Licht, das dort ist, berührt uns nicht weniger, weil es aus der Ferne scheint,

„In einem Wolkengebilde ließ er den Himmel unter dem
Meer hervortreten ...“ [157]

Und so scheint sich Franck meiner Meinung nach von Herrn d'Indy darin zu unterscheiden, dass er nicht dessen dringenden Wunsch nach Klarheit hegt.

Klarheit ist die charakteristische Eigenschaft von M. d'Indys Geist. Es gibt keine Schatten um ihn herum. Seine Ideen und seine Kunst sind so klar wie der Ausdruck, der seinem Gesicht so viel Jugend verleiht. Für ihn ist das Untersuchen, Ordnen, Einordnen, Kombinieren eine Notwendigkeit. Niemand ist französischer im Geiste. Er wurde manchmal mit dem Wagnerismus belastet, und es stimmt, dass er Wagners Einfluss sehr stark gespürt hat. Aber selbst wenn dieser Einfluss am offensichtlichsten ist, ist er nur oberflächlich: Sein wahrer Geist ist weit entfernt von dem Wagners. Möglicherweise finden Sie in *Fervaal* ein paar Bäume wie in *Siegfrieds* Wald; aber der Wald selbst ist nicht derselbe; breite Alleen sind hineingehauen, und Tageslicht erfüllt die Höhlen der Niebelungen.

Diese Liebe zur Klarheit ist der bestimmende Faktor in der künstlerischen Natur von M. d'Indy. Und das ist umso bemerkenswerter, als sein Wesen alles andere als einfach ist. Durch seine umfassende musikalische Ausbildung und seinen ständigen Wissensdurst hat er sich ein sehr vielfältiges und fast widersprüchliches Lernen angeeignet. Es muss daran erinnert werden, dass M. d'Indy ein Musiker ist, der mit der Musik anderer Länder und anderer Zeiten vertraut ist; alle möglichen musikalischen Formen schwirren in seinem Kopf herum; und er scheint manchmal zwischen ihnen zu zögern. Er hat diese Formen in drei Hauptklassen eingeteilt, die ihm als Vorbilder der Musikkunst erscheinen: die dekorative Kunst der Sänger des einfachen Gesangs, die architektonische Kunst von Palestrina und seinen Anhängern und die Ausdruckskunst der großen Italiener von das siebzehnte Jahrhundert. [158] Aber versucht sein Eklektizismus dabei nicht, Künste zu versöhnen, die von Natur aus uneinig sind? Auch hier müssen wir uns daran erinnern, dass M. d'Indy direkten oder indirekten Kontakt mit einigen der größten Musikerpersönlichkeiten unserer Zeit hatte: mit Wagner, Liszt, Brahms und César Franck.

Und er hat sich leicht von ihnen angezogen gefühlt; denn er ist keiner jener egoistischen Genies, deren Gedanken auf ihre eigenen Interessen fixiert sind, noch hat er einen jener fleischfressenden Geister, die nichts sehen, nichts suchen und nichts genießen, es sei denn, es könnte ihnen später von Nutzen sein. Seine Sympathien gelten bereitwillig anderen, er ist glücklich, ihrer Größe zu huldigen, und erkennt ihren Charme schnell. Er spricht irgendwo von dem „unwiderstehlichen Bedürfnis nach Transformation", das jeder Künstler empfindet. [159] Aber um nicht von widerstreitenden Elementen und Interessen überwältigt zu werden, muss man über große Gefühls- oder Willenskraft verfügen, um das Unnötige eliminieren und das Notwendige auswählen und transformieren zu können. M. d'Indy eliminiert kaum etwas; er nutzt es. In seiner Musik übt er die Eigenschaften eines Armeegenerals aus: Verständnis für sein Ziel und die Geduld, es zu erreichen, eine perfekte Kenntnis der ihm zur Verfügung stehenden Mittel, den Geist der Ordnung und die Beherrschung seiner Arbeit und seiner selbst. Trotz der Vielfalt der von ihm verwendeten Materialien ist das Ganze immer klar. Fast könnte man ihm eine zu große Klarheit vorwerfen, er scheint zu sehr zu vereinfachen.

Nichts hilft einem mehr, das Wesen der Persönlichkeit von M. d'Indy zu erfassen als sein letztes dramatisches Werk. Seine Persönlichkeit kommt in allen seinen Kompositionen deutlich zum Ausdruck, aber nirgendwo ist sie deutlicher als in *L'Étranger*. [160]

Die Szene von *L'Étranger* spielt in Frankreich, am Meer, dessen murmelnde Ruhe wir in einer symphonischen Einleitung hören. Die Fischer kehren in den Hafen zurück; Das Angeln war schlecht. Aber einer von ihnen, „ein etwa vierzigjähriger Mann mit trauriger und würdevoller Miene", hatte mehr Glück als die anderen. Die Fischer beneiden ihn und verdächtigen ihn vage der Zauberei. Er versucht mit ihnen in ein freundschaftliches Gespräch zu kommen und bietet seinen Fang einer armen Familie an. Aber vergeblich; Seine Annäherungsversuche werden zurückgewiesen und seine Großzügigkeit wird mit Argwohn betrachtet. Er ist ein Fremder – der Fremde. [161] Der Abend bricht herein und der Angelus läutet. Einige Arbeiterinnen marschieren aus ihrer Werkstatt und singen ein fröhliches Volkslied. [162] Eines der jungen Mädchen, Vita, geht auf den Fremden zu und spricht ihn an, denn sie ist die Einzige im Dorf, die seine Freundin ist. Die beiden fühlen sich durch eine heimliche Sympathie verbunden. Vita vertraut sich dem unbekannten Mann schlicht an; Sie lieben sich, obwohl sie es nicht zugeben. Der Fremde versucht, seine Gefühle zu unterdrücken; denn Vita ist jung und bereits verlobt, und er glaubt, dass er kein Recht hat, Anspruch auf sie zu erheben. Doch Vita ist von seiner Kälte beleidigt und versucht, ihn zu verletzen, was ihr gelingt. Am Ende verrät er sich selbst. „Ja, er liebt sie, und sie wusste es genau. Aber jetzt, wo er es ihr gesagt hat, wird er sie nie wieder sehen und verabschiedet sich von ihr."

Das ist der erste Akt. Bis zu diesem Punkt scheinen wir Zeuge eines sehr menschlichen und realistischen Dramas zu sein – der gewöhnlichen Geschichte des Mannes, der versucht, Gutes zu tun und dafür Undank erfährt, und der traurigen Tragödie des Alters, die ein noch junges Herz befällt, das nicht in der Lage ist, sich zu resignieren zum Älterwerden. Aber die Musik macht uns auf der Hut. Wir hatten seinen religiösen Ton gehört, als der Fremde sprach, und es schien uns, als würden wir im Hauptthema eine liturgische Melodie erkennen. Welches Geheimnis bleibt uns verborgen? Sind wir nicht in Frankreich? Doch trotz des Volksliedes und eines vorbeiziehenden Hauchs des Meeres ist die Atmosphäre der Kirche und von César Franck deutlich zu spüren. Wer ist dieser Fremde?

Er erzählt es uns im zweiten Akt.

„Meinen Namen? Ich habe keinen. Ich bin der, der träumt; ich bin der, der liebt. Ich bin durch viele Länder gereist und auf vielen Meeren gesegelt, habe die Armen und Bedürftigen geliebt und vom Glück der Bruderschaft der Menschen geträumt."

„Wo habe ich dich gesehen? – denn ich kenne dich."

„Wo?, fragst du. Aber überall: unter der warmen Sonne des Ostens, an den weißen Ozeanen des Pols ... Ich habe dich überall gefunden, denn du bist die Schönheit selbst, du bist die unsterbliche Liebe!"

Die Musik ist nicht ohne eine gewisse Noblesse und trägt den Stempel des ruhigen, starken Glaubensgeistes. Aber ich bedauerte, dass die Geschichte nur von einem bloßen Wesen handelte, da ich mich gerade für einen Menschen zu interessieren begann. Ich kann die Anziehungskraft dieser Art von Symbolik nie verstehen. Wenn sie nicht mit erhabenen Schöpfungskräften in der Metaphysik oder Moral verbunden ist – wie sie Goethe oder Ibsen besaßen –, sehe ich nicht, was eine solche Symbolik dem Leben hinzufügen kann, obwohl ich sehr wohl sehe, was sie ihm nimmt. Aber es ist letztlich eine Frage des Geschmacks; und außerdem gibt es in dieser Geschichte nichts, was uns besonders in Erstaunen versetzen würde. Dieser Übergang vom Realismus zur Symbolik ist etwas, mit dem wir in der Oper seit der Zeit Wagners nur allzu vertraut geworden sind.

Doch damit ist die Geschichte noch nicht zu Ende. Denn wir verlassen die symbolischen Abstraktionen und betreten einen noch außergewöhnlicheren Bereich, der noch weiter von der Realität entfernt ist.

Zu Beginn war von einem Smaragd die Rede, der in der Mütze des Fremden funkelte; und dieser Smaragd kommt nun in der Handlung des Stücks zum Einsatz. „Er hatte früher im Bug des Bootes gefunkelt, das den Leichnam von Lazarus, dem Freund unseres Meisters Jesus, transportierte; und das Boot hatte den Hafen der Phokäer sicher erreicht – ohne Steuer, Segel oder

Ruder. Denn mit diesem Wunderstein konnte ein reines und aufrichtiges Herz das Meer und die Winde beherrschen." Aber jetzt, da der Fremde etwas falsch gemacht hat, indem er der Leidenschaft zum Opfer fiel, ist seine Macht dahin; also gibt er ihn Vita.

Dann folgt eine echte Szene im Märchenland. Vita steht vor dem Meer und beschwört es in einer Beschwörungsformel voller seltsamer und wunderschöner Gesangsmusik: „O Meer! Unheimliches Meer mit deinem wütenden Charme, sanftes Meer mit deinem Todeskuss, erhöre mich!" Und das Meer antwortet mit einem Lied. Stimmen vermischen sich mit dem Orchester in einer Symphonie zunehmender Wut. Vita schwört, dass sie sich niemandem außer dem Fremden hingeben wird. Sie hebt den Smaragd über ihren Kopf und er erstrahlt in grellem Licht. „„Empfange, oh Meer, als Zeichen meines Eides den heiligen Stein, den heiligen Smaragd! Dann möge seine Macht nicht länger angerufen werden, und niemand kann seine schützende Kraft mehr kennen. Eifersüchtiges Meer, nimm dein Eigentum zurück, das letzte Opfergabe einer Verlobten!' Mit einer beeindruckenden Geste wirft sie den Smaragd in die Wellen, und plötzlich erstrahlt ein dunkelgrünes Licht vor dem schwarzen Himmel. Dieses übernatürliche Licht breitet sich langsam über das Wasser aus, bis es den Horizont erreicht und das Meer in großen Wellen zu rollen beginnt. Dann beginnt das Meer seinen Gesang in wütenderem Ton; Das Orchester donnert und der Sturm bricht los.

Die Boote legten eilig wieder an Land, und eines von ihnen dürfte am Ufer zerschellt sein. Das ganze Dorf kommt herbei, um die Katastrophe zu beobachten; Doch die Männer weigern sich, ihr Leben zugunsten der Schiffbrüchigen zu riskieren. Dann steigt der Fremde in ein Boot und Vita springt hinter ihm her. Der Sturm nimmt an Heftigkeit zu. Eine Welle von enormer Höhe bricht auf dem Steg und überflutet die Szene mit einem blendend grünen Licht. Die Menge schreckt vor Angst zurück. Es herrscht Stille; und ein alter Fischer nimmt seine Wollmütze ab und stimmt das *De Profundis an* . Die Dorfbewohner stimmen den Gesang an....

Aus dieser kurzen Darstellung kann man erkennen, was für ein heterogenes Werk es ist. Es werden zwei oder drei ganz unterschiedliche Welten in das Werk eingebracht: Der Realismus der bürgerlichen Charaktere von Vitas Mutter und Geliebten vermischt sich mit Symbolen des Christentums, die durch den Fremden repräsentiert werden, und mit dem Märchen vom magischen Smaragd und den Stimmen des Ozeans. Diese Komplexität, die im Gedicht deutlich genug zum Ausdruck kommt, wird in der Musik noch deutlicher, in der eine Verbindung verschiedener Künste und Ideen versucht wird. Wir bekommen die Kunst des Volksliedes, religiöse Kunst, die Kunst Wagners, die Kunst Francks, sowie eine Note vertrauten Realismus (der der italienischen *Opéra-bouffe etwas ähnelt*) und Beschreibungen von

Empfindungen, die sehr persönlich sind. Da es nur zwei kurze Akte gibt, dient die Schnelligkeit der Handlung nur dazu, diesen Eindruck zu verstärken. Die Übergänge sind sehr abrupt: Wir werden aus einer Welt der Menschen in eine Welt abstrakter Ideen getrieben und dann aus einer Atmosphäre der Religion in ein Land der Feen geführt. Aus musikalischer Sicht ist das Werk jedoch klar genug. Je komplexer die Elemente sind, die M. d'Indy um sich versammelt, desto mehr bemüht er sich, sie in Harmonie zu bringen. Dies ist eine schwierige Aufgabe und nur möglich, wenn die verschiedenen Elemente auf ihren einfachsten Ausdruck reduziert und auf ihre grundlegenden Eigenschaften reduziert werden – wodurch sie der Würze ihrer Individualität beraubt werden. M. d'Indy legt verschiedene Stile und Ideen auf den Amboss und schmiedet sie dann energisch. Es ist natürlich, dass wir hier und da die Spur des Hammers sehen, den Abdruck seiner Entschlossenheit; aber nur durch seine Entschlossenheit hat er das Werk zu einem soliden Ganzen zusammengefügt.

Vielleicht ist es die Entschlossenheit, die hin und wieder Einheit in den Geist von M. d'Indy bringt. In diesem Zusammenhang möchte ich nur auf einen Punkt eingehen, da dieser merkwürdig ist und mir von allgemeinem künstlerischem Interesse zu sein scheint. M. d'Indy schreibt seine eigenen Gedichte für seine „ *actions musicales* " – Wagners Beispiel scheint ansteckend zu sein. Wir haben gesehen, wie die Harmonie eines Werkes unter der Doppelbegabung seines Autors leiden kann; obwohl er möglicherweise daran dachte, seine Komposition durch das Schreiben von Texten und Musik zu perfektionieren. Aber die poetischen und musikalischen Begabungen eines Künstlers sind nicht unbedingt von derselben Größenordnung. Ein Mann hat in anderen Künsten nicht immer das gleiche Talent wie in der Kunst, die er sich zu eigen gemacht hat – ich spreche nicht nur von seinem technischen Können, sondern auch von seinem Temperament. Delacroix gehörte in der Malerei der romantischen Schule an, in der Literatur war sein Stil jedoch klassisch. Wir haben alle Künstler gekannt, die in ihrem eigenen Bereich revolutionär waren, in ihren Ansichten über andere Kunstzweige jedoch konservativ und hinter der Zeit zurückgeblieben waren. Die doppelte Gabe von Poesie und Musik ist bis zu einem gewissen Punkt bei M. d'Indy vorhanden. Aber stimmt seine Vernunft immer mit seinem Herzen überein?
[163]

Natürlich ist sein Wesen zu würdevoll, um den Streit offen zur Schau zu stellen. Sein Herz gehorcht den Befehlen seiner Vernunft oder geht mit ihr Kompromisse ein, und indem es scheinbar Respekt vor Autoritäten zeigt, wahrt es den Schein. Seine Vernunft, hier vertreten durch den Dichter, liebt einfache, realistische und relevante Handlungen, verbunden mit moralischen oder sogar religiösen Lehren. Sein Herz, dargestellt durch den Musiker, ist romantisch; und wenn er sich ganz daran hielt, wandte er sich jedem Thema zu, das es ihm ermöglichte, seiner Liebe zum Malerischen nachzugehen, etwa der beschreibenden Symphonie oder sogar der alten Form der Oper.

Was mich betrifft, habe ich Verständnis für sein Herz; und ich finde, sein Herz ist im Recht und sein Verstand im Unrecht. Nichts hat sich M. d'Indy mehr zu eigen gemacht als die Kunst, Landschaften in Musik zu malen. Es gibt eine Seite in *Fervaal* zu Beginn des zweiten Akts, die neblige, mit Kiefernwäldern bedeckte Berggipfel schildert; Es gibt eine andere Seite in *L'Étranger* , auf der man seltsame Lichter auf dem Meer schimmern sieht, während ein Sturm brodelt. [164] Ich würde gerne sehen, wie M. d'Indy sich trotz aller Theorien frei dieser beschreibenden Lyrik hingibt, in der er sich so auszeichnet; oder ich wünschte, er würde sich zumindest von einem Thema inspirieren lassen, bei dem sowohl seine religiösen Überzeugungen als auch seine Fantasie Befriedigung finden könnten: ein Thema wie eine der schönen Episoden der Goldenen Legende oder die, an die sich *L'Étranger* selbst erinnert – die Romantik Reise der Magdalena in der Provence. Aber es ist töricht, von einem Künstler zu verlangen, dass er etwas anderes tut als das, was ihm gefällt; Er kann am besten beurteilen, was ihm gefällt.

In diesem skizzenhaften Porträt darf ich eine der schönsten Gaben dieses Komponisten nicht vergessen – sein Talent als Musiklehrer. Alles hat M. d'Indy für diese Rolle geeignet. Aufgrund seines Wissens und seines präzisen, geordneten Verstandes muss er ein perfekter Kompositionslehrer sein. Wenn ich ihm eine Frage der Harmonie oder melodischen Phrasierung einer Analyse unterziehe, ist das Ergebnis die Essenz klarer, logischer Argumentation; und wenn die Argumentation ein wenig trocken ist und die Sache fast zu sehr vereinfacht, ist sie dennoch sehr aufschlussreich und stammt aus der Hand eines Meisters der französischen Prosa. Und dabei finde ich, dass er denselben konsequenten Instinkt für gesunden Menschenverstand und Aufrichtigkeit anwendet, dieselbe Kunst der Entwicklung, dieselben Prinzipien der klassischen Rhetorik des 17. und 18. Jahrhunderts, die er auf seine Musik anwendet. Tatsächlich könnte M. d'Indy, wenn er wollte, eine musikalische *Abhandlung über Stil schreiben*.

Vor allem aber ist er mit den moralischen Eigenschaften eines Lehrers begabt – vor allem mit der Berufung zum Lehren. Er glaubt fest an die absolute Pflicht, Kunstunterricht zu erteilen, und, was noch seltener vorkommt, an die wirksame Tugend dieses Unterrichtens. Er teilt bereitwillig Tolstois Verachtung, die er manchmal zitiert, wenn er von der Dummheit der Kunst um der Kunst willen spricht.

„Der Kunst liegt diese wesentliche Bedingung zugrunde: das Lehren. Das Ziel der Kunst ist weder Gewinn noch Ruhm; das wahre Ziel der Kunst ist zu lehren, den Geist der Menschheit allmählich zu erheben; mit einem Wort, im höchsten Sinne zu dienen – , *dienen* ‘, wie Wagner im dritten Akt des Parsifal durch den Mund der reuigen Kundry sagt.“ [165]

Darin liegt eine Mischung aus christlicher Demut und aristokratischem Stolz. M. d'Indy hat ein aufrichtiges Anliegen für das Wohlergehen der Menschheit und er liebt die Menschen; aber er behandelt sie mit liebevoller Freundlichkeit, gleichzeitig beschützend und tolerant; er betrachtet sie als Kinder, die geführt werden müssen. [166]

Die Volkskunst, die er preist, ist keine Kunst des Volkes, sondern die einer am Volk interessierten Aristokratie. Er möchte sie mit den Mitteln der Kunst aufklären, formen, lenken. Kunst ist die Quelle des Lebens; es ist der Geist des Fortschritts; es gibt der Seele das wertvollste aller Besitztümer – Freiheit. Und niemand genießt diese Freiheit mehr als der Künstler. In einem Vortrag vor der *Schola* sagte er:

„Was den Namen ‚Künstler‘ so großartig macht, ist, dass der Künstler frei ist – absolut frei. Schauen Sie sich um und sagen Sie mir, ob es aus dieser Sicht eine schönere Karriere gibt als die eines Künstlers, der sich seiner Mission bewusst ist? Die Armee? Das Gesetz? Die Universität? Die Politik?“

Und dann folgt eine eher kühle Würdigung dieser unterschiedlichen Karrieren.

„Es besteht keine Notwendigkeit, die übermäßige Bürokratie und den Bürokratismus zu erwähnen, die das schreiende Übel dieses Landes sind. Überall finden wir Unterwerfung unter Regeln und Knechtschaft gegenüber dem Staat. Aber welche Regierung, welcher Papst, welcher Kaiser oder welcher Präsident könnte einen Künstler zwingen, gegen seinen Willen zu denken und zu schreiben? Freiheit – das ist der wahre Reichtum und das wertvollste Erbe des Künstlers, die Freiheit zu denken und die Freiheit, die uns niemand nehmen kann – die Freiheit, unsere Arbeit nach den Vorschriften unseres Gewissens zu tun.“

Wer spürt nicht die ansteckende Wärme und Schönheit dieser temperamentvollen Worte? Wie diese Kraft der Begeisterung und Aufrichtigkeit alle jungen und eifrigen Herzen ergreifen muss. „Es gibt zwei Eigenschaften“, sagt M. d'Indy auf der letzten Seite von *Cours de Composition*, „die ein Meister versuchen sollte, im Geiste des Schülers zu fördern und zu entwickeln, denn ohne sie ist die Wissenschaft nutzlos; diese Eigenschaften sind es.“ eine selbstlose Liebe zur Kunst und Begeisterung für gute Arbeit.“ Und diese beiden Tugenden strahlen aus der Persönlichkeit von M. d'Indy wie aus seinen Schriften; das ist seine Macht.

Aber das Beste an seiner Lehrtätigkeit ist sein Leben. Man kann seine uneigennützige Hingabe zum Wohle der Kunst gar nicht hoch genug loben. Als ob es nicht genug wäre, seine ganze Kraft in seine eigenen Schöpfungen zu stecken, gibt M. d'Indy seine Zeit und die Ergebnisse seines Studiums schonungslos an andere weiter. Franck gab Unterricht, um leben zu können; M. d'Indy gibt Unterricht, um zu unterrichten, und um seiner Kunst zu dienen und Künstlern zu helfen. Er leitet Schulen und nimmt die undankbarsten, aber notwendigsten Arten von Unterricht an und sucht sie geradezu auf. Oder er widmet sich hingebungsvoll dem Studium der Vergangenheit und der Wiederbelebung eines alten Meisters. Und es scheint ihm so viel Freude zu bereiten, jungen Geistern die Wertschätzung für Musik beizubringen oder die Ungerechtigkeiten der Geschichte gegenüber einem hervorragenden, aber vergessenen Musiker wiedergutzumachen, dass er sich selbst fast vergisst. Welcher Arbeit oder welchem Arbeiter, der des Interesses würdig war oder es zu sein schien, hat er jemals seinen Rat und seine Hilfe verweigert? Ich habe seine Freundlichkeit persönlich kennengelernt und werde ihm dafür immer aufrichtig dankbar sein.

Seine Hingabe und sein Glaube waren nicht umsonst. Der Name M. d'Indy wird in der Geschichte nicht nur mit schönen Werken, sondern auch mit großen Werken in Verbindung gebracht: mit der *Société Nationale de Musique* , deren Präsident er ist; mit der *Schola Cantorum* , die er zusammen mit Charles Bordes gründete und die er leitet; mit der jungen französischen Musikschule, einer Gruppe talentierter Künstler und Erneuerer, für die er eine Art älterer Bruder ist, der sie durch sein Beispiel ermutigt und ihnen durch die ersten harten Jahre des Kampfes hilft; und schließlich mit einem Erwachen der Musik in Europa, mit einer Bewegung, die nach dem Tod von Wagner und Franck durch ihre Wiederbelebung der Kunst des Mittelalters und der Renaissance das Interesse der Welt auf sich zog. M. d'Indy war der Hauptvertreter dieser künstlerischen Entwicklung in Frankreich. Durch seine Taten, durch sein Beispiel und durch seinen Geist gehörte er zu den Ersten, die das Interesse an der musikalischen Ausbildung Frankreichs heute weckten. Er hat mehr für die Förderung unserer Musik getan als der gesamte offizielle Unterricht der Konservatorien Es wird der Tag kommen, an dem ein solcher Mann durch die Gewalt der Dinge und allen Widerständen zum Trotz den ihm zustehenden Platz an der Spitze der Musikorganisation Frankreichs einnehmen wird.

Ich habe versucht, M. d'Indys stärkste Eigenschaften zu entdecken, und ich glaube, ich habe sie in seinem Glauben und in seiner Tätigkeit gefunden. Ich bin mir der Fallstricke, die mich bei diesem Versuch befallen haben, nur allzu bewusst; Es ist immer schwierig, die Persönlichkeit eines Menschen zu kritisieren, und am schwierigsten ist es, wenn er lebt und sich noch mitten in seiner Entwicklung befindet. Jeder Mensch ist ein Geheimnis, nicht nur für andere, sondern auch für sich selbst. Es hat etwas sehr Anmaßendes, so zu tun, als würde man jemanden kennen, der sich selbst nicht ganz kennt. Und doch kann man nicht leben, ohne sich eine Meinung zu bilden; es ist eine Notwendigkeit des Lebens. Die Menschen, die wir sehen und kennen (oder sagen, dass wir sie kennen), unsere Freunde und diejenigen, die wir lieben, sind nie das, was wir für sie halten. Oft ähneln sie überhaupt nicht dem Porträt, das wir heraufbeschwören; denn wir wandeln zwischen den Phantomen unserer Herzen. Dennoch muss man weiterhin Meinungen haben und weiterhin Dinge konstruieren und erschaffen, wenn man nicht durch Trägheit ohnmächtig werden will. Irrtum ist besser als Zweifel, vorausgesetzt, wir irren in gutem Glauben; und die Hauptsache ist, das auszusprechen, was man wirklich fühlt und glaubt. Ich hoffe, dass M. d'Indy mir verzeihen wird, wenn ich einen großen Fehler gemacht habe, und dass er in diesen Seiten ein aufrichtiges Bemühen erkennen wird, ihn zu verstehen, und ein tiefes Mitgefühl für sich selbst und sogar für seine Ideen, obwohl ich sie nicht immer teile ihnen. Aber ich habe immer gedacht, dass die Meinung eines Mannes im Leben sehr wenig zählt und dass das Einzige, was zählt, der Mann selbst ist. Die Freiheit des Geistes ist das größte Glück, das man kennen kann; Man muss Mitleid mit denen haben, die es nicht haben. Und es ist ein heimliches Vergnügen, dem großartigen Glauben eines anderen zu huldigen, auch wenn wir uns selbst nicht dazu bekennen.

RICHARD STRAUSS

Der Komponist des *Heldenlebens* ist den Parisern nicht mehr unbekannt. Jedes Jahr sehen wir bei Colonne oder Chevillard seine große, dünne Silhouette am Dirigentenpult wieder auftauchen. Da ist er mit seinen abrupten und herrischen Gesten, seinem blassen und ängstlichen Gesicht, seinen wunderbar klaren Augen, die ruhelos und gleichzeitig durchdringend sind, seinem Mund, der wie der eines Kindes geformt ist, einem Schnurrbart, der so hell ist, dass er fast weiß ist, und lockigem Haar, das wie eine Krone über seiner hohen, runden Stirn wächst.

Ich möchte hier versuchen, die seltsame und fesselnde Persönlichkeit des Mannes zu skizzieren, der in Deutschland als Erbe von Wagners Genie gilt – des Mannes, der die Kühnheit besaß, nach Beethoven eine Heroische Sinfonie zu schreiben und sich selbst als den Helden einzubilden.

Richard Strauss ist vierunddreißig Jahre alt. [167] Er wurde am 11. Juni 1864 in München geboren. Sein Vater, ein bekannter Virtuose, war Erster Hornist im königlichen Orchester, seine Mutter war eine Tochter des Brauers Pschorr. Er wuchs in einem musikalischen Umfeld auf. Mit vier Jahren spielte er Klavier und mit sechs Jahren komponierte er kleine Tänze, *Lieder*, Sonaten und sogar Ouvertüren für das Orchester. Vielleicht hatte diese extreme künstlerische Frühreife etwas mit dem fieberhaften Charakter seiner Talente zu tun, indem sie seine Nerven in einem Zustand der Anspannung hielt und seinen Geist übermäßig erregte. In der Schule komponierte er Chöre für einige Tragödien des Sophokles. Im Jahr 1881 ließ Hermann Levi eine der Sinfonien des jungen Studenten von seinem Orchester aufführen. An der Universität verbrachte er seine Zeit mit dem Schreiben von Instrumentalmusik. Dann ließen ihn Bülow und Radecke in Berlin spielen; und Bülow, der ihn sehr lieb gewann, ließ ihn als *Musikdirektor nach Meiningen holen*. Von 1886 bis 1889 bekleidete er die gleiche Position am *Hoftheater* in München. Von 1889 bis 1894 war er *Kapellmeister* am *Hoftheater* in Weimar. 1894 kehrte er als *Hofkapellmeister nach München zurück* und trat 1897 die Nachfolge von Hermann Levi an. Schließlich verließ er München und ging nach Berlin, wo er derzeit das Orchester der Königlichen Oper leitet.

Zwei Dinge sind in seinem Leben besonders hervorzuheben: der Einfluss von Alexander Ritter, dem er viel Dankbarkeit entgegenbrachte, und seine Reisen in den Süden Europas. Er lernte Ritter 1885 kennen. Dieser Musiker war ein Neffe Wagners und starb vor einigen Jahren. Seine Musik ist in Frankreich praktisch unbekannt, obwohl er zwei bekannte Opern schrieb, *Fauler Hans* und *Wem die Krone?*, und laut Strauss der erste Komponist war, der Wagnersche Methoden in das *Lied einführte*. In Bülows und Liszts Briefen wird er oft erwähnt. "Bevor ich ihn traf", sagt Strauss, "war ich streng klassisch erzogen worden; ich hatte ganz von Haydn, Mozart und Beethoven gelebt und gerade Mendelssohn, Chopin, Schumann und Brahms studiert. Ritter allein verdanke ich meine Kenntnisse über Liszt und Wagner; er war es, der mir die Bedeutung der Schriften und Werke dieser beiden Meister für die Kunstgeschichte aufzeigte. Er war es, der mich durch jahrelangen Unterricht und freundliche Beratung zu einem Zukunftsmusiker machte *und* mir den Weg ebnete, den ich nun ohne Hilfe und allein beschreiten kann. Er war es auch, der mich in Schopenhauers Philosophie einführte."

Der zweite Einfluss, der des Südens, stammt aus dem April 1886 und scheint bei Strauss einen unauslöschlichen Eindruck hinterlassen zu haben. Er besuchte zum ersten Mal Rom und Neapel und kam mit einer symphonischen Fantasie namens „ *Aus Italien" zurück* . Im Frühjahr 1892 reiste er nach einem schweren Lungenentzündungsanfall eineinhalb Jahre lang durch Griechenland, Ägypten und Sizilien. Die Ruhe dieser bevorzugten Länder erfüllte ihn mit unendlichem Bedauern. Der Norden bedrückte ihn seitdem, „das ewige Grau des Nordens und seine Phantomschatten ohne Sonne". [168] Als ich ihn an einem kühlen Apriltag in Charlottenburg sah, erzählte er mir seufzend, dass er im Winter nichts komponieren könne und dass er sich nach der Wärme und dem Licht Italiens sehne. Seine Musik ist von dieser Sehnsucht infiziert; und es lässt einen spüren, wie sein Geist in der Düsternis Deutschlands leidet und sich immer nach den Farben, dem Lachen und der Freude des Südens sehnt.

Wie der Musiker, von dem Nietzsche träumte, [169] scheint er „das Vorspiel einer tieferen, stärkeren Musik in seinen Ohren klingen zu hören, vielleicht einer eigensinnigeren und geheimnisvolleren Musik; einer überdeutschen Musik, die, anders als andere Musik, neben dem blauen und wollüstigen Meer und dem klaren Mittelmeerhimmel nicht verklingt, nicht verblasst, nicht langweilig wird; einer übereuropäischen Musik, die selbst den dunklen Sonnenuntergängen der Wüste standhält; einer Musik, deren Seele den Palmen verwandt ist; einer Musik, die unter großen Raubtieren, schönen und einsamen Tieren zu leben und sich zu bewegen weiß; einer Musik, deren höchster Reiz ihre Unkenntnis von Gut und Böse ist. Nur von Zeit zu Zeit würde vielleicht die Sehnsucht des Seefahrers nach der Heimat, nach goldenen Schatten und sanften Schwächen über sie hinweghuschen; und ihr würden aus der Ferne die tausend Farbtöne der Kulisse einer moralischen Welt entgegengeflogen, die die Menschen nicht mehr verstehen; und diesen verspäteten Flüchtlingen würde sie ihre Gastfreundschaft und Sympathie entgegenbringen." Aber es ist immer der Norden, die Melancholie des Nordens und „die ganze Traurigkeit der Menschheit", seelische Qualen, der Gedanke an den Tod und die Tyrannei des Lebens, die kommen und seinen nach Licht hungernden Geist erneut belasten und ihn zu fieberhaften

Spekulationen und erbitterten Auseinandersetzungen zwingen. Vielleicht ist es so besser.

Richard Strauss ist sowohl Dichter als auch Musiker. Diese beiden Naturen leben in ihm zusammen, und jede strebt danach, die andere zu besiegen. Das Gleichgewicht wird nicht immer gut gewahrt; aber wenn es ihm gelingt, es durch bloße Willenskraft zu halten, erzeugt die Vereinigung dieser beiden Talente, die auf dasselbe Ziel gerichtet sind, eine Wirkung, die mächtiger ist als alles, was seit Wagners Zeiten bekannt war. Beide Naturen haben ihren Ursprung in einem Geist voller heroischer Gedanken – meiner Meinung nach ein seltenerer Besitz als ein Talent für Musik oder Poesie. Es gibt noch andere großartige Musiker in Europa; Aber Strauss ist mehr als ein großer Musiker, denn er ist in der Lage, einen Helden zu erschaffen.

Wenn man von Helden spricht, denkt man an Drama. Dramatische Kunst ist in der Musik von Strauss allgegenwärtig, selbst in Werken, die ihr am wenigsten angepasst zu sein scheinen, wie seinen *Liedern* und Kompositionen reiner Musik. Dies zeigt sich am deutlichsten in seinen symphonischen Dichtungen, die den wichtigsten Teil seines Schaffens darstellen. Diese Gedichte sind: *Wanderers Sturmlied* (1885), *Aus Italien* (1886), *Macbeth* (1887), *Don Juan* (1888), *Tod und Verklärung* (1889), *Guntram* (1892-93), *Till Eulenspiegel* (1894), *Also sprach Zarathustra* (1895), *Don Quijote* (1897) und *Heldenleben* (1898). [170]

Ich werde nicht viel über die ersten vier Werke sagen, in denen sich der Geist und die Art des Künstlers herausbilden. Das *Sturmlied des Wanderers* (das Lied eines Reisenden während eines Sturms, op. 14) ist ein Vokalsextett mit Orchesterbegleitung, dessen Thema einem Gedicht von Goethe entnommen ist. Es wurde geschrieben, bevor Strauss Ritter traf, und sein Aufbau ist im Stil von Brahms gehalten und zeigt ein eher gekünsteltes Denken und einen eher gekünstelten Stil. *Aus Italien* (op. 16) ist ein überschwängliches Bild der Eindrücke seiner Italienreise, der Ruinen in Rom, der Küste von Sorrent und des Lebens des italienischen Volkes. *Macbeth* (op. 23) bietet uns eine eher unauffällige Reihe musikalischer Interpretationen poetischer Themen. *Don Juan* (op. 20) ist viel schöner und übersetzt Lenaus Gedicht mit bombastischer Kraft in Musik und zeigt uns den Helden, der davon träumt, alle Freuden der Welt zu ergreifen, und wie er scheitert und stirbt, nachdem er den Glauben an alles verloren hat.

Tod und Verklärung („Tod und Verklärung", op. 24 [171]) markiert einen erheblichen Fortschritt in Strauss' Denken und Stil. Es ist immer noch eines der bewegendsten Werke von Strauss und eines, das mit der vollkommensten Einheit konzipiert ist. Es wurde von einem Gedicht von Alexander Ritter inspiriert und ich werde Ihnen eine Vorstellung von seinem Thema geben.

In einem elenden Zimmer, das nur von einem Nachtlicht erhellt wird, liegt ein kranker Mann im Bett. Der Tod nähert sich ihm inmitten ehrfurchtgebietender Stille. Der unglückliche Mann scheint manchmal in Gedanken zu wandern und Trost in vergangenen Erinnerungen zu finden. Sein Leben zieht vor seinen Augen vorbei: seine unschuldige Kindheit, seine glückliche Jugend, die Kämpfe des mittleren Alters und seine Bemühungen, das herrliche Ziel seiner Wünsche zu erreichen, das ihm immer entgeht. Er hatte sein ganzes Leben nach diesem Ziel gestrebt und dachte schließlich, es sei in Reichweite, als der Tod mit donnernder Stimme plötzlich schreit: „Halt!" Und selbst jetzt in seiner Qual kämpft er verzweifelt, fest entschlossen, seinen Traum zu verwirklichen; aber die Hand des Todes zerquetscht das Leben aus seinem Körper und die Nacht kriecht heran. Dann erklingt im Himmel das Versprechen jenes Glücks, nach dem er auf Erden vergeblich gesucht hatte – Erlösung und Verklärung.

Die Freunde von Richard Strauss protestierten energisch gegen diesen orthodoxen Schluss; und Seidl, [171a] Jorisenne [171b] und Wilhelm Mauke [171c] gaben vor, das Thema sei etwas Erhabeneres, es sei der ewige Kampf der Seele gegen ihr niederes Selbst und ihre Erlösung durch die Kunst. Ich werde auf diese Diskussion nicht eingehen, obwohl ich denke, dass eine so kalte und alltägliche Symbolik viel weniger interessant ist als der Kampf mit dem Tod, den man in jeder Note der Komposition spürt. Es ist vergleichsweise ein klassisches Werk; breit und majestätisch und im Stil fast wie Beethoven. Der Realismus des Themas in den Halluzinationen des Sterbenden, dem Fieberschauer, dem Pochen der Adern und der verzweifelten Qual wird durch die Reinheit der Form, in der es gegossen ist, verklärt. Es ist Realismus im Stil der Sinfonie in c-Moll, in der Beethoven mit dem Schicksal streitet. Wenn man allen Anschein eines Programms nimmt, bleibt die Sinfonie dennoch verständlich und beeindruckt durch ihren harmonischen Gefühlsausdruck.

Tod und Verklärung den Höhepunkt seines Schaffens erreicht. Ich bin jedoch weit davon entfernt, ihnen zuzustimmen, und bin selbst der Meinung, dass sich seine Kunst dadurch enorm weiterentwickelt hat. Es ist wahr, dass es der Höhepunkt einer Periode seines Lebens ist und die Essenz all dessen enthält, was in ihm am besten ist; *Heldenleben* jedoch kennzeichnet die zweite Periode und ist ihr Eckstein. Wie sehr ist die Kraft und Fülle seines Gefühls seit jener ersten Periode gewachsen! Aber er hat nie wieder die zarte und melodische Reinheit der Seele und die jugendliche Anmut seiner früheren Werke gefunden, die noch in *Guntram hervorscheinen* und dann erlöschen.

Strauss inszeniert seit 1889 Wagners Dramen in Weimar. Während er deren Atmosphäre einatmete, wandte er sich dem Theater zu und schrieb das

Libretto seiner Oper *Guntram* . Eine Krankheit unterbrach seine Arbeit, und er war in Ägypten, als er sie wieder aufnahm. Die Musik zum ersten Akt entstand zwischen Dezember 1892 und Februar 1893 auf einer Reise zwischen Kairo und Luxor; der zweite Akt wurde im Juni 1893 auf Sizilien fertiggestellt und der dritte Akt Anfang September 1893 in Bayern. In dieser Musik findet sich jedoch keine Spur einer orientalischen Atmosphäre. Wir finden eher italienische Melodien, den Widerschein eines sanften Lichts und eine resignierte Ruhe. Ich spüre darin den trägen Geist einer Genesenden, fast das Herz eines jungen Mädchens, dessen Tränen zu fließen bereit sind, obwohl sie ein wenig über ihre eigenen traurigen Träume lächelt. Es scheint mir, dass Strauss eine heimliche Zuneigung zu diesem Werk hegen muss, das seine Inspiration den undefinierbaren Eindrücken der Genesung verdankt. Sein Fieber schlief darin ein, und bestimmte Passagen sind voll von der zärtlichen Berührung der Natur und erinnern an Berlioz' *Les Troyens* . Aber allzu oft ist die Musik oberflächlich und konventionell, und die Tyrannei Wagners macht sich bemerkbar – ein eher seltenes Vorkommnis in Strauss' anderen Werken. Das Gedicht ist interessant; Strauss hat viel von sich selbst hineingelegt, und man ist sich der Krise bewusst, die seine aufgeschlossenen, aber oft selbstzufriedenen und inkonsistenten Ideen erschütterte.

Strauss hatte eine historische Studie über einen Orden von *Minnesängern* und Mystikern gelesen, der im Mittelalter in Österreich gegründet wurde, um gegen die Verderbnis der Kunst zu kämpfen und durch die Schönheit des Gesangs Seelen zu retten. Sie nannten sich *Streiter der Liebe* . Strauss, der zu dieser Zeit von neuchristlichen Ideen und dem Einfluss von Wagner und Tolstoi durchdrungen war, war von dem Thema hingerissen und nahm Guntram aus dem *Streiter der Liebe* und machte ihn zu seinem Helden.

Die Handlung spielt im dreizehnten Jahrhundert in Deutschland. Der erste Akt führt uns auf eine Lichtung nahe einem kleinen See. Die Landbevölkerung rebelliert gegen die Adligen und wurde gerade zurückgeschlagen. Guntram und sein Herr Friedhold verteilen Almosen unter ihnen, und die Bande der Besiegten flieht in die Wälder. Allein gelassen, beginnt Guntram über die Freuden des Frühlings und das unschuldige Erwachen der Natur nachzudenken. Aber der Gedanke an das Elend, das ihre Schönheit verbirgt, lastet schwer auf ihm. Er denkt an die Bosheit der Menschen, an menschliches Leid und an Bürgerkrieg. Er dankt Christus, dass er ihn in dieses unglückliche Land geführt hat, küsst das Kreuz und beschließt, an den Hof des Tyrannen zu gehen, der die Ursache all des Übels ist, und ihm die göttliche Offenbarung mitzuteilen. In diesem Augenblick erscheint Freihild. Sie ist die Frau von Herzog Robert, dem grausamsten aller Adligen, und sie ist entsetzt über alles, was um sie herum geschieht; Das Leben ist ihr verhasst und sie möchte sich ertränken. Doch Guntram hält sie davon ab; und das Mitleid, das ihre Schönheit und ihr Kummer zunächst erregt hatten, verwandelt sich unbewusst in Liebe, als er sie als die geliebte Prinzessin und einzige Wohltäterin des unglücklichen Volkes erkennt. Er sagt ihr, dass Gott ihn zu ihr geschickt habe, um sie zu retten. Dann geht er zum Schloss, wo er glaubt, mit der doppelten Mission ausgesandt worden zu sein, das Volk – und Freihild – zu retten.

Im zweiten Akt feiern die Prinzen ihren Sieg im Schloss des Herzogs. Nach einigen pompösen Reden des offiziellen *Minnesängers* wird Guntram zum Singen aufgefordert. Da ihn die Schlechtigkeit seines Publikums schon im Vorfeld entmutigt hat und er das Gefühl hat, dass sein Singen sinnlos ist, zögert er und ist kurz davor, das Publikum zu verlassen. Aber Freihilds Traurigkeit hält ihn zurück und er singt ihr zuliebe. Sein Lied ist zunächst ruhig und gemessen und drückt die Melancholie aus, die ihn inmitten eines Festes zur Feier der triumphierenden Macht erfüllt. Dann verliert er sich in Träumen und sieht die sanfte Gestalt der Peace sich unter der Gesellschaft bewegen. Er beschreibt sie liebevoll und mit jugendlicher Zärtlichkeit, die an Ekstase grenzt, während er ein Bild des idealen Lebens der befreiten Menschheit zeichnet. Dann malt er Krieg und Tod und die Unordnung und Dunkelheit, die sie über die Welt verbreiten. Er wendet sich direkt an den Prinzen; er zeigt ihm seine Pflicht und wie die Liebe seines Volkes seine Belohnung wäre; er droht ihm mit dem Hass der Unglücklichen, die zur Verzweiflung getrieben werden; und schließlich fordert er die Adligen auf, die Städte wieder aufzubauen, ihre Gefangenen zu befreien und ihren Untertanen zu Hilfe zu kommen. Sein Lied endet inmitten der tiefen Erregung seines Publikums. Herzog Robert, der die Gefahr dieser freimütigen Worte spürt, befiehlt seinen Männern, den Sänger festzunehmen; aber die Vasallen stellen sich auf die Seite Guntrams. In diesem Moment wird die Nachricht überbracht, dass die Bauern den Angriff erneuert haben. Robert ruft seine Männer zu den Waffen, aber Guntram, der glaubt, dass er von den Menschen in seiner Umgebung unterstützt wird, befiehlt Roberts Verhaftung. Der Herzog zieht sein Schwert, aber Guntram tötet ihn. Dann kommt eine plötzliche Veränderung in Guntrams Geist, die im dritten Akt erklärt wird. In der folgenden Szene spricht er kein Wort, sein Schwert fällt ihm aus der Hand und er überlässt seinen Feinden erneut die Macht über die Menge; er lässt sich fesseln und ins Gefängnis bringen, während die Schar der Adligen geräuschvoll auseinander bricht, um gegen die Rebellen zu kämpfen. Doch Freihild ist voller ungekünstelter, beinahe wilder Freude über ihre Rettung durch Guntrams Schwert. Ihr Herz ist erfüllt von Liebe zu Guntram, und ihr einziger Wunsch ist es, ihn zu retten.

Der dritte Akt spielt im Gefängnis des Schlosses; und es ist eine überraschende, unsichere und sehr merkwürdige Tat. Es ist kein logisches Ergebnis der vorangegangenen Aktion. Man spürt eine plötzliche Aufregung in den Ideen des Dichters, eine Gefühlskrise, die ihn schon beim Schreiben beunruhigte, und eine Schwierigkeit, die er nicht lösen konnte. Das neue Licht, auf das er sich zuzubewegen begann, erscheint sehr deutlich. Strauss war in der Komposition seines Werkes zu weit fortgeschritten, um der neuchristlichen Abkehr zu entgehen, die das Drama beenden musste; Das hätte er nur vermeiden können, indem er seine Charaktere komplett umgestaltete. Also lehnt Guntram Freihilds Liebe ab. Er sieht, dass er, genau wie die anderen, unter dem Fluch der Sünde gefallen ist. Er hatte anderen die Nächstenliebe gepredigt, als er selbst voller Egoismus war; Er hatte Robert eher getötet, um seine instinktive und tierische Eifersucht zu befriedigen, als um das Volk von einem Tyrannen zu befreien. Also verzichtet er auf seine Wünsche und sühnt die Sünde des Lebens, indem er sich aus der Welt zurückzieht. Aber das Interesse der Tat liegt nicht in dieser vorweggenommenen *Auflösung*, die seit *Parsifal* weit verbreitet ist; Es handelt sich um eine andere Szene, die offensichtlich erst im letzten Moment eingefügt wurde und auf unangenehme Weise nicht mit der Handlung übereinstimmt, wenn auch auf besonders großartige Weise. Diese Szene zeigt uns einen Dialog zwischen Guntram und seinem ehemaligen Weggefährten Friedhold. [172]

Friedhold hatte ihn früher eingeweiht und kommt nun, um ihm sein Verbrechen vorzuwerfen und ihn vor den Orden zu bringen, der ihn richten wird. In der Originalversion des Gedichts gehorcht Guntram und opfert seine Leidenschaft seinem Gelübde. Aber während Strauss im Osten unterwegs war, hatte er plötzliches Entsetzen über diese christliche Willensvernichtung empfunden, und Guntram revoltierte mit ihm und weigerte sich, sich den Regeln seines Ordens zu unterwerfen. Er zerbricht seine Laute – ein Symbol der falschen Hoffnung auf die Erlösung der Menschheit durch den Glauben – und schreckt aus den herrlichen Träumen heraus, an die er früher glaubte, denn er sieht, dass es Schatten sind, die vom Licht des wirklichen Lebens zerstreut werden. Er schwört seinen früheren Gelübden nicht ab; aber er ist nicht mehr derselbe Mensch, der er war, als er sie ablegte. Während seine Erfahrung unreif war, konnte er glauben, dass ein Mensch sich Regeln unterwerfen sollte und dass das Leben von Gesetzen bestimmt werden sollte. Eine einzige Stunde hat ihn erleuchtet. Jetzt ist er frei und allein – allein mit seinem Geist. „Ich allein kann mein Leiden lindern, ich allein kann mein Verbrechen sühnen. Durch mich allein spricht Gott zu mir, zu mir allein spricht Gott. *Ewig einsam*.“ Es ist das stolze Erwachen des Individualismus, der mächtige Pessimismus des Übermenschen. Ein solcher Gefühlsausdruck verleiht dem Verzicht und sogar der Verneinung selbst den Charakter einer Handlung, denn er ist eine starke Bekräftigung des Willens.

Ich habe mich ziemlich ausführlich mit diesem Drama beschäftigt, wegen des wirklichen Werts seines Gedankens und vor allem wegen dessen, was man sein autobiografisches Interesse nennen könnte. Zu dieser Zeit begann

Strauss' Geist eine klarere Form anzunehmen. Seine weitere Erfahrung wird diese Form noch weiterentwickeln, ohne jedoch eine wesentliche Änderung daran vorzunehmen.

Guntram war für seinen Autor Anlass zu bitterer Enttäuschung. Es gelang ihm nicht, die Aufführung in München durchzusetzen, da Orchester und Sänger erklärten, die Musik könne nicht aufgeführt werden. Es heißt sogar, sie hätten einen namhaften Kritiker beauftragt, ein formelles Dokument zu verfassen, das sie Strauss schickten und in dem sie bestätigten, dass *Guntram* nicht zum Singen bestimmt sei. Die größte Schwierigkeit war die Länge des Hauptteils, der allein mit seinen Überlegungen und Gesprächen anderthalb Akten entspricht. Einige der Monologe, wie das Lied im zweiten Akt, dauern eine halbe Stunde. Trotzdem wurde *Guntram am 16. Mai 1894 in Weimar aufgeführt. Kurze Zeit später heiratete Strauss die Sängerin, die Freihild spielte, Pauline de Ahna, die in Bayreuth auch die Elisabeth im Tannhäuser* gesungen hatte und sich seitdem der Interpretation der *Lieder ihres Mannes widmet* .

Aber der Groll über sein Versagen am Theater blieb bei Strauss, und er wandte seine Aufmerksamkeit wieder der symphonischen Dichtung zu, in der er immer ausgeprägtere dramatische Tendenzen und eine Seele zeigte, die täglich stolzer und verächtlicher wurde. Man müsste ihn mit kalter Verachtung über das Theaterpublikum sprechen hören – „diese Ansammlung von Bankiers und Händlern und elenden Vergnügungssüchtigen" – um die Wunde zu verstehen, die dieser triumphierende Künstler verbirgt. Denn nicht nur war ihm das Theater lange Zeit verschlossen, sondern, was noch eine zusätzliche Ironie war, musste er in der Berliner Oper musikalischen Mist dirigieren, weil dort ein schlechter Musikgeschmack herrschte – der eigentlich königlicher Herkunft war.

Die erste große Symphonie dieser neuen Periode war *Till Eulenspiegels lustige Streiche, nach alter Schelmenweise, in Rondeauform* („Till Eulenspiegels lustige Streiche, einer alten Legende zufolge, in Rondeauform"), op. 28. [173] Hier drückt sich seine Verachtung bislang nur in geistreichen Scherzen aus, die sich über die Konventionen der Welt lustig machen. Diese Figur von Till, diesem teuflischen Witzbold, dem legendären Helden Deutschlands und Flanderns, ist bei uns in Frankreich wenig bekannt. Und so verliert Strauss' Musik viel von ihrem Sinn, denn sie behauptet, an eine Reihe von Abenteuern zu erinnern, von denen wir nichts wissen – bis er den Marktplatz überquerte und dort mit der Peitsche auf die guten Frauen einschlug; Bis er in priesterlicher Kleidung eine heimelige Predigt hielt; Bis er mit einer jungen Frau Liebe macht, die ihn zurückweist; Bis man die Pedanten zum Narren hält; Till versuchte es und hing. Strauss' Vorliebe, durch musikalische Bilder mal eine Figur, mal einen Dialog, eine Situation, eine Landschaft oder eine

Idee – also die flüchtigsten und vielfältigsten Eindrücke seines launischen Geistes – darzustellen, ist hier sehr ausgeprägt. Zwar greift er auf mehrere populäre Themen zurück, deren Bedeutung in Deutschland sehr leicht zu verstehen wäre; und dass er sie nicht ganz in der strengen Form eines Rondeaus entwickelt, wie er vorgibt, sondern dennoch mit einer gewissen Methode, so dass das Ganze, abgesehen von einigen Scherzen, die ohne Programm unverständlich sind, eine echte musikalische Einheit darstellt. Diese Symphonie, die in Deutschland sehr beliebt ist, erscheint mir weniger originell als einige seiner anderen Kompositionen. Es klingt eher wie ein raffiniertes Stück von Mendelssohn, mit merkwürdigen Harmonien und sehr komplizierter Instrumentierung.

Es gibt viel mehr Größe und Originalität in seinem *Also sprach Zarathustra, Tondichtung frei, nach Nietzsche* („So sprach Zarathustra, ein freies Tongedicht nach Nietzsche"), op. 30. [174] Seine Gefühle sind im weiteren Sinne menschlich, und das Programm, das Strauss verfolgt hat, verliert sich nie in malerischen oder anekdotischen Details, sondern ist auf ausdrucksstarke und edle Linien angelegt. Strauss beteuert seine eigene Freiheit angesichts der Freiheit Nietzsches. Er möchte die verschiedenen Entwicklungsstadien darstellen, die ein freier Geist durchläuft, um zum Übermenschen zu gelangen. Diese Ideen sind rein persönlicher Natur und nicht Teil eines philosophischen Systems. Die Untertitel des Werks lauten: *Von den Hinterweltern* („Of Religious Ideas"), *Von der grossen Sehnsucht* („Of Supreme Aspiration"), *Von den Freuden und Leidenschaften* („Of Joys and Passions"), *Das Grablied* („ „The Grave Song"), *Von der Wissenschaft* („Of Knowledge"), *Der Genesende* („The Genesende" – die von ihren Wünschen befreite Seele), *Das Tanzlied* („Dancing Song"), *Nachtlied* („Night Song"). Uns wird ein Mann gezeigt, der erschöpft von der Suche nach der Lösung des Rätsels des Universums Zuflucht in der Religion sucht. Dann lehnt er sich gegen asketische Ideen auf und gibt sich wahnsinnig seinen Leidenschaften hin. Aber er ist schnell gesättigt und angewidert, und todmüde versucht er es mit der Wissenschaft, lehnt sie aber wieder ab und schafft es, sich durch Lachen – der Herr des Universums – und den fröhlichen Tanz, diesen Tanz von, von der Unruhe zu befreien, die ihr Wissen mit sich bringt das Universum, in dem alle menschlichen Gefühle Hand in Hand gehen – religiöse Überzeugungen, unbefriedigte Wünsche, Leidenschaften, Ekel und Freude. „Erhebt eure Herzen in die Höhe, meine Brüder! Noch höher! Und vergesst eure Beine nicht! Ich habe das Lachen heiliggesprochen. Ihr Supermänner, lernt lachen !" [175] Und der Tanz verstummt und verliert sich in ätherischen Regionen, und Zarathustra verliert sich beim Tanzen in fernen Welten aus dem Blickfeld. Aber wenn er das Rätsel des Universums für sich selbst gelöst hat, hat er es nicht für andere Menschen gelöst; und so erhalten wir im Gegensatz zu dem selbstbewussten Wissen, das die Musik erfüllt, am Ende die traurige Note eines Verhörs.

Es gibt nur wenige Fächer, die reichhaltigeres Material für den musikalischen Ausdruck bieten. Strauss hat es mit Kraft und Geschick behandelt; er hat in diesem Chaos der Leidenschaften die Einheit bewahrt, indem er die *Sehnsucht* des Menschen der teilnahmslosen Kraft der Natur gegenüberstellte. Was die Kühnheit seiner Vorstellungen betrifft, muss ich diejenigen, die das Gedicht im Cirque d'été hörten, kaum an die komplizierte „Fuge des Wissens" erinnern, an die Triller der Holzbläser und die Trompeten, die Zarathustras Lachen, den Tanz des Zarathustra zum Ausdruck bringen Universum, und die Kühnheit des Schlusses, der in der Tonart H-Dur mit einer dreimal wiederholten fragenden Note in C-Natur endet.

Ich bin weit davon entfernt, zu glauben, dass die Symphonie fehlerfrei ist. Die Themen sind von unterschiedlichem Wert: Einige sind ziemlich alltäglich; und im Allgemeinen ist die Ausarbeitung der Komposition dem zugrunde liegenden Gedanken überlegen. Ich werde später auf bestimmte Fehler in der Musik von Strauss zurückkommen; Hier möchte ich nur an das überfließende Leben und die fieberhafte Freude denken, die diese Welten in Aufruhr versetzt.

Zarathustra zeigt den Fortschritt des verächtlichen Individualismus bei Strauss – „den Geist, der die Hunde des Volkes und all diese vergebliche und düstere Rasse hasst; den Geist des wilden Lachens, der wie ein Sturm ebenso fröhlich auf Sümpfen und in der Traurigkeit tanzt wie auf Feldern." " [176] Dieser Geist lacht über sich selbst und seinen Idealismus im *Don Quixote* von 1897, *fantastische Variationen über ein Thema ritterlichen Charakters* („Don Quixote, fantastische Variationen über ein Thema ritterlichen Charakters"), op. 35; und diese Symphonie markiert meiner Meinung nach den äußersten Punkt, bis zu dem Programmmusik getragen werden kann. In keinem anderen Werk liefert Strauss einen besseren Beweis seiner erstaunlichen Klugheit, Intelligenz und seines Witzes; und ich sage aufrichtig, dass es kein Werk gibt, bei dem für ein Spiel und einen musikalischen Witz, der fünfundvierzig Minuten dauert und dem Autor, den Ausführenden und dem Publikum beschert hat, so viel Kraft mit so großem Verlust aufgewendet wird eine ziemlich ermüdende Arbeit. Diese symphonischen Gedichte sind aufgrund der Komplexität, der Eigenständigkeit und der fantastischen Launen der einzelnen Stimmen am schwierigsten zu spielen. Überzeugen Sie sich selbst, was sich der Autor von der Musik erwartet, anhand dieser wenigen Auszüge aus dem Programm:

Die Einleitung stellt Don Quijote dar, der in Bücher voller Ritterromane versunken ist; und wir müssen in der Musik, wie wir es in kleinen flämischen und niederländischen Bildern tun, nicht nur die Gesichtszüge Don Quijotes sehen, sondern auch die Worte der Bücher, die er liest. Manchmal handelt es sich um die Geschichte eines Ritters, der einen Riesen aufrichtet, manchmal um die Abenteuer eines umherziehenden Ritters, der sich den Diensten einer

Dame verschrieben hat, manchmal handelt es sich um einen Adligen, der sein Leben gegeben hat, um ein Sühnegelübde zu erfüllen für seine Sünden. Don Quixotes Geist (und auch unser eigener) ist angesichts all dieser Geschichten verwirrt; er ist ziemlich abgelenkt. Er verlässt sein Zuhause in Begleitung seines Knappen. Die beiden Figuren sind mit großem Geist gezeichnet; der eine ist ein alter Spanier, steif, schmachtend, misstrauisch, ein bisschen wie ein Dichter, in seinen Meinungen eher unentschlossen, aber hartnäckig, wenn er sich einmal entschieden hat; der andere ist ein dicker, fröhlicher Bauer, ein schlauer Kerl, der dazu neigt, sich scherzhaft zu wiederholen und lustige Sprichwörter zu zitieren – in der Musik durch kurzatmige Phrasen übersetzt, die immer wieder zum Ausgangspunkt zurückkehren. Die Abenteuer beginnen. Hier sind die Windmühlen (Triller der Geigen und Holzbläser) und die meckernde Armee des großen Kaisers Alifanfaron (Tremoli der Holzbläser); und hier, in der dritten Variation, gibt es einen Dialog zwischen dem Ritter und seinem Knappen, aus dem wir vermuten können, dass Sancho seinen Herrn nach den Vorteilen eines ritterlichen Lebens befragt, denn sie erscheinen ihm zweifelhaft. Don Quijote spricht zu ihm von Ruhm und Ehre; aber Sancho denkt nicht daran. Als Antwort auf diese großartigen Worte fordert er die Überlegenheit sicherer Gewinne, fetter Mahlzeiten und vernünftigen Geldes. Dann beginnen die Abenteuer von neuem. Die beiden Gefährten fliegen auf Holzpferden durch die Luft; und die Illusion dieser schwindelerregenden Reise wird durch chromatische Passagen auf den Flöten, Harfen, Pauken und einer „Windmaschine" vermittelt, während „das Tremolo der Kontrabässe im Grundton zeigt, dass die Pferde die Erde nie verlassen haben." [177]

Aber ich muss aufhören. Ich habe genug gesagt, um zu zeigen, welchen Spaß der Autor dabei hat. Wenn man das Werk hört, kann man nicht umhin, das technische Wissen des Komponisten, sein Können in der Orchestrierung und seinen Sinn für Humor zu bewundern. Und man ist umso mehr überrascht, dass er sich auf die Illustration von Texten beschränkt [178], wenn er doch auch ohne sie so gut komische und dramatische Stoffe schaffen kann. Obwohl *Don Quixote* ein Wunderwerk an Können und ein ganz wunderbares Werk ist, in dem Strauss einen geschmeidigeren und reicheren Stil entwickelt hat, markiert es meiner Meinung nach einen Fortschritt in seiner Technik und einen Rückschritt in seinem Geist, denn er scheint die dekadenten Vorstellungen einer Kunst übernommen zu haben, die auf Spielzeug und Schmuckstücke zugeschnitten ist, um einer frivolen und affektierten Gesellschaft zu gefallen.

In *Heldenleben* („Das Leben eines Helden"), op. 40, [179] Er erholt sich und erreicht mit einem Flügelschlag die Gipfel. Hier gibt es keinen fremden Text, den die Musik studieren, veranschaulichen oder transkribieren könnte. Stattdessen gibt es eine erhabene Leidenschaft und einen heroischen Willen, der sich allmählich entwickelt und alle Hindernisse überwindet. Zweifellos hatte Strauss ein Programm im Kopf, aber er sagte mir selbst: „Sie brauchen es nicht zu lesen. Es genügt zu wissen, dass der Held dort ist und gegen seine Feinde kämpft." Ich weiß nicht, inwieweit das stimmt, oder ob Teile der Symphonie für jeden, der ihr ohne den Text folgte, nicht ziemlich unklar wären; aber diese Rede scheint zu beweisen, dass er die Gefahren der literarischen Symphonie verstanden hat und nach reiner Musik strebt.

Heldenleben ist in sechs Kapitel unterteilt: Der Held, Die Gegner des Helden, Der Gefährte des Helden, Das Schlachtfeld, Die friedlichen Arbeiten des Helden, Der Rückzug des Helden aus der Welt und die Verwirklichung seines Ideals. Es ist ein außergewöhnliches Werk, voller Heldentum, kolossal, halb barbarisch, trivial und erhaben. Ein homerischer Held kämpft unter dem Spott einer dummen Menge, einer Herde streitender und humpelnder Ninnies. Ein Violinsolo beschreibt in einer Art Konzert die Verführungen, die Koketterie und die erniedrigte Bosheit der Frau. Dann ertönen schrille Trompetenstöße zum Angriff; und es ist mir ein Rätsel, welchen schrecklichen Angriff der Kavallerie darauf folgt, der die Erde erzittern und unsere Herzen höher schlagen lässt; Ich kann auch nicht beschreiben, wie eine eiserne Entschlossenheit zur Erstürmung von Städten und zu all dem stürmischen Lärm und Aufruhr einer Schlacht führt – der großartigsten Schlacht, die jemals in Musik dargestellt wurde. Bei der Uraufführung in Deutschland sah ich, wie die Leute zitterten, während sie es hörten, und einige standen plötzlich auf und machten ganz unbewusst heftige Gesten. Ich selbst hatte ein seltsames Schwindelgefühl, als wäre ein Ozean aufgewühlt, und ich dachte, dass Deutschland zum ersten Mal seit dreißig Jahren einen Dichter des Sieges gefunden hatte.

„*Heldenleben*" wäre in jeder Hinsicht eines der Meisterwerke der Musikkomposition, wenn nicht ein literarischer Fehler plötzlich den Höhenflug seiner leidenschaftlichsten Seiten am höchsten Punkt des Satzes unterbrochen hätte, um dem Programm zu folgen; Allerdings schleicht sich darüber hinaus gegen Ende eine gewisse Kälte, vielleicht Müdigkeit, ein. Der siegreiche Held erkennt, dass er vergeblich gesiegt hat: Die Niedrigkeit und Dummheit der Menschen ist unverändert geblieben. Er unterdrückt seinen Zorn und nimmt die Situation verächtlich hin. Dann sucht er Zuflucht im Frieden der Natur. Die schöpferische Kraft in ihm strömt in fantasievollen Werken aus; und hier stellt Richard Strauss mit einer Kühnheit, die nur durch sein Genie gerechtfertigt ist, diese Werke durch Reminiszenzen an seine eigenen Kompositionen dar, und *Don Juan, Macbeth, Tod und Verklärung, Till, Zarathustra, Don Quijote, Guntram* und sogar seine *Lieder* schließen sich ihr an mit dem Helden, dessen Geschichte er erzählt. Manchmal erinnert ein Sturm diesen Helden an seine Kämpfe; aber er erinnert sich auch an seine Momente der Liebe und des Glücks, und seine Seele ist beruhigt. Dann entfaltet sich die Musik gelassen und steigert sich mit ruhiger Kraft zum Schlussakkord des Triumphs, der wie eine Krone des Ruhms auf das Haupt des Helden gesetzt wird.

Es besteht kein Zweifel, dass Beethovens Ideen oft Strauss' eigene Ideen inspiriert, angeregt und geleitet haben. In der Tonart des ersten Teils (Es-Dur) spürt man eine unbeschreibliche Widerspiegelung des ersten *Heroic* und der *Ode an die Freude ; und der letzte Teil erinnert noch eindringlicher an bestimmte Lieder* Beethovens . Doch die Helden der beiden Komponisten sind sehr unterschiedlich: Beethovens Held ist klassischer und rebellischer; und Strauss' Held ist mehr auf die Außenwelt und seine Feinde bedacht, seine Eroberungen gelingen ihm mit größeren Schwierigkeiten und sein Triumph ist infolgedessen wilder. Wenn dieser gute Oulibicheff im ersten *Heroic vorgibt, den Brand Moskaus in einer Zwietracht zu sehen* , was würde er hier finden? Was für Szenen brennender Städte, was für Schlachtfelder! Darüber hinaus gibt es in *Heldenleben* schneidenden Spott und ein schelmisches Gelächter , das bei Beethoven nie zu hören ist. Tatsächlich gibt es in Strauss' Werk wenig Freundlichkeit; es ist das Werk eines verächtlichen Helden.

Betrachtet man Strauss' Musik als Ganzes, ist man zuerst von der Vielfalt seines Stils beeindruckt. Norden und Süden vermischen sich, und in seinen Melodien spürt man die Anziehungskraft der Sonne. In *Tristan hat sich etwas Italienisches eingeschlichen* , aber wie viel mehr Italien steckt in den Werken dieses Nietzsche-Schülers. Die Phrasen sind oft italienisch und ihre Harmonien erdgermanisch. Einer der größten Reize von Strauss' Kunst liegt vielleicht darin, dass wir den Riss in den dunklen Wolken der deutschen Polyphonie beobachten und durch ihn die lächelnde Linie der italienischen Küste und die fröhlichen Tänzer an ihrem Strand schimmern sehen können. Dies ist nicht bloß eine vage Analogie. Es wäre leicht, wenn man es nicht täte, unverkennbare Erinnerungen an Frankreich und Italien selbst in Strauss' fortgeschrittensten Werken wie *Zarathustra* und *Heldenleben zu erkennen* . Mendelssohn, Gounod, Wagner, Rossini und Mascagni drängen sich auf seltsame Weise gegenseitig in die Quere. Betrachtet man das Werk als Ganzes, weisen diese unterschiedlichen Elemente jedoch weichere Konturen auf, da sie von der Vorstellungskraft des Komponisten aufgenommen und gesteuert wurden.

Sein Orchester ist nicht weniger zusammengesetzt. Es handelt sich nicht um eine kompakte und dichtgedrängte Masse wie Wagners mazedonische Phalanxen; es ist parzelliert und möglichst aufgeteilt. Jeder Teil strebt nach Unabhängigkeit und arbeitet so, wie er es für richtig hält, ohne sich scheinbar um die anderen Teile zu kümmern. Manchmal scheint es, wie bei der Lektüre von Berlioz, dass die Ausführung zu Inkohärenzen führen und die Wirkung abschwächen muss. Aber irgendwie ist das Ergebnis sehr zufriedenstellend. „Klingt das nicht gut?" sagte Strauss lächelnd zu mir, gerade nachdem er *Heldenleben dirigiert hatte* . [180]

Aber gerade in den Sujets von Strauss scheinen Launen und eine ungeordnete Vorstellungskraft, der Feind aller Vernunft, zu herrschen. Wir haben gesehen, dass diese Gedichte versuchen, abwechselnd oder sogar gleichzeitig literarische Texte, Bilder, Anekdoten, philosophische Ideen und die persönlichen Gefühle des Komponisten auszudrücken. Welche Einheit besteht in den Abenteuern von Don Quijote oder Till Eulenspiegel? Und doch gibt es Einheit, nicht in den Themen, sondern in dem Geist, der sich mit ihnen beschäftigt. Und diese beschreibenden Symphonien mit ihrem sehr diffusen literarischen Leben werden durch ihr musikalisches Leben bestätigt, das viel logischer und konzentrierter ist. Die Launen des Dichters werden vom Musiker im Zaum gehalten. Der skurrile Till vergnügt sich „nach der alten Form des Rondeaus", und die Torheit von Don Quijote wird in „zehn Variationen über ein ritterliches Thema, mit Einleitung und Finale" erzählt. Auf diese Weise unterscheidet sich Strauss' Kunst, eine der literarischsten und anschaulichsten überhaupt, stark von anderen seiner Art durch die Solidarität ihres musikalischen Gefüges, in dem man den wahren Musiker spürt – einen Musiker, der bei den großen Meistern aufgewachsen ist , und trotz allem ein Klassiker.

Und so ist in der gesamten Musik eine starke Einheit zwischen den widerspenstigen und oft widersprüchlichen Elementen zu spüren. Es ist, so scheint es mir, die Widerspiegelung der Seele des Komponisten. Seine Einheit ist nicht eine Frage dessen, was er fühlt, sondern eine Frage dessen, was er wünscht. Sein Gefühl ist für ihn viel weniger interessant als sein Wille, und es ist weniger intensiv und oft völlig frei von jeglichem persönlichen Charakter. Seine Unruhe scheint von Schumann zu stammen, sein religiöses Gefühl von Mendelssohn, seine Wollust von Gounod oder den italienischen Meistern, seine Leidenschaft von Wagner. [181] Aber sein Wille ist heroisch, dominant, eifrig und kraftvoll in einem erhabenen Maße. Und deshalb ist Richard Strauss edel und derzeit einzigartig. Man spürt in ihm eine Macht, die über die Menschen herrscht.

Aufgrund dieser heroischen Seite kann er als Erbe einiger Gedanken Beethovens und Wagners angesehen werden. Es ist diese heroische Seite, die ihn zu einem Dichter macht – vielleicht zu einem der größten im modernen Deutschland, der sich in ihm und seinem Helden widergespiegelt sieht. Betrachten wir diesen Helden.

Er ist ein Idealist mit grenzenlosem Glauben an die Kraft des Geistes und die befreiende Kraft der Kunst. Dieser Idealismus ist zunächst religiös, wie in *Tod und Verklärung* , und zärtlich und mitfühlend wie eine Frau, und voller jugendlicher Illusionen, wie in *Guntram* . Dann wird es verärgert und empört über die Niedrigkeit der Welt und die Schwierigkeiten, denen sie begegnet. Seine Verachtung nimmt zu und wird sarkastisch *(Till Eulenspiegel)* ; es wird durch jahrelange Konflikte verschärft und entwickelt sich in zunehmender Bitterkeit zu einem verächtlichen Heldentum. Wie uns das Lachen von Strauss in *Zarathustra peitscht und sticht* ! Wie sein Wille uns in *Heldenleben* verletzt und schneidet ! Nachdem er nun seine Macht durch den Sieg bewiesen hat, kennt sein Stolz keine Grenzen; er ist begeistert und kann nicht erkennen, dass seine hohen Visionen Wirklichkeit geworden sind. Aber die Menschen, deren Geist er widerspiegelt, sehen es. Heutzutage gibt es in Deutschland Keime der Morbidität, einen hektischen Stolz, einen Glauben an sich selbst und eine Verachtung für andere, die an Frankreich im 17. Jahrhundert erinnern. „ *Dem Deutschen gehört die Welt* " heißt es ruhig auf den Drucken, die in den Schaufenstern Berlins ausgestellt sind. Aber wenn man an diesem Punkt angelangt ist, gerät der Geist ins Delirium. Jedes Genie ist völlig verrückt, wenn es dazu kommt; aber Beethovens Wahnsinn konzentrierte sich auf ihn selbst und stellte sich Dinge zu seinem eigenen Vergnügen vor. Das Genie vieler zeitgenössischer deutscher Künstler ist eine aggressive Sache und zeichnet sich durch seinen destruktiven Antagonismus aus. Der Idealist, der „die Welt besitzt", ist anfällig für Schwindelgefühle. Er wurde dazu bestimmt, über eine innere Welt zu herrschen. Die Pracht der äußeren Bilder, die er zu beherrschen hat, blendet ihn; und wie Cäsar geht er in die Irre. Kaum hatte Deutschland die Position des Weltherrschers erreicht, fand es Nietzsches Stimme und die der verblendeten Künstler des *Deutschen Theaters* und der *Secession* . Jetzt gibt es die grandiose Musik von Richard Strauss.

Wozu führt diese ganze Wut? Was strebt dieses Heldentum an? Diese bittere und angespannte Willenskraft lässt nach, wenn sie ihr Ziel erreicht hat, oder schon vorher. Es weiß nicht, was es mit seinem Sieg anfangen soll. Es verachtet es, glaubt nicht daran oder wird seiner überdrüssig. [182]

Wie Michelangelos *Victory* hat es sein Knie auf den Rücken des Gefangenen gelegt und scheint bereit zu sein, ihn zu töten. Aber plötzlich bleibt es stehen, zögert und schaut sich mit unsicheren Augen um, und sein Gesichtsausdruck ist von trägem Ekel geprägt, als ob Müdigkeit es erfasst hätte.

Und so erscheint mir das Werk von Richard Strauss bis heute. Guntram tötet Herzog Robert und lässt sofort sein Schwert fallen. Das rasende Lachen von Zarathustra endet in einem Geständnis entmutigter Ohnmacht. Die rasende Leidenschaft von Don Juan verebbt im Nichts. Don Quijote schwört im Sterben seinen Illusionen ab. Sogar der Held selbst gibt die Sinnlosigkeit seiner Arbeit zu und sucht Vergessenheit in einer gleichgültigen Natur. Nietzsche lacht über die Künstler unserer Zeit und lacht über „jene Tantalus des Willens, Rebellen und Feinde der Gesetze, die gebrochenen Geistes kommen und am Fuße des Kreuzes Christi fallen". Ob es nun um des Kreuzes oder des Nichts willen ist, diese Helden verzichten aus Ekel und Verzweiflung oder mit einer noch traurigeren Resignation auf ihre Siege. Beethoven überwand seine Sorgen nicht auf diese Weise. In der Mitte seiner Symphonien erklingen traurige Adagios, doch am Ende erklingt stets ein Ton der Freude und des Triumphs. Sein Werk ist der Triumph eines besiegten Helden; das von Strauss ist die Niederlage eines siegreichen Helden. Diese Willensschwäche ist in der zeitgenössischen deutschen Literatur noch deutlicher zu erkennen, insbesondere beim Autor der *versunkenen Glocke* . Bei Strauss ist sie jedoch noch auffälliger, weil er heroischer ist. Und so bekommen wir all diese Zurschaustellung übermenschlichen Willens, und am Ende heißt es nur: „Meine Lust ist dahin!"

Darin liegt der unsterbliche Wurm des deutschen Denkens - ich spreche vom Denken der wenigen Auserwählten, die die Gegenwart erhellen und die Zukunft voraussehen. Ich sehe ein heroisches Volk, berauscht von seinen Triumphen, von seinem großen Reichtum, von seiner Zahl, von seiner Kraft, das die Welt in seine großen Arme schließt und sie unterwirft, und dann, ermüdet von seinen Eroberungen, innehält und fragt: "Warum habe ich gesiegt?"

HUGO WOLF

Je mehr man über die Geschichte großer Künstler erfährt, desto mehr fällt einem auf, wie viel Traurigkeit ihr Leben mit sich bringt. Sie sind nicht nur den Prüfungen und Enttäuschungen des Alltags ausgesetzt – die sie aufgrund ihrer größeren Sensibilität noch grausamer treffen –, sondern ihre Umgebung gleicht einer Wüste, weil sie ihren Zeitgenossen zwanzig, dreißig, fünfzig oder sogar hundert Jahre voraus sind; und sie sind oft zu verzweifelten Anstrengungen verurteilt, nicht um die Welt zu erobern, sondern um zu leben.

Diese überspannten Naturen sind selten in der Lage, diesen unaufhörlichen Kampf sehr lange durchzuhalten; und das größte Genie muss möglicherweise mit Krankheit und Elend und sogar vorzeitigem Tod rechnen. Und doch gab es Menschen wie Mozart und Schumann und Weber, die trotz allem glücklich waren, weil sie ihre Seelengesundheit und die Freude am Schaffen bis zum Ende bewahren konnten; und obwohl ihre Körper von Müdigkeit und Entbehrung erschöpft waren, brannte ein Licht, das seine Strahlen weit in die Dunkelheit ihrer Nacht sandte. Es gibt schlimmere Schicksale; und Beethoven, obwohl er arm, in sich selbst eingeschlossen und in seinen Gefühlen getäuscht war, war weit davon entfernt, der unglücklichste Mensch zu sein. In seinem Fall besaß er nichts außer sich selbst; aber er besaß sich wirklich und herrschte über die Welt, die in ihm war; und kein anderes Reich konnte jemals mit dem seiner gewaltigen Vorstellungskraft verglichen werden, die sich wie eine große Himmelsfläche erstreckte, in der Stürme tobten. Bis zu seinem letzten Tag bewahrte der alte Prometheus in ihm, obwohl er durch einen elenden Körper gefesselt war, seine eiserne Kraft ungebrochen. Als er während eines Sturms starb, war seine letzte Geste eine der Revolte. In seiner Qual erhob er sich auf seinem Bett und schüttelte seine Faust gen Himmel. Und so fiel er, niedergestreckt von einem einzigen Schlag mitten im Kampfgetümmel.

Doch was soll man über jene sagen, die nach und nach sterben, die sich selbst überleben und den langsamen Verfall ihrer Seelen beobachten?

Dies war das Schicksal von Hugo Wolf, dessen tragisches Schicksal ihm einen besonderen Platz in der Hölle der großen Musiker sicherte. [183]

Er wurde am 13. März 1860 in Windischgrätz in der Steiermark geboren. Er war der vierte Sohn eines Curriers – eines Currier-Musikers, wie der alte Bäcker-Musiker Veit Bach und Haydns Vater, der Stellmacher-Musiker. Philipp Wolf spielte Geige, Gitarre und Klavier und veranstaltete in seinem Haus kleine Quintettpartys, bei denen er die erste Geige spielte, Hugo die zweite Geige, Hugos Bruder das Violoncello, ein Onkel das Horn und ein Freund die Tenorvioline. Der Musikgeschmack des Landes war nicht richtig deutsch. Wolf war Katholik; und sein Geschmack wurde nicht, wie der der meisten deutschen Musiker, durch Choralbücher geprägt. Außerdem spielte man in der Steiermark gern die alten italienischen Opern von Rossini, Bellini und Donizetti. Später glaubte Wolf gern, er hätte ein paar Tropfen lateinamerikanisches Blut in seinen Adern; und sein ganzes Leben lang hatte er eine Vorliebe für die großen französischen Musiker.

Seine Lehrzeit war nicht gerade von Glanz geprägt. Er ging von einer Schule zur anderen, ohne lange irgendwo festgehalten zu werden. Und doch war er kein wertloser Junge; er war jedoch immer sehr zurückhaltend, legte wenig Wert auf Intimität mit anderen und widmete sich leidenschaftlich der Musik. Sein Vater wollte natürlich nicht, dass er die Musik als Beruf ergriff, und er hatte dieselben Probleme wie Berlioz. Schließlich gelang es ihm, von seiner Familie die Erlaubnis zu erhalten, nach Wien zu gehen, und er trat 1875 in das dortige Konservatorium ein. Aber er war dadurch nicht glücklicher und wurde nach zwei Jahren wegen Widerspenstigkeit fortgeschickt.

Was war zu tun? Seine Familie war ruiniert, denn ein Feuer hatte ihre wenigen Besitztümer zerstört. Er fühlte die stillen Vorwürfe seines Vaters bereits auf sich lasten – denn er liebte seinen Vater innig und erinnerte sich an die Opfer, die er für ihn gebracht hatte. Er wollte nicht in seine Heimat zurückkehren; tatsächlich konnte er nicht zurückkehren – das hätte den Tod bedeutet. Dieser siebzehnjährige Junge musste eine Möglichkeit finden, seinen Lebensunterhalt zu verdienen und sich gleichzeitig selbst unterrichten zu können. Nach seiner Vertreibung vom Konservatorium besuchte er keine andere Schule; er unterrichtete sich selbst. Und er unterrichtete sich wunderbar selbst; aber zu welchem Preis! Das Leiden, das er von dieser Zeit an bis zu seinem dreißigsten Lebensjahr durchmachte, die enorme Menge an Energie, die er aufwenden musste, um den feinen Geist der Poesie, der in ihm steckte, zu leben und zu kultivieren – all diese Mühe und Mühe waren ohne Zweifel die Ursache seines unglücklichen Todes. Er hatte einen brennenden Wissensdurst und ein Arbeitsfieber, das ihn manchmal die Notwendigkeit des Essens und Trinkens vergessen ließ.

Er bewunderte Goethe sehr und war vernarrt in Heinrich von Kleist, dem er sowohl in seinen Begabungen als auch in seinem Leben ziemlich ähnelt; er war ein Enthusiast für Grillparzer und Hebbel zu einer Zeit, als sie noch wenig geschätzt wurden; und er war einer der ersten Deutschen, der den Wert von Mörike entdeckte, den er später in Deutschland populär machte. Außerdem las er englische und französische Schriftsteller. Er mochte Rabelais und war sehr angetan von Claude Tillier, dem französischen Romanautor der Provinz, dessen *Onkel Benjamin* so vielen deutschen Provinzfamilien Freude bereitet hat, indem er ihnen, wie Wolf sagte, die

Vision ihrer eigenen kleinen Welt vor Augen führte und ihnen durch seine eigene heitere gute Laune half, ihre Sorgen mit einem Lächeln zu ertragen. Und so fand der kleine Wolf, der kaum genug zu essen hatte, die Möglichkeit, sowohl Französisch als auch Englisch zu lernen, um die Gedanken ausländischer Künstler besser zu würdigen.

In der Musik lernte er viel von seinem Freund Schalk, [184] einem Professor am Wiener Konservatorium; aber wie Berlioz erhielt er den größten Teil seiner Bildung aus den Bibliotheken und verbrachte Monate damit, die Partituren der großen Meister zu lesen. Da er kein Klavier besaß, trug er Beethovens Sonaten in den Wiener Prater und studierte sie auf einer Bank im Freien. Er vertiefte sich in die Klassiker – in Bach und Beethoven und die deutschen Meister des *Liedes* – Schubert und Schumann. Er war einer der jungen Deutschen, die Berlioz leidenschaftlich liebten; und es ist Wolf zu verdanken, dass Frankreich später mit dem Besitz dieses großen Künstlers geehrt wurde, den französische Kritiker, ob aus der Schule Meyerbeers, Wagners, Francks oder Debussys, nie verstanden haben. Er war auch ein früher Freund des alten Anton Bruckner, dessen Musik wir in Frankreich nicht kennen, weder seine acht Symphonien noch sein *Te Deum* , noch seine Messen, noch seine Kantaten, noch sonst irgendetwas aus seinem fruchtbaren Werk. Bruckner hatte einen sanften und bescheidenen Charakter und eine liebenswerte, wenn auch etwas kindliche Persönlichkeit. Er war sein ganzes Leben lang von der Brahms-Partei ziemlich niedergeschlagen; aber wie Franck in Frankreich versammelte er neue und originelle Talente um sich, um die akademische Kunst seiner Zeit zu bekämpfen.

Doch von all diesen Einflüssen war Wagner der stärkste. Wagner kam 1875 nach Wien, um *Tannhäuser* und *Lohengrin zu dirigieren* . Unter den jüngeren Leuten herrschte damals eine ähnliche Begeisterung wie *Werther* ein Jahrhundert zuvor. Wolf sah Wagner. Er erzählt uns davon in seinen Briefen an seine Eltern. Ich möchte seine eigenen Worte zitieren, und obwohl sie einen zum Lächeln bringen, liebt man die impulsive Hingabe seiner Jugend; und sie lassen einen auch spüren, dass ein Mann, der solche Zuneigung hervorruft und mit ein wenig Mitgefühl so viel Gutes tun kann, selbst schuld ist, wenn er sich nicht um andere kümmert – vor allem, wenn er, wie Wagner, unter Einsamkeit und dem Mangel an einer helfenden Hand gelitten hat. Sie müssen bedenken, dass dieser Brief von einem fünfzehnjährigen Jungen geschrieben wurde.

„Ich war bei – ratet mal, bei wem?

„Am Donnerstag, dem 9. Dezember, um halb elf, sah ich Richard Wagner zum zweiten Mal im Hotel Imperial, wo ich eine halbe Stunde auf der Treppe verharrte und auf seine Ankunft wartete (ich wusste, dass er an diesem Tag die letzte Probe seines *Lohengrin dirigieren würde*). Endlich kam der Meister vom zweiten Stock herunter, und ich verbeugte mich sehr respektvoll vor ihm, während er noch in einiger Entfernung von mir war. Er dankte mir sehr freundlich. Als er sich der Tür näherte, sprang ich vor und öffnete sie ihm, worauf er mich einige Sekunden lang starr ansah und sich dann auf den Weg zur Probe in der Oper machte. Ich rannte, so schnell ich konnte, und kam schneller in der Oper an als Richard Wagner in seiner Droschke. Ich verbeugte mich noch einmal vor ihm und wollte ihm die Tür seiner Droschke öffnen; aber da ich sie nicht öffnen konnte, sprang der Kutscher von seinem Sitz herunter und tat es für mich. Wagner sagte etwas zu dem Kutscher – ich glaube, es bezog sich auf mich. Ich wollte ihm ins Theater folgen, aber man ließ mich nicht passieren.

„Ich habe oft im Hotel Imperial auf ihn gewartet, und bei dieser Gelegenheit lernte ich den Hoteldirektor kennen, der versprach, dass er sich für mich einsetzen würde. Wer war mehr erfreut als ich, als er mir das erzählte." Am folgenden Samstagnachmittag, dem 11. Dezember, sollte ich ihn abholen, damit er mich Frau Cosimas Kammerdiener und Richard Wagners Kammerdiener vorstellen konnte. Der Besuch bei der Kammerdienerin war sehr kurz. Mir wurde geraten, am nächsten Tag, Sonntag, dem 12. Dezember, um zwei Uhr zu kommen. Ich kam zur richtigen Zeit an, fand aber das Zimmermädchen, den Kammerdiener und den Manager noch am Tisch ... Dann ging ich mit dem Zimmermädchen In die Gemächer des Meisters wartete ich etwa eine Viertelstunde, bis er kam. Schließlich verneigte ich mich in Gesellschaft von Cosima und Goldmark sehr respektvoll, aber sie hielt es offenbar nicht für sinnvoll, mich damit zu ehren Wagner ging gerade in sein Zimmer, ohne mich zu beachten, als das Dienstmädchen mit flehender Stimme zu ihm sagte: „Ah, Herr Wagner, es ist ein junger Musiker, der mit Ihnen sprechen möchte; Er hat schon lange auf dich gewartet.'

„Dann kam er aus seinem Zimmer, sah mich an und sagte: ‚Ich glaube, ich habe dich schon einmal gesehen. Du bist ...‘

„Wahrscheinlich wollte er sagen: ‚Du bist ein Narr.‘

„Er ging vor mich her und öffnete die Tür des Empfangszimmers, das in einem wahrhaft königlichen Stil eingerichtet war. In der Mitte des Zimmers stand ein mit Samt und Seide bedecktes Sofa. Wagner selbst war in einen langen Samtmantel gehüllt mit Fell eingefasst.

„Als ich im Zimmer war, fragte er mich, was ich wollte."

Hier brach Hugo Wolf, um die Neugier seiner Eltern zu wecken, seine Geschichte ab und fügte hinzu: „Fortsetzung folgt in meinem nächsten." In seinem nächsten Brief fährt er fort:

„Ich sagte zu ihm: ‚Hochverehrter Meister, ich wollte schon lange eine Meinung zu meinen Kompositionen hören, und das wäre ...‘

„Hier unterbrach mich der Meister und sagte: ‚Mein liebes Kind, ich kann dir keine Meinung zu deinen Kompositionen geben; ich habe viel zu wenig Zeit; ich kann nicht einmal meine eigenen Briefe schreiben. Ich verstehe überhaupt nichts von Musik (*Ich verstehe gar nichts von der Musik* .'

„Ich habe den Meister gefragt, ob ich jemals wirklich etwas schaffen sollte, und er sagte zu mir: ‚Als ich in deinem Alter war und Musik komponierte, konnte mir damals niemand sagen, ob ich jemals etwas Großes tun sollte. Du könntest es höchstens Spielen Sie mir Ihre Kompositionen auf dem Klavier vor. Wenn Sie älter sind und größere Werke komponiert haben, sollen Sie mir zeigen, was Sie getan haben nützt mir jetzt nichts; ich kann Ihnen noch keine Meinung dazu sagen.'

„Als ich dem Meister erzählte, dass ich mir die Klassiker zum Vorbild genommen habe, sagte er: ‚Gut, gut. Am Anfang kann man nicht originell sein.' Und er lachte und sagte dann: ‚Ich wünsche Ihnen, lieber Freund, viel Glück in Ihrer Karriere. Arbeiten Sie beständig weiter und wenn ich nach Wien zurückkomme, zeigen Sie mir Ihre Kompositionen.'

„Danach verließ ich den Meister tief bewegt und beeindruckt."

Wolf und Wagner sahen sich nicht wieder. Aber Wolf kämpfte unablässig für Wagners Sache. Er fuhr mehrere Male nach Bayreuth, obwohl er keinen persönlichen Verkehr mit der Familie Wagner hatte; aber er traf Liszt, der ihm mit seiner üblichen Güte einen freundlichen Brief über eine Komposition schrieb, die er ihm geschickt hatte, und ihm zeigte, welche Änderungen er daran vornehmen sollte.

Mottl und der Komponist Adalbert de Goldschmidt waren die ersten Freunde, die ihm in seinen Jahren des Elends beistanden, indem sie ihm einige Musikschüler vermittelten. Er unterrichtete kleine Kinder im Alter von sieben und acht Jahren in Musik; aber er war ein schlechter Lehrer und empfand das Unterrichten als Märtyrertum. Das Geld, das er verdiente, reichte kaum aus, um ihn zu ernähren, und er aß nur einmal am Tag – der Himmel weiß wie. Um sich zu trösten, las er Hebbels Leben; und eine Zeitlang dachte er daran, nach Amerika zu gehen. 1881 verschaffte ihm Goldschmidt die Stelle des zweiten *Kapellmeisters* am Salzburger Theater. Seine Aufgabe war es, die Chöre für die Operetten von Strauss und Millöcker einzustudieren. Er erledigte seine Arbeit gewissenhaft, aber in tödlicher Müdigkeit; und ihm fehlte die nötige Kraft, seine Autorität spürbar zu machen. Er blieb nicht lange in diesem Amt und kehrte nach Wien zurück.

Seit 1875 schrieb er Musik: *Lieder* , Sonaten, Symphonien, Quartette usw., und bereits seine *Lieder* nahmen den wichtigsten Platz ein. Außerdem komponierte er 1883 eine symphonische Dichtung über die *Penthesilea* seines Freundes Kleist.

1884 gelang es ihm, eine Stelle als Musikkritiker zu bekommen. Aber bei was für einer Zeitung! Es war das *Salonblatt* – eine weltliche Zeitschrift voller Artikel über Sport und Modenachrichten. Man hätte meinen können, dieser kleine Barbar sei dort für eine Wette hingestellt worden. Seine Artikel von 1884 bis 1887 sind voller Leben und Humor. Er unterstützt die großen klassischen Meister in ihnen: Gluck, Mozart, Beethoven und – Wagner; er verteidigt Berlioz; er geißelt die modernen Italiener, deren Erfolg in Wien einfach skandalös war; er bricht Lanzen für Bruckner und beginnt eine kühne Kampagne gegen Brahms. Es war nicht so, dass er Brahms nicht mochte oder irgendwelche Vorurteile gegen ihn hatte; er hatte Freude an einigen seiner Werke, besonders an seiner Kammermusik, aber er fand an seinen Symphonien etwas auszusetzen und war schockiert über die Nachlässigkeit der Deklamation in seinen *Liedern* und konnte im Allgemeinen seinen Mangel an Originalität und Kraft nicht ertragen und fand, dass es ihm an Freude und Lebensfülle mangelte. Vor allem aber empfand er ihn als Kopf einer Partei, die Wagner, Bruckner und allen Neuerern boshaft feindlich gegenüberstand. Denn alles, was in der Musik Wiens rückständig war und alles, was der Freiheit und dem Fortschritt in Kunst und Kritik feindlich gesinnt war, gab Brahms seine verabscheuungswürdige Unterstützung, indem es sich um ihn scharte und seinen Ruhm im Ausland verbreitete; und obwohl Brahms als Künstler und Mensch seiner Partei weit überlegen war, hatte er nicht den Mut, sich von ihr loszusagen.

Brahms las Wolfs Artikel, aber seine Angriffe schienen seine Apathie nicht zu rühren. Die „Brahminen" verziehen Wolf jedoch nie. Einer seiner erbittertsten Feinde war Hans von Bülow, der den Anti-Brahmismus als „eine Gotteslästerung gegen den Heiligen Geist ansah, die nicht vergeben werden soll." [185] Als Wolf einige Jahre später durchsetzte, dass seine eigenen Kompositionen gespielt wurden, musste er sich Kritik wie die von Max Kalbeck, einem der Führer des „Brahmismus" in Wien, unterziehen:

"Herr Wolf hat in letzter Zeit als Reporter in Musikerkreisen für unwiderstehliches Gelächter gesorgt. Da schlug ihm jemand vor, er solle sich lieber dem Komponieren widmen. Die letzten Produkte seiner Muse zeigen, dass dieser gut gemeinte Rat schlecht war. Er sollte sich wieder dem Reporterberuf zuwenden."

Eine Orchestergesellschaft in Wien führte Wolfs *Penthesilea* zu einer Probeaufführung auf; sie wurde unter Missachtung allen guten Geschmacks und lautem Gelächter geprobt. Als die Aufführung zu Ende war, sagte der Dirigent: „Meine Herren, ich bitte um Verzeihung, dass ich dieses Stück bis zum Ende spielen ließ; aber ich wollte wissen, was für ein Mensch es ist, der es wagt, solche Dinge über den Meister Brahms zu schreiben."

Wolf verschaffte sich eine kleine Erleichterung von seinem Elend, indem er für einige Wochen zu seinem Schwager Strasser, einem Steuerinspektor, in sein Heimatland ging. [186] Er nahm seine Bücher und seine Dichter mit und begann, sie zu vertonen.

Er war nun siebenundzwanzig Jahre alt und hatte bis dahin noch nichts veröffentlicht. Die Jahre 1887 und 1888 waren die kritischsten seines Lebens. 1887 verlor er seinen geliebten Vater, und dieser Verlust gab, wie so viele seiner anderen Unglücksfälle, seinen Energien neuen Schwung. Im selben Jahr veröffentlichte ein großzügiger Freund namens Eckstein seine erste Liedersammlung . Wolf war bis dahin erstickt, aber diese Veröffentlichung erweckte sein Leben und war das Mittel, sein Genie zu entfesseln. Im Februar 1888 ließ er sich in Perchtoldsdorf bei Wien nieder und schrieb in völliger Ruhe innerhalb von drei Monaten dreiundfünfzig *Lieder* nach Texten von Eduard Mörike, dem schwäbischen Pfarrerdichter, der 1875 starb und, zu Lebzeiten missverstanden und verlacht, heute in Deutschland mit Ehren geehrt und allgemein beliebt ist. Wolf komponierte seine Lieder in einem Zustand freudiger Erregung und beinahe auch Angst angesichts der plötzlichen Entdeckung seiner schöpferischen Kraft.

In einem Brief an Dr. Heinrich Werner heißt es:

„Es ist jetzt sieben Uhr abends und ich bin so glücklich – oh, glücklicher als der glücklichste aller Könige. Noch ein neues *Lied*! Wenn du hören könntest, was in meinem Herzen vorgeht! … würde der Teufel es tragen.“ Du bist gerne weg!...

„Noch zwei neue *Lieder*! Da ist eines, das so schrecklich seltsam klingt, dass es mir Angst macht. Es gibt nichts Vergleichbares. Der Himmel helfe den unglücklichen Menschen, die es eines Tages hören werden!...

„Wenn du nur das letzte *Lied hören könntest*, das ich gerade komponiert habe, hättest du nur noch einen Wunsch – zu sterben … Dein glücklicher, glücklicher Wolf.“

Mörike-Lieder kaum beendet, als er eine Reihe von *Liedern* nach Gedichten Goethes begann . In drei Monaten (Dezember 1888 bis Februar 1889) hatte er das gesamte *Goethe-Liederbuch geschrieben* – einundfünfzig *Lieder*, von denen einige, wie *Prometheus* , große dramatische Szenen sind.

Im selben Jahr, noch in Perchtoldsdorf, veröffentlichte er einen Band mit *Liedern von Eichendorff* und widmete sich dann einem neuen Zyklus – dem *Spanischen Liederbuch* mit spanischen Gedichten, übersetzt von Heyse. Er schrieb diese vierundvierzig Lieder in derselben Ekstase der Freude:

„Was ich jetzt schreibe, schreibe ich für die Zukunft … Seit Schubert und Schumann hat es nichts Vergleichbares gegeben!"

1890, zwei Monate nachdem er das *Spanische-Liederbuch fertiggestellt hatte* , komponierte er einen weiteren Liederzyklus *nach* Gedichten mit dem Titel „ *Alten Weisen*" des großen Schweizer Schriftstellers Gottfried Keller. Und schließlich begann er im selben Jahr sein *Italienisches-Liederbuch* über italienische Gedichte, übersetzt von Geibel und Heyse.

Und dann – dann herrschte Stille.

Die Geschichte von Wolf ist eine der außergewöhnlichsten in der Kunstgeschichte und gibt einem einen besseren Einblick in die Geheimnisse des Genies als die meisten Geschichten.

Machen wir ein kleines *Resümee* . Mit 28 Jahren hatte Wolf praktisch nichts geschrieben. Von 1888 bis 1890 schrieb er, in einer Art Fieber nacheinander, dreiundfünfzig Mörike- *Lieder* , einundfünfzig Goethe- *Lieder* , vierundvierzig spanische *Lieder* , siebzehn Eichendorff- *Lieder* , ein Dutzend Keller- *Lieder* und die ersten italienischen *Lieder* – das sind etwa zweihundert *Lieder* , jedes mit seiner eigenen bewundernswerten Eigenart.

Und dann verstummt die Musik. Die Quelle ist versiegt. Wolf schrieb in großer Angst verzweifelte Briefe an seine Freunde. An Oskar Grohe schrieb er am 2. Mai 1891:

„Ich habe den Gedanken ans Komponieren aufgegeben. Der Himmel weiß, wie es ausgehen wird. Betet für meine arme Seele."

Und zu Wette sagt er am 13. August 1891:

"Seit vier Monaten leide ich an einer Art Schwindsucht, die mich ernsthaft daran denken lässt, diese Welt für immer zu verlassen... Nur diejenigen, die wirklich leben, sollten überhaupt leben. Ich bin seit einiger Zeit wie ein Toter. Ich wünschte nur, es wäre ein Scheintod; aber in Wirklichkeit bin ich tot und begraben; obwohl die Macht, meinen Körper zu beherrschen, mir ein scheinbares Leben verleiht. Es ist mein innerster, mein einziger Wunsch, dass das Fleisch dem bereits verstorbenen Geist schnell folgen möge. Seit fünfzehn Tagen lebe ich in Traunkirchen, der Perle des Traunsees... Alle Annehmlichkeiten, die sich ein Mensch nur wünschen kann, sind hier, um mein Leben glücklich zu machen – Frieden, Einsamkeit, schöne Landschaften, belebende Luft und alles, was dem Geschmack eines Einsiedlers wie mir entsprechen könnte. [187] Und doch – und doch, mein Freund, bin ich das elendste Geschöpf auf Erden. Alles um mich herum atmet Frieden und Glück, alles pulsiert vor Leben und erfüllt seine Funktionen... Ich allein, oh Gott!... Ich allein lebe wie ein taubes und gefühlloses Tier. Sogar das Lesen kann mich kaum noch ablenken, obwohl ich mich in meiner Verzweiflung in Bücher vertiefe. Was das Komponieren betrifft, so ist es vorbei; ich kann mir die Bedeutung einer Harmonie oder einer Melodie nicht mehr vorstellen und fange fast an zu zweifeln, ob die Kompositionen, die meinen Namen tragen, wirklich von mir sind. Guter Gott! Was nützt all dieser Ruhm? Was nützen diese großen Ziele, wenn am Ende nur Elend steht? ...

„ Der Himmel gibt einem Menschen vollkommenes Genie oder gar kein Genie. Die Hölle hat mir alles zur Hälfte gegeben . "

„O unglücklicher Mensch, wie wahr, wie wahr ist es! In der Blüte deines Lebens bist du in die Hölle gegangen; in den bösen Rachen des Schicksals hast du die trügerische Gegenwart und dich selbst damit geworfen. O Kleist!"

Plötzlich, am 29. November 1891, floss in Döbling der Strom von Wolfs Genie wieder, und er schrieb fünfzehn italienische *Lieder* , manchmal mehrere an einem Tag. Im Dezember hörte es wieder auf; und dieses Mal für fünf Jahre. Diese italienischen Melodien lassen jedoch keine Spur von Anstrengung oder größerer Geistesspannung erkennen als in seinen vorangegangenen Werken. Im Gegenteil, sie haben den Eindruck, das einfachste und natürlichste Werk zu sein, das Wolf je gemacht hat. Aber die Sache hat keine wirkliche Bedeutung, denn als Wolfs Genie sich nicht in ihm regte, war er nutzlos. Er wollte dreiunddreißig italienische *Lieder schreiben* , musste aber nach dem zweiundzwanzigsten damit aufhören und veröffentlichte 1891 nur einen Band des *Italienischen Liederbuchs* . Der zweite Band wurde innerhalb eines Monats, fünf Jahre später, im Jahr 1896, fertiggestellt.

Man kann sich die Qualen vorstellen, die dieser einsame Mann erdulden musste. Sein einziges Glück war das Schaffen, und er sah sein Leben jahrelang ohne erkennbaren Grund aufhören, und sein Genie kam und ging, kehrte für einen Augenblick zurück und verschwand wieder. Jedes Mal muss er sich ängstlich gefragt haben, ob es für immer verschwunden war oder wie lange es dauern würde, bis es wieder zurückkam. In Briefen an Kaufmann vom 6. August 1891 und 26. April 1893 schrieb er:

"Sie fragen mich nach Neuigkeiten über meine Oper. [188] Herrgott! Ich wäre zufrieden, wenn ich ein ganz kleines *Liedchen schreiben* könnte. Und jetzt eine Oper? ... Ich glaube fest daran, dass es mit mir vorbei ist ... Ich könnte ebenso gut Chinesisch sprechen wie irgendetwas komponieren. Es ist entsetzlich ... Was ich unter dieser Untätigkeit leide, kann ich Ihnen nicht sagen. Ich möchte mich aufhängen."

An Hugo Faisst schrieb er am 21. Juni 1894:

„Du fragst mich nach der Ursache meiner großen Geistesschwäche und würdest Balsam auf meine Wunden gießen. Ach ja, wenn du nur könntest! Aber es wächst kein Kraut, das meine Krankheit heilen könnte; nur ein Gott könnte mir helfen. Wenn du geben kannst Ich unterstütze meine Inspirationen und erwecke den vertrauten Geist, der in mir schläft, und lass ihn mich erneut besitzen. Ich werde dich einen Gott nennen und Altäre zu deinem Namen errichten. Mein Ruf gilt den Göttern und nicht den Menschen allein sind fähig, mein Schicksal zu verkünden. Aber wie auch immer es ausgehen mag, auch wenn das Schlimmste kommt, ich werde es ertragen – ja, auch wenn kein Sonnenstrahl mein Leben wieder erhellt ... Und damit werden wir ein für alle Mal blättere um und habe dieses dunkle Kapitel meines Lebens hinter mir."

Dieser Brief – und es ist nicht der einzige – erinnert an den melancholischen Stoizismus von Beethovens Briefen und zeigt uns Kummer, den selbst der unglückliche Beethoven nicht kannte. Und doch, wie können wir das wissen? Vielleicht hat auch Beethoven in den traurigen Tagen nach 1815 ähnliche Qualen erlitten, bevor die letzten Sonaten, die *Missa Solemnis* und die Neunte Symphonie in ihm zum Leben erwachten.

Im März 1895 lebte Wolf wieder und hatte in drei Monaten die Klavierpartitur von *Corregidor geschrieben* . Seit vielen Jahren fühlte er sich zur Bühne und insbesondere zur leichten Oper hingezogen. Obwohl er sich für Wagners Werk begeisterte, hatte er doch offen erklärt, dass es für Musiker an der Zeit sei, sich vom Wagnerschen *Musikdrama zu befreien* . Er kannte seine eigenen Begabungen und strebte nicht danach, Wagners Platz einzunehmen. Als ihm einer seiner Freunde ein Opernthema aus einer Legende über Buddha anbot, lehnte er ab und sagte, dass die Welt die Bedeutung von Buddhas Lehren noch nicht verstehe und dass er nicht den Wunsch habe, der Menschheit erneut Kopfschmerzen zu bereiten . In einem Brief an Grohe vom 28. Juni 1890 sagt er:

„Wagner hat durch und durch seine Kunst ein so gewaltiges Befreiungswerk vollbracht, dass wir uns darüber freuen dürfen, dass es für uns völlig sinnlos ist, die Lüfte zu erstürmen, da er sie für uns erobert hat. Es ist viel klüger, danach zu suchen." Ein angenehmer Winkel in diesem schönen Himmel. Ich möchte dort einen kleinen Platz für mich finden, nicht in einer Wüste mit Wasser und Heuschrecken und wildem Honig, sondern in einer fröhlichen Gesellschaft primitiver Wesen, inmitten des Klirrens der Gitarren und der Seufzer der Liebe , das Mondlicht und dergleichen – kurz, in einer ganz gewöhnlichen *Opéra-Comique* , ohne irgendein rettendes Gespenst der Schopenhauerschen Philosophie im Hintergrund."

Nachdem er das Libretto einer Oper aus der ganzen Welt, von antiken und modernen Dichtern, gesucht hatte [189] und versucht hatte, selbst eines zu schreiben, nahm er schließlich das von Madame Rosa Mayreder, eine Adaption einer spanischen Novelle von Don Pedro de Alarcón. Es handelte sich um „*Corregidor*" , das, nachdem es von anderen Theatern abgelehnt worden war, im Juni 1896 in Mannheim aufgeführt wurde. Das Werk war trotz seiner musikalischen Qualitäten kein Erfolg, und die dürftige Librettofassung trug zu seinem Scheitern bei.

Aber die Hauptsache war, dass Wolfs kreatives Genie zurückgekehrt war. Im April 1896 schrieb er gleich die 22 Lieder des zweiten Bandes des *Italienischen Liederbuchs* . Zu Weihnachten schickte ihm sein Freund Müller einige Gedichte Michelangelos, die Walter Robert-Tornow ins Deutsche übersetzt hatte; und Wolf, tief berührt von ihrer Schönheit, beschloss sofort, ihnen einen ganzen *Liederband zu widmen*. 1897 komponierte er die ersten drei Melodien. Gleichzeitig arbeitete er auch an einer neuen Oper, *Manuel Venegas* , einem Gedicht von Moritz Hoernes, geschrieben nach dem Stil von Alarcón. Er schien voller Kraft, Glück und Vertrauen in seine erneuerte Gesundheit zu sein. Müller erzählte ihm vom vorzeitigen Tod Schuberts, und Wolf antwortete: „Ein Mann wird nicht weggebracht, bevor er nicht alles gesagt hat, was er zu sagen hat."

Er arbeitete wie verrückt, „wie eine Dampfmaschine", wie er sagte, und war so in die Komposition von *Manuel Venegas* (September 1897) vertieft, dass er keine Ruhepausen einlegte und kaum Zeit hatte, die notwendige Nahrung zu sich zu nehmen. In vierzehn Tagen hatte er fünfzig Seiten der Klavierpartitur sowie die *Motive* für das gesamte Werk und die Musik für die Hälfte des ersten Aktes geschrieben.

Dann kam der Wahnsinn. Am 20. September befiel ihn ein Schock, als er im ersten Akt am großen Rezitativ von Manuel Venegas arbeitete.

Er wurde in Dr. Swetlins Privatklinik in Wien eingeliefert und blieb dort bis Januar 1898. Glücklicherweise hatte er ergebene Freunde, die sich um ihn kümmerten und die Gleichgültigkeit der Öffentlichkeit wettmachten; denn was er selbst verdient hatte, hätte ihm nicht einmal ermöglicht, in Frieden zu sterben. Als ihm der Verleger Schott im Oktober 1895 seine Tantiemen für die Ausgaben seiner *Lieder* von Mörike, Goethe, Eichendorff, Keller, spanischen Gedichten und dem ersten Band italienischer Gedichte schickte, beliefen sich ihre Einnahmen für fünf Jahre auf insgesamt 86 Mark und 35 Pfennig! Und Schott fügte ruhig hinzu, er habe kein so gutes Ergebnis erwartet. So waren es Wolfs Freunde und insbesondere Hugo Faisst, die ihn durch ihre unaufdringliche und oft heimliche Großzügigkeit nicht nur vor dem Elend retteten, sondern ihm in seinen letzten Schicksalsschlägen auch den Schrecken der Armut ersparten.

Er kam wieder zu Verstand und wurde im Februar 1898 auf eine Reise nach Triest und Venetien geschickt, um seine Kur abzuschließen und ihn davon abzuhalten, an die Arbeit zu denken. Die Vorsichtsmaßnahme war unnötig; denn in einem Brief an Hugo Faisst, der im selben Monat geschrieben wurde, schreibt er:

"Sie brauchen sich keine Sorgen zu machen und keine Angst zu haben, dass ich es übertreibe. Eine wahre Abneigung gegen die Arbeit hat mich ergriffen, und ich glaube, ich werde nie wieder eine Note schreiben. Meine unvollendete Oper interessiert mich nicht mehr, und Musik ist mir überhaupt zuwider. Sie sehen, was meine guten Freunde für mich getan haben! Ich kann mir nicht vorstellen, wie ich in diesem Zustand bestehen soll... Ach, glückliche Schwaben! Man könnte Sie beneiden. Grüßen Sie Ihr schönes Land von mir, und seien Sie selbst herzlich gegrüßt von Ihrem unglücklichen und erschöpften Freund Hugo Wolf."

Als er jedoch nach Wien zurückkehrte, schien es ihm etwas besser zu gehen und er hatte offenbar seine Gesundheit und Fröhlichkeit wiedererlangt. Aber zu seinem eigenen Erstaunen war er, wie er in einem Brief an Faisst schreibt, ein ruhiger, gesetzter und schweigsamer Mann geworden, der immer mehr allein sein wollte. Er komponierte nichts Neues, überarbeitete aber seine Michelangelo- *Lieder* und ließ sie veröffentlichen. Er machte Pläne für den Winter und freute sich auf den Gedanken, ihn auf dem Land in der Nähe von Gmunden zu verbringen, „in vollkommener Ruhe, ungestört und nur für die Kunst lebend“. In seinem letzten Brief an Faisst vom 17. September 1898 schreibt er:

„Mir geht es jetzt wieder ganz gut und ich brauche keine Kuren mehr. Sie brauchen sie mehr als ich.“

Dann kam es zu einem neuen Wahnsinnsanfall, und diesmal war alles vorbei.

Im Herbst 1898 wurde Wolf in eine Wiener Irrenanstalt eingewiesen. Zunächst durfte er einige Besuche empfangen und ein wenig Musik genießen, indem er Duette mit dem Direktor der Anstalt spielte, der selbst Musiker und ein großer Bewunderer von Wolfs Werken war. Im Frühjahr konnte er sogar einige Spaziergänge im Freien mit seinen Freunden und einem Pfleger machen. Aber er begann, Dinge, Menschen und sogar sich selbst nicht mehr zu erkennen. „Ja“, sagte er seufzend, „wenn ich nur Hugo Wolf wäre!“ Ab Mitte 1899 verschlimmerte sich seine Krankheit rasch und es folgte eine allgemeine Lähmung. Anfang 1900 war seine Sprache beeinträchtigt und schließlich im August 1901 sein ganzer Körper. Anfang 1902 gaben die Ärzte alle Hoffnung auf; aber sein Herz war noch gesund und der unglückliche Mann schleppte sein Leben noch ein weiteres Jahr hin. Er starb am 16. Februar 1903 an Peripneumonie.

Er erhielt ein großartiges Begräbnis, an dem alle Menschen teilnahmen, die zu Lebzeiten nichts für ihn getan hatten. Der österreichische Staat, die Stadt Wien, seine Geburtsstadt Windischgrätz, das Konservatorium, das ihn ausgewiesen hatte, die *Gesellschaft der Musikfreunde* , die seinen Werken so lange feindlich gegenüberstand, die Oper, die ihm verschlossen geblieben war, die Sänger, die ihn verachtet hatten, die Kritiker, die ihn verhöhnt hatten – sie alle waren da. Sie sangen eine seiner traurigsten Melodien, *Resignation* , eine Vertonung eines Gedichts von Eichendorff, und einen Choral seines alten Freundes Bruckner, der mehrere Jahre vor ihm gestorben war. Seine treuen Freunde, allen voran Faisst, sorgten dafür, dass ihm neben denen von Beethoven und Schubert ein Denkmal errichtet wurde.

So war sein Leben, das im Alter von siebenunddreißig Jahren abgebrochen wurde – denn die fünf Jahre völligen Wahnsinns kann man nicht zählen. Es gibt in der Kunstwelt nicht viele Beispiele für ein so schreckliches Schicksal. Nietzsches Unglück ist nichts anderes als dieses, denn Nietzsches Wahnsinn war bis zu einem gewissen Grad produktiv und ließ sein Genie auf eine Weise aufblitzen, wie es niemals der Fall gewesen wäre, wenn sein Geist ausgeglichen und seine Gesundheit vollkommen gewesen wäre. Wolfs Wahnsinn bedeutete Niederwerfung. Aber man kann sehen, wie seltsam sein Leben innerhalb von siebenunddreißig Jahren aufgeteilt war. Denn mit seiner schöpferischen Tätigkeit begann er erst im Alter von 27 Jahren; und da er von 1890 bis 1895 zu fünf Jahren Schweigen verurteilt wurde, beträgt die Gesamtsumme seines wirklichen Lebens, seines produktiven Lebens, nur vier oder fünf Jahre. Aber in diesen wenigen Jahren hat er mehr aus dem Leben herausgeholt als die meisten Künstler in einer langen Karriere, und in seinem Werk hat er die Spuren einer Persönlichkeit hinterlassen, die niemand mehr vergessen kann, nachdem er sie einmal gekannt hat.

Wolfs Werk besteht, wie wir bereits gesehen haben, hauptsächlich aus *Liedern* , und diese *Lieder* zeichnen sich durch die Anwendung der von Wagner im Bereich des Dramas aufgestellten Prinzipien auf die lyrische Musik aus. Das bedeutet nicht, dass er Wagner nachgeahmt hat. Hier und da findet man in Wolfs Musik Wagner-Formen, wie auch anderswo deutliche Reminiszenzen an Berlioz zu erkennen sind. Es ist das unvermeidliche Zeichen seiner Zeit, und jeder große Künstler trägt seinerseits seinen Teil zur Bereicherung der Sprache bei, die uns allen gehört. Aber der wahre Wagnerismus von Wolf besteht nicht aus diesen unbewussten Ähnlichkeiten; es liegt in seiner Entschlossenheit, Poesie zur Inspiration der Musik zu machen. „Vor allem um zu zeigen", schrieb er 1890 an Humperdinck, „dass die Poesie die wahre Quelle meiner Musik ist."

Wenn ein Mann wie Wagner sowohl Dichter als auch Musiker ist, ist es natürlich, dass seine Poesie und seine Musik perfekt harmonieren. Aber wenn es darum geht, die Seele anderer Dichter in Musik zu übersetzen, sind besondere Gaben geistiger Feinheit und ein überschäumendes Einfühlungsvermögen erforderlich. Diese Gaben besaß Wolf in sehr hohem Maße. Kein Musiker hat die Dichter intensiver genossen und geschätzt. „Er war", sagte einer seiner Kritiker, G. Kühl, „Deutschlands größter Musikpsychologe seit Mozart." Seine Psychologie hatte nichts Gekünsteltes an sich. Wolf war nicht in der Lage, Gedichte zu vertonen, die er nicht wirklich liebte. Er ließ sich die Gedichte, die er übersetzen wollte, mehrmals vorlesen oder las sie sich abends selbst laut vor. Wenn er sich sehr bewegt fühlte, lebte er für sich allein damit, dachte darüber nach und ließ sich von seiner Atmosphäre vereinnahmen; dann ging er schlafen und am nächsten Morgen konnte er das *Lied* sofort schreiben. Aber manche Gedichte schienen jahrelang in ihm zu schlummern und erwachten dann plötzlich in musikalischer Form in ihm. Bei diesen Gelegenheiten schrie er vor Glück. „Wissen Sie das?", schrieb er an Müller, „ich habe einfach vor Freude geschrien." Müller sagte, er sei wie eine alte Henne gewesen, nachdem sie ein Ei gelegt hatte.

Wolf wählte nie alltägliche Gedichte für seine Musik – mehr als man von Schubert oder Schumann sagen kann. Er verwendete nichts, was von zeitgenössischen Dichtern geschrieben worden war, obwohl er mit einigen von ihnen sympathisierte, wie zum Beispiel Liliencron, der sehr darauf hoffte, von ihm in Musik übersetzt zu werden. Aber er konnte es nicht tun; Er konnte im Werk eines großen Dichters nichts gebrauchen, es sei denn, er wurde mit ihm so vertraut, dass es schien, als wäre es ein Teil von ihm.

Was einem auch in den *Liedern auffällt* , ist die Bedeutung der Klavierbegleitung und ihre Unabhängigkeit von der Stimme. Manchmal drücken die Stimme und das Klavier den Kontrast aus, der so oft zwischen den Worten und dem Gedanken des Gedichts besteht; manchmal drücken sie zwei Persönlichkeiten aus, wie in seiner Vertonung von Goethes *Prometheus* , wo die Begleitung Zeus darstellt, der seine Blitze aussendet, und die Stimme Titan interpretiert; oder er kann auch, wie in der Vertonung von Eichendorffs *Serenade* , einen verliebten Studenten in der Begleitung darstellen, während das Lied die Stimme eines alten Mannes ist, der ihm zuhört und an seine Jugend denkt. Aber was auch immer er beschreibt, das Klavier und die Stimme haben immer ihre eigene Individualität. Man kann seinen *Liedern nichts wegnehmen* , ohne das Ganze zu verderben; und das gilt besonders für seine Instrumentalpassagen, die uns den Anfang und das Ende seiner Gefühle zeigen und die sie umkreisen und zusammenfassen. Die musikalische Form, die sich eng an die poetische Form anlehnt, ist äußerst vielfältig. Manchmal drückt es einen flüchtigen Gedanken aus, die kurze

Aufzeichnung eines poetischen Eindrucks oder einer kleinen Handlung, oder es kann ein großes episches oder dramatisches Bild sein. Müller bemerkt, dass Wolf mehr in ein Gedicht gesteckt hat als der Dichter selbst – wie im *Italienischen Liederbuch*. Das ist der schlimmste Vorwurf, den man ihm machen kann, und es ist kein gewöhnlicher. Wolf zeichnete sich besonders dadurch aus, Gedichte zu vertonen, die mit seinem eigenen tragischen Schicksal übereinstimmten, als hätte er es geahnt. Niemand hat die Qual einer gequälten und verzweifelten Seele besser zum Ausdruck gebracht, wie wir sie bei dem alten Harfenspieler in *Wilhelm Meister* oder bei der herrlichen Nichtigkeit gewisser Gedichte Michelangelos finden.

Von all seinen Liedersammlungen *ist die erste veröffentlichte Sammlung „53 Gedichte von Eduard Mörike, komponiert für eine Singstimme und Klavier"* (1888) die populärste. Sie brachte Wolf viele Freunde ein, nicht so sehr unter Künstlern (die immer in der Minderheit sind), sondern unter jenen Kritikern, die die besten und uneigennützigsten von allen sind – die einfachen, ehrlichen Leute, die die Kunst nicht zu ihrem Beruf machen, sondern sie als ihr geistiges tägliches Brot genießen. Es gibt eine Menge solcher Leute in Deutschland, deren hartes Leben durch ihre Liebe zur Musik verschönert wird. Wolf fand diese Freunde überall, aber die meisten von ihnen fand er in Schwaben. In Stuttgart, in Mannheim, in Darmstadt und in der Umgebung dieser Städte wurde er sehr populär – der einzige populäre Musiker seit Schubert und Schumann. Alle Gesellschaftsschichten vereinten sich in der Liebe zu ihm. „Seine *Lieder* ", sagt Herr Decsey, „stehen neben Schuberts *Liedern auf den Klavieren selbst der ärmsten Häuser* ." Stuttgart wurde für Wolf, wie er selbst sagte, zu einer zweiten Heimat. Diese Popularität, die in Schwaben ohnegleichen ist, verdankt er der leidenschaftlichen Liebe des Volkes zum *Lied* und vor allem zur Poesie des schwäbischen Pfarrers Mörikes, die in Wolfs Liedern wieder auflebt. Wolf hat ein Viertel von Mörikes Gedichten vertont, er hat Mörike in sein eigenes Licht gerückt und ihm einen der ersten Plätze unter den deutschen Dichtern eingeräumt. Das war wirklich seine Absicht, und er sagte es, als er ein Porträt Mörikes auf die Titelseite der Lieder setzen ließ. Ob die Lektüre seiner Gedichte Balsam für Wolfs unruhigen Geist war, oder ob er sich seines Genies zum ersten Mal bewusst wurde, als er diese Poesie in Musik ausdrückte, weiß ich nicht; aber er empfand tiefe Dankbarkeit dafür und wollte sie zeigen, indem er den ersten Band mit jenem schönen und etwas Beethoven-ähnlichen Lied Der *Genesende an die Hoffnung begann*.

Die einundfünfzig *Lieder* des *Goethe-Liederbuchs* (1888-89) wurden in Liedgruppen komponiert : die *Wilhelm-Meister-Lieder* , die *Divan-(Suleika-)Lieder* usw. Wolf versuchte sogar, sich mit der Gedankenlinie des Dichters zu identifizieren; und darin sehen wir ihn oft in Rivalität mit Schubert. Er vermied es, Gedichte zu verwenden, in denen Schubert seiner Meinung nach die Bedeutung des Dichters genau wiedergegeben hatte, wie in *Geheimes* und *An Schwager Kronos* ; aber er erzählte Müller, dass es Zeiten gab, in denen Schubert Goethe überhaupt nicht verstand, weil er sich mehr damit beschäftigte, ihren allgemeinen lyrischen Gedanken zu übersetzen, als die wahre Natur von Goethes Charakteren zu zeigen. Das besondere Interesse an Wolfs *Liedern* liegt darin, dass er jeder poetischen Figur ihren individuellen Charakter verleiht. Die Harfenistin und Mignon werden mit wunderbarer Einsicht und Zurückhaltung nachgezeichnet; und in einigen Passagen zeigt Wolf, dass er Goethes Kunst wiederentdeckt hat, eine ganze Welt der Traurigkeit in einem einzigen Wort darzustellen. Die Gelassenheit einer großen Seele schwebt über dem Chaos der Leidenschaften.

Das *Spanische Liederbuch nach Heyse und Geibel* (1889–90) hatte bereits Schumann, Brahms, Cornelius und andere inspiriert. Aber keiner hatte versucht, ihm seinen rauen und sinnlichen Charakter zu verleihen. Müller zeigt, wie vor allem Schumann die Gedichte ihrer wahren Natur beraubte. Er verlieh ihnen nicht nur seinen eigenen Sentimentalismus, sondern er arrangierte auch die Gedichte mit dem ausgeprägtesten individuellen Charakter in aller Ruhe so, dass sie von vier Stimmen gesungen werden konnten, was sie ziemlich absurd macht; und was noch schlimmer war: Er veränderte die Worte und ihren Sinn, als sie ihm im Weg standen. Wolf hingegen vertiefte sich in diese melancholische und üppige Welt und ließ sich durch nichts davon abbringen; und daraus hat er, wie er selbst stolz sagte, einige Meisterwerke geschaffen. Die zehn religiösen Lieder, die am Anfang der Sammlung stehen, suggerieren die Wahnvorstellungen der Mystik und weinen blutige Tränen; Sie sind für das Ohr und den Geist gleichermaßen peinlich, denn sie sind der leidenschaftliche Ausdruck eines Glaubens, der sich selbst auf die Folterbank legt. Daneben findet man lächelnde Visionen der Heiligen Familie, die an Murillo erinnern. Die vierunddreißig Volkslieder sind brillant, unruhig, skurril und wunderbar abwechslungsreich in der Form. Jedes stellt ein anderes Thema dar, eine mit prägnanten Strichen gezeichnete Persönlichkeit, und die gesamte Sammlung sprüht vor Leben. Es wird gesagt, dass das *Spanische Liederbuch* für Wolfs Werk das ist, was *Tristan* für Wagners Werk ist.

Das *Italienische Liederbuch* (1890-96) ist ganz anders. Der Charakter der Lieder ist sehr zurückhaltend, und Wolfs Genie näherte sich hier einer klassischen Klarheit der Form. Er versuchte immer, seine musikalische Sprache zu vereinfachen, und sagte, wenn er mehr schreiben würde, wolle er, dass es Mozarts Werken ähnelt. Diese *Lieder* enthalten nichts, was für ihr Thema nicht absolut wesentlich ist; daher sind die Melodien sehr kurz und eher dramatisch als lyrisch. Wolf räumte ihnen einen wichtigen Platz in seinem Werk ein: „Ich betrachte sie", schrieb er an Kaufmann, „als die originellsten und vollkommensten meiner Kompositionen."

Die *Michelangelo-Gedichte* (1897) wurden durch den Ausbruch seiner Krankheit unterbrochen, und er hatte nur Zeit, vier zu schreiben, von denen er eines unterdrückte. Ihre Assoziationen sind erbärmlich, wenn man sich an die tragische Zeit erinnert, in der sie komponiert wurden; und durch eine Art prophetischen Instinkt strahlen sie Schwere des Geistes und traurigen Stolz aus. Die zweite Melodie ist vielleicht schöner als alles andere, was Wolf geschrieben hat; es ist wirklich sein Todeslied:

Alles endete, war entstehet.
Alles, alles klingelt vergehet. [190]

Und es ist ein toter Mann, der singt:

Menschen wir waren ja auch,
Froh und traurig, so wie Ihr.
Und nun sind wir leblos hier,
Sind nur Erde, wie Ihr sieht. [191]

In dem Moment, als er dieses Lied schrieb, war er selbst in der kurzen Erholungsphase seiner Krankheit fast ein toter Mann.

Sobald Wolf wirklich tot war, wurde sein Genie in ganz Deutschland anerkannt. Seine Leiden lösten eine fast übertriebene Reaktion zu seinen Gunsten aus. Überall wurden *Hugo-Wolf-Vereine* gegründet; und heute verfügen wir über Veröffentlichungen, Briefsammlungen, Souvenirs und Biografien in Hülle und Fülle. Es geht darum, wer am lautesten schreien kann, dass er das Genie des unglücklichen Künstlers immer verstanden hat, und sich in die größte Wut gegen seine Betrüger hineinsteigern kann. Wenig später werden überall Denkmäler und Statuen aus dem Boden schießen.

Ich bezweifle, dass Wolf mit seinem rauen, aufrichtigen Wesen viel Trost in dieser verspäteten Huldigung gefunden hätte, wenn er sie hätte voraussehen können. Er hätte seinen posthumen Bewunderern gesagt: „Ihr seid Heuchler. Ihr errichtet diese Statuen nicht für mich, sondern für euch selbst. Ihr könnt Reden halten, Komitees bilden und euch und anderen vormachen, ihr wäret meine Freunde. Wo wart ihr, als ich euch brauchte? Ihr habt mich sterben lassen. Spielt keine Komödie an meinem Grab. Schaut euch lieber um und seht, ob es nicht noch andere Wolfs gibt, die gegen eure Feindseligkeit oder Gleichgültigkeit ankämpfen. Ich für meinen Teil bin sicher in den Hafen gekommen."

DON LORENZO PEROSI

Der Winter, der das italienische Denken in seiner kalten Umklammerung hielt, ist vorbei, und große Bäume, die zu schlafen schienen, bringen neues Leben in die Sonne. Gestern war es die Poesie, die erwachte, und heute ist es die Musik – die süße Musik Italiens, ruhig in ihrer Leidenschaft und Traurigkeit und kunstlos in ihrem Wissen. Erleben wir wirklich die Rückkehr des Frühlings? Ist es das Eintreffen einer großen Flut von Melodien, die die Düsternis und Zweifel unseres heutigen Lebens wegspülen wird? Als ich die Oratorien dieses jungen Priesters aus Piemont las, glaubte ich, in der Ferne das Lied der Kinder des alten Griechenlands zu hören: „Die Schwalbe ist gekommen, ist gekommen und bringt die fröhlichen Jahreszeiten und glücklichen Jahre."

„Ἔαρ ἤ δη" Ich begrüße das Kommen von Don Lorenzo Perosi mit großer Hoffnung.

Der Abbé Perosi, der Präzentor der Markuskapelle in Venedig und Leiter der Sixtinischen Kapelle, ist 26 Jahre alt. [192] Er ist kleinwüchsig und sieht jugendlich aus, sein Kopf ist für seinen Körper etwas zu groß, seine offenen und regelmäßigen Gesichtszüge werden von intelligenten schwarzen Augen erhellt; seine einzige Besonderheit ist eine vorspringende Unterlippe. Er ist einfältig und bescheiden und strahlt eine freundliche Wärme der Zuneigung aus. Wenn er das Orchester dirigiert, erinnern seine markante Silhouette, seine langsamen und ungeschickten Gesten in ausdrucksstarken Passagen und seine naiven, leidenschaftlichen Bewegungen in dramatischen Momenten an einen von Fra Angelicos Mönchen.

Seit achtzehn Monaten arbeitet Don Perosi an einem Zyklus von zwölf Oratorien, die das Leben Christi beschreiben. In dieser kurzen Zeit hat er vier Werke fertiggestellt: *Die Passion* , *die Verklärung* , *die Auferstehung des Lazarus* und *die Auferstehung Christi* . Jetzt arbeitet er am fünften – *der Geburt Christi* .

Allein diese Kompositionen stellen ihn in die Spitzengruppe der zeitgenössischen Musiker. Sie sind voller Fehler; Aber ihre Qualitäten sind so selten, und seine Seele strahlt so klar durch sie hindurch, und eine so feine Aufrichtigkeit atmet in ihnen, dass ich nicht den Mut habe, über ihre Schwächen nachzudenken. Deshalb begnüge ich mich damit, nebenbei zu bemerken, dass die Orchestrierung unzureichend und umständlich ist und dass der junge Musiker sich bemühen sollte, sie voller und feiner zu gestalten; und obwohl er große Leichtigkeit beim Komponieren zeigt, ist er oft zu ungestüm und sollte dieser Tendenz widerstehen; und dass es schließlich manchmal Spuren von schlechtem Geschmack in der Musik und in Reminiszenzen an die Klassiker gibt – alles Sünden der Jugend, die das Alter sicherlich heilen wird.

Jedes der Oratorien ist eigentlich eine beschreibende Masse, die von Anfang bis Ende einen dominierenden Gedanken verfolgt. Don Perosi sagte mir: „Der Fehler der heutigen Künstler besteht darin, dass sie sich zu sehr auf Einzelheiten konzentrieren und das Ganze vernachlässigen. Sie beginnen mit dem Schnitzen von Ornamenten und vergessen, dass das Wichtigste die Einheit ihres Werkes, sein Plan und seine allgemeine Gliederung ist. Die Gliederung muss vor allem schön sein.“

In seiner eigenen musikalischen Architektur findet man gut ausgeprägte Melodien, zahlreiche Rezitative, gregorianische oder palästinensische Chöre, Choräle mit Entwicklungen und Variationen im alten Stil sowie dazwischen liegende Symphonien von einiger Bedeutung.

Dem ganzen Werk soll ein großes, sehr sorgfältig ausgearbeitetes Präludium vorangehen, auf das Don Perosi besonderen Wert legt. Er wünscht, sagt er, sein Gebäude solle eine schöne, kunstvoll geschnitzte Tür nach dem Vorbild der Künstler der Renaissance und Gotik haben. Und so beabsichtigt er, das Präludium zu komponieren, nachdem der Rest des Oratoriums beendet ist, wenn er in ungestörter Ruhe darüber nachdenken kann. Er möchte darin eine moralische Atmosphäre konzentrieren, die wahre Essenz der Seele und Leidenschaften seines geistlichen Dramas. Er vertraute mir auch an, dass ihm von allem, was er bisher komponiert hat, nichts besser gefällt als die Einleitungen zu *Die Verklärung* und *Die Auferstehung Christi* .

Die dramatische Tendenz dieser Oratorien ist sehr ausgeprägt, und hauptsächlich aus diesem Grund haben sie Italien erobert. Trotz einiger Passagen, die ein wenig in die Richtung Oper oder sogar Melodram abdriften, zeigt die Musik eine große Gefühlstiefe. Besonders die Figuren der Frauen sind mit Zartheit gezeichnet, und im zweiten Teil von *Lazarus* erinnert Marias Arie „Herr, wärst du hier gewesen, mein Bruder wäre nicht gestorben“ in ihrer herzzerreißenden Traurigkeit ein wenig an Glucks *Orfeo* . Und im selben Oratorium, als Jesus den Befehl gibt, den Stein vom Grab zu heben, ist Marthas Rede „Domine, jam foetet“ sehr ausdrucksstark für ihre Traurigkeit, Angst und Scham und ihr menschliches Entsetzen. Ich möchte noch eine Passage zitieren, die bewegendste von allen, sie findet sich in Der *Auferstehung Christi* , als Maria Magdalena neben dem Grab Christi steht; Hier, in ihrer Rede mit den Engeln, in ihrer rührenden Klage und in den Worten des Evangelisten: „Und als sie das gesagt hatte, wandte sie sich um und sah Jesus dastehen, wusste aber nicht, dass es Jesus war“, hören wir eine Melodie voller Zärtlichkeit und meinen, die leuchtenden Augen Christi zu sehen, die auf Maria ruhen, noch bevor diese ihn erkannt hat.

Es ist jedoch nicht Perosis dramatisches Genie, das mich an seinem Werk beeindruckt; es ist vielmehr seine besondere, unbeschreibliche Trauer, seine Gabe reiner Poesie und der Reichtum seiner fließenden Melodie. Wie tief das religiöse Gefühl in der Musik auch sein mag, die Musik selbst ist oft noch stärker und bricht in das Drama ein, damit es sich frei ausdrücken kann. Nehmen wir zum Beispiel die schöne symphonische Passage, die auf die Ankunft von Jesus und seinen Freunden im Haus von Martha und Maria nach dem Tod ihres Bruders folgt (S. 12 *ff.* von *Lazarus*). Es ist wahr, dass das Orchester Bedauern und Seufzer ausdrückt, die Exzesse der Trauer vermischt mit Worten des Trostes und des Glaubens, in einer Art schmachtendem Trauermarsch, der feminin und christlich geprägt ist. Dies ist laut dem Komponisten ein Bild, das er von den Personen im Drama gemalt hat, bevor er sie sprechen lässt. Aber trotz allem ist das Ergebnis eine Flut reiner Musik, und seine Seele singt ihr eigenes Lied der Freude und Traurigkeit. Manchmal erinnert sein Geist in seinem naiven und zarten Charme an den von Mozart; aber seine musikalischen Visionen werden immer von einer religiösen Kraft wie der von Bach beherrscht und geleitet. Sogar die Teile, in denen das dramatische Gefühl am stärksten ist, sind eigentlich kleine Symphonien, wie die Musik, die das Wunder in *der Verklärung* und die Krankheit des Lazarus beschreibt. In letzterer wird großes Leid ausgedrückt; tatsächlich hätte selbst Bach die Traurigkeit nicht weiter treiben können, und die gleiche Gelassenheit des Geistes durchdringt auch seine Verzweiflung.

Aber welche Freude herrscht, wenn diese Taten des Glaubens vollbracht wurden – wenn Jesus den Besessenen geheilt hat oder wenn Lazarus seine Augen für das Licht geöffnet hat. Das Herz der Menge überströmt vielleicht eine eher kindische Danksagung; und zunächst kam es mir so vor, als sei es auf banale Weise ausgedrückt. Aber drückte sich nicht die Freude aller großen Künstler so aus? – die Freude Beethovens, Mozarts und Bachs, die, nachdem sie ihre Sorgen beiseite geworfen hatten, sich wie die übrigen Menschen zu amüsieren wussten. Und der einfache Satz am Anfang nimmt bald größere Ausmaße an, die Harmonien gewinnen an Fülle, eine glühende Begeisterung erfüllt die Musik und ein Choral verschmilzt mit den Tänzen in triumphierender Majestät.

Alle diese Werke strahlen eine glückliche Leichtigkeit des Ausdrucks aus. *Die Passion* wurde im September 1897 fertiggestellt, *Die Verklärung* im Februar 1898. *Lazarus* im Juni 1898 und *Die Auferstehung Christi* im November 1898. Ein solches Schaffensvolumen führt uns zurück in die Zeit der Musiker des 18. Jahrhunderts.

Aber das ist nicht die einzige Ähnlichkeit zwischen dem jungen Musiker und seinen Vorgängern. Viel von ihrer Seele ist in seine übergegangen. Sein Stil besteht aus allen Stilen und reicht vom gregorianischen Gesang bis zu den modernsten Modulationen. Alle verfügbaren Materialien werden in diesem Werk verwendet. Das ist ein italienisches Merkmal. Gabriel d'Annunzio warf die Renaissance, die italienischen Maler, Musik, die Schriftsteller des Nordens, Tolstoi, Dostojewski, Maeterlinck und unsere französischen Schriftsteller in seinen Schmelztiegel und schöpfte daraus seine wunderbaren Gedichte. So verbindet Don Perosi in seinen Kompositionen den gregorianischen Gesang mit dem Musikstil der Kontrapunktisten des 15. und 16. Jahrhunderts, Palestrina, Roland, Gabrieli, Carissimi, Schütz, Bach, Händel, Gounod, Wagner – ich wollte César Franck sagen, aber Don Perosi sagte mir, dass er diesen Komponisten kaum kenne, obwohl sein Stil eine gewisse Ähnlichkeit mit dem von Franck aufweist.

Für Don Perosi existiert keine Zeit. Als er höflich französische Musiker loben wollte, wählte er als erstes – als wäre es der eines Zeitgenossen – den Namen Josquin und dann den Roland de Lassus, der ihm als so großer und tiefgründiger Musiker erscheint, dass er ihn am meisten bewundert. Und Don Perosis stilistische Universalität ist ein Charakterzug, der sowohl katholisch als auch italienisch ist. Er drückt seine Meinung zu diesem Thema ganz klar aus. „Große Künstler früher", sagt er, „waren eklektischer als wir und weniger durch ihre Nationalität gefesselt. Josquins Schule hat ganz Europa bevölkert. Roland hat in Flandern, in Italien und in Deutschland gelebt. Bei ihnen drückte derselbe Stil überall denselben Gedanken aus. Wir müssen es ihnen gleichtun. Wir müssen versuchen, eine universelle Kunst zu schaffen, in der die Ressourcen aller Länder und aller Zeiten vermischt sind."

Tatsächlich glaube ich nicht, dass das ganz richtig ist. Ich bezweifle eher, dass Josquin und Roland überhaupt vielseitig waren; denn sie kombinierten nicht wirklich die Stile verschiedener Länder, sondern drängten anderen Ländern den Stil auf, den die französisch-flämische Schule gerade geschaffen hatte, einen Stil, den sie selbst täglich bereicherten. Aber Don Perosis Idee verdient unsere Anerkennung, und man muss sein Bemühen loben, einen universellen Stil zu schaffen. Für die Musik wäre es gut, wenn der so verstandene Eklektizismus etwas von dem Gleichgewicht wiederherstellen könnte, das seit Wagners Tod verloren gegangen ist; Es wäre ein Segen für den menschlichen Geist, der dann in der Einheit der Kunst ein mächtiges Mittel zur Verwirklichung der Einheit des Geistes finden könnte. Unser Ziel sollte es sein, die Rassenunterschiede in der Kunst auszulöschen, damit sie zu einer gemeinsamen Sprache aller Völker wird, in der die gegensätzlichsten Ideen versöhnt werden können. Wir sollten alle gemeinsam am Aufbau der Kathedrale der europäischen Kunst arbeiten. Und der Platz des Direktors der Sixtinischen Kapelle unter den ersten Erbauern ist ganz klar.

Don Perosi setzte sich ans Klavier und spielte mir das *Te Deum* der *Geburt Christi* vor, das er am Tag zuvor geschrieben hatte. Er spielte sehr sanft, mit jugendlicher Fröhlichkeit und sang die Chorpartien mit leiser Stimme. Hin und wieder schaute er mich an, nicht um Lob zu loben, sondern um zu sehen, ob wir die gleichen Gedanken teilten. Er sah mir mit seinen ruhigen Augen gut ins Gesicht, wandte sich dann wieder seiner Partitur zu und sah mich dann wieder an. Und ich spürte eine wohlige Ruhe, die von ihm und seiner Musik ausstrahlte, von ihrer fröhlichen Harmonie und der vollen und rhythmischen Gelassenheit ihres Geistes. Und wie angenehm war es nach den Stürmen und Erschütterungen der Kunst in diesen späteren Tagen. Können wir uns nicht von diesem romantischen Leiden in der Musik losreißen, das mit Beethoven begonnen hat? Nach einem Jahrhundert voller Schlachten, Revolutionen und politischer und sozialer Auseinandersetzungen, deren Schmerz sich in der Kunst widergespiegelt hat, lasst uns beginnen, eine neue Kunststadt aufzubauen, in der sich Menschen in brüderlicher Liebe für dasselbe Ideal versammeln können. So utopisch diese Hoffnung jetzt auch klingen mag, betrachten wir sie als Symptom neuer Denkrichtungen und hoffen wir, dass Don Perosi einer von denen sein wird, die den göttlichen Frieden in die Musik bringen, den Frieden, nach dem sich Beethoven sehnte Verzweiflung am Ende seiner *Missa Solemnis*, diese Freude, von der er sang, die er aber nie kannte.

FRANZÖSISCHE UND DEUTSCHE MUSIK

Im Mai 1905 fand in Straßburg das erste Musikfest Elsass-Lothringens statt. Es war ein wichtiges künstlerisches Ereignis und bedeutete die Zusammenführung zweier Zivilisationen, die auf dem Boden des Elsass seit Jahrhunderten uneins waren und mehr auf Streit als auf gegenseitiges Verständnis bedacht waren.

Das offizielle Programm der *Fêtes Musicales* betonte die versöhnliche Absicht ihrer Organisatoren, und ich zitiere diese Worte aus dem von Dr. Max Bendiner aus Straßburg erstellten Programmbuch:

"Die Musik kann die höchste aller Missionen erfüllen: Sie kann ein Bindeglied zwischen Nationen, Rassen und Staaten sein, die einander in vielerlei Hinsicht fremd sind; sie kann das Uneinige vereinen und dem Feindlichen Frieden bringen... Kein Land ist für ihre freundliche Hilfe geeigneter als Elsaß-Lothringen, dieser alte Treffpunkt der Völker, wo seit jeher Nord und Süd ihre materiellen und geistigen Reichtümer ausgetauscht haben; und kein Ort ist bereit, sie willkommen zu heißen, als Straßburg, eine alte, von den Römern erbaute Stadt, die bis heute ein Zentrum des geistigen Lebens geblieben ist. Alle großen geistigen Strömungen haben ihre Spuren bei den Menschen in Elsaß-Lothringen hinterlassen; und so ist es ihnen bestimmt, die Rolle des Vermittlers zwischen verschiedenen Zeiten und verschiedenen Völkern zu spielen; und der Osten und der Westen, die Vergangenheit und die Gegenwart treffen sich hier und reichen sich die Hände. Bei solchen Festen wie diesem geht es nicht darum, ästhetische Siege zu erringen; es geht darum, alles Große und Edle und Ewige in der Kunst verschiedener Zeiten und verschiedener Nationen zusammenzubringen."

Es war ein großartiger Ehrgeiz, das Elsass – das ewige Schlachtfeld – als Austragungsort dieser europäischen olympischen Spiele zu wählen. Doch trotz aller guten Absichten endete dieses Völkertreffen in einem Kampf auf musikalischem Boden zwischen zwei Zivilisationen und zwei Künsten – der französischen und der deutschen Kunst. Denn diese beiden Künste repräsentieren heute alles, was in der europäischen Musik wirklich lebendig ist.

Solche Turniere sind sehr aufregend und können allen Kämpfern von großem Nutzen sein. Aber leider war Frankreich in dieser Angelegenheit sehr gleichgültig. Es war die Pflicht unserer Musiker und Kritiker, einem internationalen Treffen wie diesem beizuwohnen und dafür zu sorgen, dass die Bedingungen des Kampfes fair waren. Damit meine ich, dass unsere Kunst so dargestellt werden sollte, wie sie sein sollte, damit wir aus dem Ergebnis etwas lernen können. Aber das französische Publikum tut in solchen Zeiten nichts; es bleibt in seinen Konzerten in Paris vertieft, wo jeder jeden so gut kennt, dass sie nicht in der Lage sind und es nicht wagen, frei Kritik zu üben. Und so verkümmert unsere Kunst in einer Atmosphäre von Zirkeln, anstatt an die frische Luft zu gehen und einen energischen Kampf mit ausländischer Kunst zu genießen. Denn die Mehrheit unserer Kritiker leugnet lieber die Existenz ausländischer Kunst, als zu versuchen, sie zu verstehen. Nie habe ich ihre Gleichgültigkeit mehr bedauert als beim Straßburger Festival. Dort wurde mir trotz der durch unsere eigene Nachlässigkeit bedingten ungünstigen Bedingungen, unter denen die französische Kunst präsentiert wurde, bewusst, welche Kraft sie hätte entfalten können, wenn wir interessierte Zuschauer des Kampfes gewesen wären.

Bei der Zusammenstellung des Programms wurde perfekter Eklektizismus walten gelassen. Man fand die Namen von Mozart, Wagner und Brahms, César Franck und Gustave Charpentier, Richard Strauss und Mahler vermischt. Es gab französische Sänger wie Cazeneuve und Daraux und französische und italienische Virtuosen wie Henri Marteau und Ferruccio Busoni, zusammen mit deutschen, österreichischen und skandinavischen Künstlern. Das Orchester (das *Straßburger Städtische Orchester) und der Chor, der aus verschiedenen Straßburger Chorvereinen* bestand , wurden von Richard Strauss, Gustav Mahler und Camille Chevillard dirigiert. Doch die Namen dieser berühmten *Kapellmeister* dürfen uns nicht den Mann vergessen lassen, der wirklich die Seele der Konzerte war – Professor Ernst Münch aus Straßburg, ein Elsässer, der alle Proben leitete und sich im letzten Moment zurückzog und alle Ehre den Dirigenten ausländischer Orchester überließ. Professor Münch, der auch Organist in Saint-Guillaume ist, hat mehr als jeder andere für die Musik in Straßburg getan. Er hat dort ausgezeichnete Chöre ausgebildet (die „ *Choeurs de Saint-Guillaume* ") und großartige Konzerte mit Bachs Musik organisiert, und zwar mit Hilfe eines anderen Elsässers, Albert Schweitzer, dessen Name Musikhistorikern wohlbekannt ist. Letzterer ist Direktor des Thomasstifts , Pfarrer, Organist, Professor an der Universität Straßburg und Autor interessanter Werke über Theologie und Philosophie. Außerdem hat er ein inzwischen berühmtes Buch geschrieben, *Jean-Sebastien Bach* , das in doppelter Hinsicht bemerkenswert ist: erstens, weil es auf Französisch geschrieben ist (obwohl es in Leipzig von einem Professor der Universität Straßburg veröffentlicht wurde), und zweitens, weil es eine harmonische Mischung aus französischem und deutschem Geist zeigt und dem Studium Bachs und der alten klassischen Kunst neues Leben einhaucht. Für mich war es sehr interessant, diese Menschen kennenzulernen, die auf elsässischem Boden geboren wurden und die beste elsässische Kultur und alles Erhabene beider Zivilisationen repräsentieren.

Das Programm des dreitägigen Festivals war wie folgt:

Samstag, 20. Mai.

Oberon-Ouvertüre : Weber (unter der Leitung von Richard Strauss).

Die Seligpreisungen : César Franck (unter der Leitung von Camille Chevillard).

Italienische Eindrücke : Gustav Charpentier (unter der Leitung von Camille Chevillard).

Drei Lieder von Jean Sibelius, Hugo Wolf, Armas Järnefelt (gesungen von Mme. Järnefelt).

Die letzte Szene aus *Die Meistersinger* : Wagner (Dirigent Richard Strauss).

Sonntag, 21. Mai.

Fünf Symphonien : Gustav Mahler (unter der Leitung von Gustav Mahler).

Rhapsodie für Alt, Chor und Orchester: Johannes Brahms (Dirigent Ernst Münch).

Straßburger Konzert in G-Dur für Violine (gespielt von Henri Marteau; dirigiert von Richard Strauss).

Sinfonia Domestica : Richard Strauss (unter der Leitung von Richard Strauss).

Montag, 22. Mai.

Coriolan-Ouvertüre : Beethoven (dirigiert von Gustav Mahler).

Konzert in G-Dur für Klavier: Beethoven (gespielt von Ferruccio Busoni).

Lieder: An die enfernie Geliebte : Beethoven (gesungen von Ludwig Hess).

Chorsinfonie : Beethoven (unter der Leitung von Gustav Mahler).

Nur M. Chevillard vertrat unsere französischen Musiker auf dem Festival. Und sie hätten keinen besseren Dirigenten wählen können. Aber Deutschland hatte seine beiden größten Komponisten, Strauss und Mahler, abgesandt, um ihre neuesten Kompositionen zu dirigieren. Und ich denke, es wäre nicht zu viel gewesen, einen unserer größten Komponisten dem Ruhm entgegenzustellen, den diese beiden in ihrem eigenen Land genießen.

M. Chevillard wurde gebeten, nicht eines der Werke unserer jüngsten Meister wie Debussy oder Dukas zu dirigieren, deren Stil er perfekt wiedergibt, sondern Francks *Les Béatitudes* , ein Werk, dessen Geist er meines Erachtens nicht ganz versteht. Die mystische Zärtlichkeit von Franck entgeht ihm, und er bringt nur das Dramatische zum Ausdruck. Und so hinterließ diese Aufführung von *Les Béatitudes* , obwohl in vielerlei Hinsicht gut, eine unvollkommene Vorstellung von Francks Genie.

Was jedoch unfassbar schien und Herrn Chevillard zu Recht ärgerte, war, dass nicht die gesamten *Béatitudes* aufgeführt wurden, sondern nur ein Teil davon. Und zu diesem Thema werde ich mir die Freiheit nehmen, französischen Künstlern, die bei ähnlichen Festivals zu Gast sind, zu empfehlen, in Zukunft nicht blind einem Programm zuzustimmen, sondern ihre eigenen Wünsche zu berücksichtigen oder ihre Hilfe abzulehnen. Wenn französischen Musikern ein Platz bei deutschen *Musikfesten eingeräumt werden soll*, muss den Franzosen erlaubt werden, die Werke auszuwählen, die sie repräsentieren sollen. Und vor allem darf ein französischer Dirigent nicht aus Paris geholt werden und bei seiner Ankunft eine verstümmelte Partitur und eine willkürliche Auswahl einiger Fragmente vorfinden, die nicht einmal in sich vollständig sind. Denn sie spielten fünf der acht *Béatitudes*, *und bei der dritten und achten Béatitude* waren Kürzungen vorgenommen worden. Das zeigte einen Mangel an Respekt vor der Kunst, denn Werke sollten so aufgeführt werden, wie sie sind, oder überhaupt nicht.

Und es wäre schöner gewesen, wenn die Organisatoren dieses dreitägigen Festivals die Höflichkeit gehabt hätten, den ersten Tag der französischen Musik zu widmen und dafür ein ganzes Konzert vorgesehen zu haben. Aber ohne Zweifel hatten sie die französischen Werke sorgfältig zwischen deutschen Werken eingeklemmt, um ihre Wirkung abzuschwächen und die wahrscheinliche (und tatsächliche) Begeisterung zu schwächen, mit der französische Musik in Anwesenheit des Statthalters von Elsass-Lothringen von einem Teil aufgenommen werden würde der elsässischen Öffentlichkeit. Darüber hinaus und aufgrund einer Entscheidung, von der weder ich noch irgendjemand sonst in Straßburg glauben konnte, dass sie musikalischen Gründen geschuldet war, wurde für den Abschluss des Abends die Schlussszene aus „*Die Meistersinger*" mit dem klingenden Couplet von Hans Sachs als deutsches Werk ausgewählt womit er fremde Unaufrichtigkeit und fremde Frivolität anprangert (*Wälschen Dunst mit wälschen Tand*). Dieser Mangel an Höflichkeit – obwohl die Worte wirklich Unsinn waren, als dieses Konzert gegeben wurde, um zu zeigen, dass ausländische Kunst nicht ignoriert werden darf – würde sich nicht lohnen, wenn er nicht noch mehr dazu dienen würde, zu zeigen, wie bedauerlich die Gleichgültigkeit französischer Künstler ist die an diesen Festen teilnehmen. Und dieser Fehler wäre nie passiert, wenn sie sich zuvor mit dem Programm vertraut gemacht und ihr Veto dagegen eingelegt hätten.

Ich habe diesen kleinen Vorfall teilweise deshalb erwähnt, weil viele Elsässer im Publikum meine Ansichten teilten und mir später ihren Unmut kundtaten. Aber abgesehen davon hätten unsere französischen Künstler nicht zustimmen sollen, dass unsere Musik durch eine verstümmelte Partitur der Seligpreisungen *und* durch Charpentiers *Impressions d'Italie repräsentiert wird*, denn letzteres ist zwar ein brillantes, kluges Werk, aber nicht von höchster

Qualität und wurde zu leicht von einer von Wagners gewaltigsten Kompositionen übertönt. Wenn man ein Turnier zwischen französischer und deutscher Kunst veranstalten will, dann soll es, ich wiederhole, ein faires sein; Wagner soll mit Berlioz verglichen werden, Strauss mit Debussy und Mahler mit Dukas oder Magnard.

Dies waren die Bedingungen des Kampfes; und sie waren, ob absichtlich oder nicht, für Frankreich ungünstig. Und doch war das Ergebnis für uns als unvoreingenommener Beobachter voller Hoffnung und Ermutigung.

Ich habe mich in der Kunst nie mit Fragen der Nationalität beschäftigt. Ich habe meine Vorliebe für deutsche Musik nicht einmal verheimlicht; und ich halte Richard Strauss auch heute noch für den bedeutendsten Musikkomponisten Europas. Nachdem ich dies gesagt habe, bin ich freier, über den seltsamen Eindruck zu sprechen, den ich beim Straßburger Festival hatte – einen Eindruck von dem Wandel, der in der Musik stattfindet, und von der Art und Weise, wie die französische Kunst stillschweigend an die Stelle der deutschen Kunst tritt.

„ *Wälschen Dunst und wälschen Tand ...*“ Wie diese vorwurfsvolle Rede fehl am Platz zu sein scheint, wenn man dem ehrlichen Gedanken zuhört, der in der Musik von César Franck zum Ausdruck kommt. In *Les Béatitudes* wurde nichts oder so gut wie nichts um der Kunst willen getan. Es ist die Seele, die zur Seele spricht. Wie Beethoven am Ende seiner Messe in D schrieb: „ *Vom Herzen ... zu Herzen* !“ („Es kommt von Herzen, um zum Herzen zu gehen“). Ich kenne niemanden außer Franck im letzten Jahrhundert, es sei denn, es war Beethoven, der in so hohem Maße die Tugend besaß, er selbst zu sein und nur die Wahrheit zu sagen, ohne an sein Publikum zu denken. Nie zuvor wurde der religiöse Glaube so aufrichtig zum Ausdruck gebracht. Franck ist neben Bach der einzige Musiker, der Christus wirklich *gesehen hat und der auch andere Menschen dazu bringen kann, ihn zu sehen.* Ich wage sogar zu behaupten, dass sein Christus einfacher ist als der von Bach; denn Bachs Gedanken werden oft durch das Interesse an der Weiterentwicklung seines Themas, durch bestimmte Kompositionsgewohnheiten und durch Wiederholungen und raffinierte Tricks, die seine Kraft schwächen, abgelenkt. In Francks Musik erleben wir die Rede Christi selbst, ungeschönt und in ihrer ganzen lebendigen Kraft. Und in der wunderbaren Harmonie zwischen der Musik und den heiligen Worten hören wir die Stimme des Gewissens der Welt. Ich hörte einmal jemanden zu Frau sagen: Cosima Wagner stellte fest, dass bestimmte Passagen im *Parsifal* , insbesondere der Refrain „ *Durch Mitleid wissend* “, eine wahrhaft religiöse Qualität und die Kraft einer Offenbarung hatten. Aber ich finde in *Les Béatitudes* eine größere Kraft und einen wahrhaft christlichen Geist .

Und hier ist etwas Erstaunliches. Bei diesem deutschen Musikfestival war es ein Franzose, der nicht nur ernsthafte Musik in klassischer Form vertrat, sondern auch einen religiösen Geist und den Geist des Evangeliums. Die Charaktere zweier Nationen wurden vertauscht. Die Deutschen haben sich so verändert, dass sie diesen Ernst und religiösen Glauben nur noch schwer zu schätzen wissen. Bei dieser Gelegenheit habe ich das Publikum beobachtet; Sie hörten höflich zu, ein wenig erstaunt und gelangweilt, als wollten sie sagen: „Was hat dieser Franzose mit seiner tiefen und frommen Seele zu suchen?"

„Es besteht kein Zweifel", sagte Henri Lichtenberger, der beim Konzert neben mir saß, „unsere Musik fängt an, die Deutschen zu langweilen."

Erst neulich hatte die deutsche Musik das Privileg, uns in Frankreich zu langweilen.

Les Béatitudes auszugleichen, unmittelbar darauf Gustave Charpentiers *Impressions d'Italie* spielen. Sie hätten die Erleichterung des Publikums sehen sollen. Endlich gab es französische Musik – so wie die Deutschen sie verstehen. Charpentier ist von allen lebenden französischen Musikern der beliebteste in Deutschland; er ist tatsächlich der einzige, der bei Künstlern und beim Publikum gleichermaßen beliebt ist. Soll ich sagen, dass die aufrichtige Freude, die sie an seiner Orchestrierung und dem heiteren Leben seiner Themen haben, durch eine leichte Verachtung für französische Frivolität – *wälschen Tand – noch ein wenig verstärkt wird*?

Impressions d'Italie zu mir , „das ist die wahre Musik von Montmartre, der Ausdruck schöner Worte ... Freiheit! ... Liebe! ... die niemand glaubt."

Und im Großen und Ganzen fand er die Musik ganz reizvoll und billigte diesen Franzosen ohne Zweifel im tiefsten Innern nach den herkömmlichen Vorstellungen, die nur in Deutschland geläufig sind. Strauss ist wirklich ein großer Anhänger Charpentiers und war sein Förderer in Berlin; und ich erinnere mich, wie er bei der Uraufführung von *Louise in Paris kindliche Freude zeigte.*

Aber Strauss und die meisten anderen Deutschen sind völlig auf dem falschen Weg, wenn sie sich einzureden versuchen, dass diese amüsante französische Frivolität immer noch das ausschließliche Eigentum Frankreichs sei. Sie lieben es wirklich, weil es deutsch geworden ist; und sie sind sich dieser Tatsache überhaupt nicht bewusst. Die deutschen Künstler anderer Zeiten hatten keine große Freude an der Frivolität; aber ich hätte Strauss seine Vorliebe dafür leicht zeigen können, indem ich Beispiele aus seinen eigenen Werken herangezogen hätte. Die Deutschen von heute haben mit den Deutschen von gestern nur noch wenig gemeinsam.

Ich spreche nicht nur vom breiten Publikum. Das heutige deutsche Publikum ist ein Verehrer von Brahms und Wagner, und alles, was sie tun, gefällt ihnen; sie haben kein Urteilsvermögen, und obwohl sie Wagner applaudieren und Brahms als Zugabe geben, sind sie in ihrem Herzen nicht nur frivol, sondern auch sentimental und plump. Das Auffälligste an diesem Publikum ist ihr Machtkult seit Wagners Tod. Als ich das Ende der *Meistersinger hörte* , spürte ich, wie die hochmütige Musik des großen Marsches den Geist dieser militärischen Nation von Ladenbesitzern widerspiegelte, die vor roher Gesundheit und selbstgefälligem Stolz strotzte.

Das Bemerkenswerteste von allem ist, dass deutsche Künstler allmählich die Fähigkeit verlieren, ihre eigenen großartigen Klassiker und insbesondere Beethoven zu verstehen. Strauss, der sehr klug ist und seine eigenen Grenzen genau kennt, begibt sich nicht freiwillig in die Domäne Beethovens, obwohl er seinen Geist viel lebendiger spürt als jeder andere deutsche *Kapellmeister* . Bei den Straßburger Festspielen begnügte er sich damit, neben seiner eigenen Symphonie auch die *Oberon-Ouvertüre* und ein Mozart-Konzert zu dirigieren. Diese Aufführungen waren interessant; Eine Persönlichkeit wie er ist so neugierig, dass es ziemlich amüsant ist, dies in den von ihm dirigierten Werken zum Ausdruck zu bringen. Aber wie Mozarts Gesichtszüge eine beiläufige und ungeduldige Ausstrahlung annahmen; und wie die Rhythmen auf Kosten der melodischen Anmut betont wurden. Allerdings hatte es Strauss in diesem Fall mit einem Konzert zu tun, bei dem eine gewisse Interpretationsfreiheit erlaubt ist. Aber Mahler, der weniger diskret war, wagte es, das gesamte Beethoven-Konzert zu dirigieren. Und was lässt sich über diesen Abend sagen? Ich werde nicht über das *Konzert für Klavier in G-Dur sprechen* , das Busoni mit einer brillanten und oberflächlichen Ausführung spielte, die dem Werk jegliche Breite nahm; Es genügt festzustellen, dass seine Interpretation vom Publikum begeistert aufgenommen wurde. Deutsche Künstler waren für diese Aufführung nicht verantwortlich; aber sie waren verantwortlich für den schönen Liederzyklus „ *An die entfernte Geliebte"* , den ein Berliner Tenor mit voller Stimme brüllte, und für die *Chorsymphonie* , die für mich eine unbeschreibliche Leistung war. Ich hätte nie geglaubt, dass ein deutsches Orchester unter der Leitung des österreichischen *Oberkapellmeisters solche Untaten begangen haben könnte.* Die Zeit war unglaublich: Das Scherzo hatte kein Leben; das Adagio wurde in großer Eile aufgenommen, ohne einen Moment zum Träumen zu lassen; und es gab Pausen im Finale, die die Entwicklung des Themas zerstörten und den Gedankenfaden abrissen. Die verschiedenen Teile des Orchesters fielen übereinander, und das Ganze war unsicher und unausgeglichen. Ich habe die neoklassische Steifheit Weingartners einmal heftig kritisiert; Aber ich hätte seine gesunde Ausgeglichenheit und sein Bemühen, genau zu sein, zu schätzen wissen, nachdem ich diese neurasthenische Wiedergabe von Beethoven gehört hatte. NEIN; Beethoven und Mozart können wir heute in

Deutschland nicht mehr hören, sondern nur noch Mahler und Strauss. Nun, lass es so sein. Wir werden resignieren. Die Vergangenheit ist Vergangenheit. Verlassen wir Beethoven und Mozart und sprechen wir von Mahler und Strauss.

Gustav Mahler ist 46 Jahre alt. [193] Er ist eine Art legendärer Typ deutscher Musiker, ähnlich wie Schubert, und auf halbem Weg zwischen einem Schulmeister und einem Geistlichen. Er hat ein langes, glattrasiertes Gesicht, einen spitzen Schädel, der mit unordentlichen Haaren bedeckt ist, eine kahle Stirn, eine hervorstehende Nase, Augen, die hinter seiner Brille blinzeln, einen großen Mund und dünne Lippen, hohle Wangen, einen eher müden und sarkastischen Gesichtsausdruck. und ein allgemeiner Hauch von Askese. Er ist übermäßig nervös, und Silhouettenkarikaturen von ihm, die ihn als zuckende Katze am Dirigentenpult darstellen, erfreuen sich in Deutschland großer Beliebtheit.

Er wurde in Kalischt in Böhmen geboren und wurde in Wien Schüler von Anton Bruckner und später dort *Hofoperndirektor*. Ich hoffe, eines Tages das Werk dieses Künstlers genauer studieren zu können, denn er ist nach Strauss der zweitgrößte Komponist in Deutschland und der bedeutendste Musiker Süddeutschlands.

Sein wichtigstes Werk ist eine Suite von Sinfonien; und es war die fünfte Symphonie dieser Suite, die er bei den Straßburger Festspielen dirigierte. Die erste Symphonie mit dem Titel „ *Titan* "wurde 1894 komponiert. Der Aufbau des Ganzen ist gewaltig und gigantisch; und die Melodien, auf denen diese Werke aufbauen, sind wie grob behauene Blöcke von nicht sehr guter Qualität, aber beeindruckend aufgrund ihrer Größe und der hartnäckigen Wiederholung ihrer rhythmischen Gestaltung, die wie eine Obsession aufrechterhalten wird. Diese Anhäufung von Musik, die sowohl grob als auch stilistisch gelehrt ist, mit teils unbeholfenen, teils zarten Harmonien, ist aufgrund ihrer Größe eine Überlegung wert. Die Orchestrierung ist schwer und laut; und das Messing dominiert und vergoldet grob die eher düstere Farbe des großen Gebäudes. Die Grundidee der Komposition ist neoklassizistisch und eher schwammig und diffus. Seine harmonische Struktur ist zusammengesetzt: Wir sehen den Stil von Bach, Schubert und Mendelssohn, der mit dem von Wagner und Bruckner kämpft; und aufgrund einer ausgeprägten Vorliebe für die kanonische Form erinnert es sogar an einige Werke von Franck. Das Ganze gleicht einer protzigen und teuren Nippessammlung.

Das Hauptmerkmal dieser Symphonien ist im Allgemeinen die Verwendung von Chorgesang mit Orchester. „Wenn ich ein großes musikalisches Gemälde konzipiere ", *sagt Mahler, „kommt immer ein Moment, in dem ich mich gezwungen fühle, die Sprache (das Wort) als Hilfsmittel zur Verwirklichung meiner musikalischen Konzeption zu verwenden ."*

Mahler hat mit dieser Kombination von Stimmen und Instrumenten einige beeindruckende Effekte erzielt und er tat gut daran, sich in dieser Hinsicht von Beethoven und Liszt inspirieren zu lassen. Es ist unglaublich, dass das 19. Jahrhundert diese Kombination so wenig genutzt hat; denn ich denke, der Gewinn kann sowohl poetischer als auch musikalischer Natur sein.

In der *Zweiten Symphonie c-Moll* sind die ersten drei Teile rein instrumental; aber im vierten Teil hört man die Stimme eines Altisten, der diese traurigen und einfachen Worte singt:

„ Der Mensch liegt in größter Noth!
Der Mensch liegt in größter Pein!
Je lieber möchte ich im Himmel sein !" [194]

Die Seele strebt danach, Gott zu erreichen mit dem leidenschaftlichen Schrei:

„ Ich bin von Gott und will wieder zu Gott ." [195]

Dann gibt es eine symphonische Episode (*Der Rufer in der Wüste*), und wir hören „die Stimme eines Schreienden in der Wildnis" in wilden und schmerzlichen Tönen. Es gibt ein apokalyptisches Finale, in dem der Chor Klopstocks wunderschöne Ode an das Versprechen der Auferstehung singt:

„ Aufersteh'n, ja, aufersteh'n wirst du, mein Staub, nach kurzem Ruh !" [196]

Das Gesetz wird verkündet mit:

„ Was entstanden ist, dass mus vergehen,
Was vergangen ist, auferstehen !" [197]

Und das ganze Orchester, die Chöre und die Orgel stimmen in den Hymnus des Ewigen Lebens ein.

In der *Dritten Symphonie* , bekannt als „ *Ein Sommermorgenraum* ", sind der erste und der letzte Teil nur für das Orchester bestimmt; Der vierte Teil enthält einige der besten Werke Mahlers und ist eine bewundernswerte Vertonung von Nietzsches Worten:

„ O Mensch! O Mensch! Gib Acht! Gib Acht!
Was spricht die tiefe Mitternacht ?" [198]

Der fünfte Teil ist ein fröhlicher und mitreißender Refrain, der auf einer populären Legende basiert.

In der *Vierten Symphonie in G-Dur* wird nur der letzte Teil gesungen, der fast humorvollen Charakter hat und eine Art kindliche Beschreibung der Freuden des Paradieses darstellt.

Trotz des Anscheins weigert sich Mahler, diese Chorsinfonien mit Programmmusik in Verbindung zu bringen. Ohne Zweifel hat er Recht, wenn er meint, dass seine Musik außerhalb jeglicher Programmatik einen eigenen Wert hat; aber es besteht kein Zweifel, dass es immer Ausdruck einer bestimmten *Stimmung* , einer bewussten Stimmung ist; Und Tatsache ist, ob es ihm gefällt oder nicht, dass *Stimmung* seiner Musik ein Interesse beimisst, das weit über das der Musik selbst hinausgeht. Seine Persönlichkeit erscheint mir weitaus interessanter als seine Kunst.

Dies ist bei Künstlern in Deutschland häufig der Fall; Hugo Wolf ist ein weiteres Beispiel dafür. Mahlers Fall ist wirklich ziemlich seltsam. Wenn man seine Werke studiert, ist man überzeugt, dass er einer dieser seltenen Typen im modernen Deutschland ist – ein Egoist, der aufrichtig fühlt. Vielleicht gelingt es seinen Gefühlen und seinen Ideen nicht, sich wirklich aufrichtig und persönlich auszudrücken; denn sie erreichen uns durch eine Wolke von Erinnerungen und eine Atmosphäre des Klassizismus. Ich kann nicht anders, als zu glauben, dass Mahlers Position als Operndirektor und seine daraus resultierende Beschäftigung mit der Musik, zu deren Studium ihn seine Berufung verpflichtet, der Grund dafür ist. Für einen schöpferischen Geist gibt es nichts Verhängnisvolleres als zu viel Lesen, vor allem dann, wenn er nicht aus freien Stücken liest, sondern gezwungen ist, übermäßig viel Nahrung aufzunehmen, von der der größte Teil unverdaulich ist. Möge Mahler vergeblich versuchen, das Heiligtum seines Geistes zu verteidigen; es wird durch fremde Ideen von allen Seiten verletzt, und anstatt sie vertreiben zu können, zwingt ihn sein Gewissen als Dirigent des Orchesters, sie anzunehmen und sie fast anzunehmen. Mit seiner fieberhaften Tätigkeit und der Belastung durch schwere Aufgaben arbeitet er ununterbrochen und hat keine Zeit zum Träumen. Mahler wird erst dann Mahler sein, wenn er seine Verwaltungsarbeit hinter sich lassen, seine Partituren verschließen, sich in sich selbst zurückziehen und geduldig warten kann, bis er wieder er selbst geworden ist – wenn es nicht zu spät ist.

Seine *Fünfte Symphonie* , die er in Straßburg dirigierte, überzeugte mich mehr als alle seine anderen Werke von der dringenden Notwendigkeit, diesen Weg einzuschlagen. In dieser Komposition verzichtete er auf die Verwendung der Chöre, die eine der Hauptattraktionen seiner vorangegangenen Sinfonien darstellten. Er wollte beweisen, dass er reine Musik schreiben konnte, und um seinen Anspruch zu untermauern, lehnte er es ab, irgendeine Erklärung seiner Komposition im Konzertprogramm zu veröffentlichen, wie es die anderen Komponisten des Festivals getan hatten; er wünschte daher, es unter einem rein musikalischen Gesichtspunkt zu beurteilen. Es war eine gefährliche Tortur für ihn.

Obwohl ich das Werk eines Komponisten, den ich so sehr schätze, sehr gern bewundern wollte, hatte ich das Gefühl, dass es bei dem Test nicht sehr gut abgeschnitten hat. Zunächst einmal ist diese Symphonie übermäßig lang – sie dauert anderthalb Stunden –, obwohl es für ihre Ausmaße keine erkennbare Rechtfertigung gibt. Sie zielt darauf ab, kolossal zu sein, und erreicht hauptsächlich Leere. Die *Motive* sind mehr als vertraut. Nach einem Trauermarsch von alltäglichem Charakter und ausgelassener Bewegung, bei dem Beethoven anscheinend Unterricht bei Mendelssohn nimmt, folgt ein Scherzo oder vielmehr ein Wiener Walzer, bei dem Chabrier dem alten Bach unter die Arme greift. Das Adagietto hat eine ziemlich süße Sentimentalität. Das Rondo am Ende wird eher wie eine Idee von Franck präsentiert und ist der beste Teil der Komposition; es wird in einem Geist wahnsinniger Trunkenheit ausgeführt und ein Choral erhebt sich mit krachender Freude daraus; aber die Wirkung des Ganzen geht in Wiederholungen verloren, die es ersticken und schwer machen. Das gesamte Werk ist von einer Mischung pedantischer Steifheit und Inkohärenz durchzogen; es schreitet unzusammenhängend voran, leidet unter abrupten Unterbrechungen im Verlauf der Entwicklung und unter überflüssigen Ideen, die ohne jeden Grund einbrechen, mit dem Ergebnis, dass das Ganze in der Schwebe bleibt.

Vor allem fürchte ich, dass Mahler von Vorstellungen über Macht hypnotisiert wurde – Vorstellungen, die heute allen deutschen Künstlern in den Sinn kommen. Er scheint einen unentschlossenen Geist zu haben und Traurigkeit und Ironie mit Schwäche und Ungeduld zu verbinden, ein Wiener Musiker zu sein, der nach Wagner-Größe strebt. Niemand bringt die Anmut des *Ländlers* und der zarten Walzer und traurigen Träume besser zum Ausdruck als er; und vielleicht ist niemand dem Geheimnis von Schuberts bewegender und üppiger Melancholie näher; und es ist Schubert, an den er sich manchmal erinnert, sowohl in seinen guten Eigenschaften als auch in Bezug auf einige seiner Fehler. Aber er will Beethoven oder Wagner sein. Und er hat Unrecht; denn ihm fehlt ihr Gleichgewicht und ihre gigantische Kraft. Das sah man nur zu gut, als er die *Chorsinfonie* dirigierte .

Aber was auch immer er sein mag und welche Enttäuschung er mir in Straßburg auch beschert haben mag, ich werde es mir nie erlauben, leichtfertig oder spöttisch über ihn zu sprechen. Ich bin überzeugt, dass ein Musiker mit solch einem hohen Ziel eines Tages ein Werk schaffen wird, das seiner würdig ist.

Richard Strauss ist ein völliger Gegensatz zu Mahler. Er wirkt immer wie ein rücksichtsloses und unzufriedenes Kind. Er ist groß und schlank, eher elegant und überheblich und scheint einer kultivierteren Rasse anzugehören als die meisten anderen deutschen Künstler unserer Zeit. Verächtlich, *blasiert* vor Erfolg und sehr anspruchsvoll, sein Auftreten gegenüber anderen Musikern hat nichts von Mahlers gewinnender Bescheidenheit. Er ist nicht weniger nervös als Mahler, und während er das Orchester dirigiert, scheint er sich einem rasenden Tanz hinzugeben, der den kleinsten Details seiner Musik folgt – Musik, die so aufgeregt ist wie klares Wasser, in das ein Stein geworfen wurde. Aber er hat einen großen Vorteil gegenüber Mahler; er weiß, wie er sich nach seiner Arbeit ausruhen kann. Von Natur aus sowohl erregbar als auch schläfrig, werden seine überspannten Nerven durch seine Trägheit ausgeglichen, und tief in ihm steckt eine bayerische Liebe zum Luxus. Ich bin mir ziemlich sicher, dass er nach dem Ende seiner Stunden intensiven Lebens, nachdem er übermäßig viel Energie verbraucht hat, Stunden hat, in denen er nur teilweise am Leben ist. Dann sieht man seine Augen mit einem vagen und schläfrigen Ausdruck darin; und er ist wie der alte Rameau, der stundenlang umherging wie ein Automat, ohne etwas zu sehen und an nichts zu denken.

In Straßburg dirigierte Strauss seine *Sinfonia Domestica* , deren Programm kühn der Vernunft und sogar dem guten Geschmack zu trotzen scheint. In der Symphonie stellt er sich selbst mit seiner Frau und seinem Jungen dar (*„Meiner lieben Frau und unserem Jungen gewidmet"*). „Ich sehe nicht ein", sagte Strauss, „warum ich nicht eine Symphonie über mich selbst komponieren sollte; ich finde mich genauso interessant wie Napoleon oder Alexander." Einige Leute haben geantwortet, dass alle anderen möglicherweise nicht sein Interesse teilen. Aber ich werde dieses Argument nicht verwenden; Es ist durchaus möglich, dass ein Künstler von Strauss' Rang uns unterhalten kann. Was mich mehr stört, ist die Art und Weise, wie er über sich selbst spricht. Das Missverhältnis zwischen seinem Thema und den Mitteln, die er hat, um es auszudrücken, ist zu groß. Vor allem gefällt mir diese Zurschaustellung des inneren und geheimen Selbst nicht. In dieser *Sinfonia Domestica* mangelt es an Zurückhaltung . Der Kamin, das Wohnzimmer und das Schlafzimmer stehen allen offen. Ist das das heutige Familiengefühl in Deutschland? Ich gebe zu, dass mich das Werk, als ich es zum ersten Mal hörte, aus rein moralischen Gründen erschütterte, obwohl ich für seinen Komponisten eine Vorliebe hege. Aber später änderte ich meine erste Meinung und fand die Musik bewundernswert. Kennen Sie das Programm?

Der erste Teil zeigt drei Personen: einen Mann, eine Frau und ein Kind. Der Mann wird durch drei Themen dargestellt: ein *Motiv* voller Geist und Humor, ein nachdenkliches *Motiv* und ein *Motiv*, das eifriges und enthusiastisches Handeln ausdrückt. Die Frau hat nur zwei Themen: eines drückt

Launenhaftigkeit aus, das andere Liebe und Zärtlichkeit. Das Kind hat ein einziges *Motiv* , das ruhig, unschuldig und vom Charakter her nicht sehr ausgeprägt ist; sein wirklicher Wert zeigt sich erst, wenn er entwickelt ist ... Welchem der beiden Elternteile ähnelt er? Die Familie sitzt um ihn herum und diskutiert über ihn. „Er ist ganz *der Papa* ", sagen die Tanten. „Er ist das Ebenbild seiner Mutter" , sagen die Onkel.

Der zweite Teil der Symphonie ist ein Scherzo, das das spielende Kind darstellt; Es gibt furchtbar laute Spiele, Spiele von herkulischer Fröhlichkeit, und man kann die Eltern im ganzen Haus reden hören. Wie weit scheinen wir von Schumanns guten kleinen Kindern und ihren einfältigen Familien entfernt zu sein! Schließlich wird das Kind zu Bett gebracht; Sie wiegen ihn in den Schlaf, und die Uhr schlägt sieben. Es wird Nacht. Es gibt Träume und einen unruhigen Schlaf. Dann eine Liebesszene.... Die Uhr schlägt sieben Uhr morgens. Alle wachen auf und es gibt eine fröhliche Diskussion. Wir hören eine Doppelfuge, in der das Thema des Mannes und das Thema der Frau mit ärgerlicher und lächerlicher Hartnäckigkeit einander widersprechen; und der Mann hat das letzte Wort. Schließlich gibt es noch die Apotheose des Kinder- und Familienlebens.

Ein solches Programm dient eher dazu, den Hörer in die Irre zu führen, als ihn zu leiten. Es verdirbt die Idee des Werks, indem es dessen anekdotische und eher komische Seite betont. Denn ohne Zweifel ist die komische Seite vorhanden, und Strauss hat uns vergeblich gewarnt, dass er kein amüsantes Bild des Ehelebens zeichnen, sondern die Heiligkeit der Ehe und der Elternschaft preisen wollte; aber er besitzt eine so starke Ader des Humors, dass dieser ihn zwangsläufig überwältigen muss. Die Musik hat nichts wirklich Ernstes oder Religiöses an sich, außer wenn er vom Kind spricht; und dann wird die raue Fröhlichkeit des Mannes sanft und die irritierende Koketterie der Frau wird ungemein zart. Ansonsten gewinnen Strauss' Satire und seine Liebe zum Scherz die Oberhand und erreichen eine fast epische Fröhlichkeit und Kraft.

Aber man muss dieses unkluge Programm vergessen, das an schlechten Geschmack und manchmal an etwas noch Schlimmeres grenzt. Wenn man es geschafft hat, es zu vergessen, entdeckt man eine wohlproportionierte Symphonie in vier Teilen – Allegro, Scherzo, Adagio und Finale in Fugenform – und eines der schönsten Werke der zeitgenössischen Musik. Sie besitzt die leidenschaftliche Ausgelassenheit von Strauss' Vorgängersymphonie „ *Heldenleben* " , ist aber in der künstlerischen Konstruktion überlegen; Man kann sogar sagen, dass es Strauss' vollkommenstes Werk seit „Tod und *Verklärung* " ist, mit einem Reichtum an Farben und technischem Können, den *Tod und Verklärung* nicht besaß. Man ist überwältigt von der Schönheit einer Orchestrierung, die leicht und geschmeidig ist und in der Lage ist, zarte Gefühlsnuancen auszudrücken; und das beeindruckte mich umso mehr nach der soliden Massivität von Mahlers Orchestrierung, die wie schweres ungesäuertes Brot ist. Bei Strauss ist alles voller Leben und Kraft, und nichts wird verschwendet. Möglicherweise hat die erste Darlegung seiner Themen einen etwas zu schematischen Charakter; und vielleicht ist die melodische Äußerung eher eingeschränkt und nicht sehr erhaben; Aber es ist sehr persönlich, und man kann seine Persönlichkeit nicht von diesen kraftvollen Themen trennen, die vor jugendlicher Begeisterung brennen, die Luft wie Pfeile durchschneiden und sich in verrückten Arabesken verdrehen. Im Adagio, das die Nacht beschreibt, steckt, wenn auch sehr geschmacklos, viel Ernsthaftigkeit, Träumerei und aufwühlende Emotionen. Die Fuge am Ende ist von erstaunlicher Lebhaftigkeit; und ist eine Mischung aus kolossalem Scherz und heroischer Hirtenpoesie, die Beethovens würdig ist, an dessen Stil es in der Breite seiner Entwicklung erinnert. Die letzte Apotheose ist voller Leben; seine Freude lässt das Herz höher schlagen. Die extravagantesten harmonischen Effekte und die abscheulichsten Misstöne werden in der wunderbaren Kombination der *Klangfarben gemildert und verschwinden fast* . Es ist das Werk eines starken und sinnlichen Künstlers, des wahren Erben des Wagner der *Meistersinger* .

Insgesamt gesehen lassen diese Werke erkennen, dass Strauss und Mahler trotz ihrer offensichtlichen Kühnheit beginnen, sich heimlich von ihrem frühen Standpunkt abzuwenden und die Sinfonie mit Programm aufzugeben. Strauss' letztes Werk verliert nichts, wenn es sich ganz einfach Sinfonia *Domestica nennt* , ohne weitere Informationen hinzuzufügen. Es ist eine echte Sinfonie; und dasselbe kann man von Mahlers Komposition sagen. Aber Strauss und Mahler reformieren sich bereits und kehren zum Modell der klassischen Sinfonie zurück.

Aus einer solchen Anhörung lassen sich jedoch noch wichtigere Schlussfolgerungen ziehen. Das erste ist, dass Strauss' Talent in der Musik seines Landes immer außergewöhnlicher wird. Trotz all seiner Fehler, die beträchtlich sind, steht Strauss allein in seiner Wärme der Fantasie, in seiner unauslöschlichen Spontaneität und ewigen Jugend. Und sein Wissen und seine Kunst wachsen täglich inmitten anderer deutscher Kunst, die älter wird. Die deutsche Musik im Allgemeinen zeigt einige schwerwiegende Symptome. Ich werde mich nicht mit seiner Neurasthenie befassen, denn er macht gerade eine Krise durch, die ihn Weisheit lehren wird; aber ich fürchte dennoch, dass auf diese übermäßige nervöse Erregung Erstarrung folgen wird. Was wirklich beunruhigend ist, ist die Tatsache, dass Deutschland trotz aller noch vorhandenen Talente seine wichtigsten musikalischen Talente schnell verliert. Ihr melodischer Charme ist fast verschwunden. Man könnte die Musik von Strauss, Mahler oder Hugo Wolf durchsuchen, ohne eine Melodie von wirklichem Wert oder von echter Originalität zu finden, die über ihre Anwendung auf einen Text oder eine literarische Idee und ihre harmonische Entwicklung hinausgeht. Und außerdem verliert die deutsche Musik täglich ihren innigen Geist; Dank seines äußerst unglücklichen Lebens sind in Wolf noch Spuren dieses Geistes vorhanden; aber davon gibt es bei Mahler sehr wenig, trotz all seiner Bemühungen, seinen Geist auf sich selbst zu konzentrieren; und bei Strauss gibt es kaum welche, obwohl er der interessanteste der drei Komponisten ist. Deutsche Musiker haben keine Tiefe mehr.

Ich habe gesagt, dass ich diese Tatsache dem abscheulichen Einfluss des Theaters zuschreibe, dem fast alle diese Künstler als *Kapellmeister* oder Operndirektoren angehören. Ihm verdanken sie den melodramatischen Charakter ihrer Musik, auch wenn dieser nur oberflächlich ist – Musik, die für die Show geschrieben wurde und hauptsächlich auf Effekthascherei abzielt.

Noch verhängnisvoller als der Einfluss des Theaters ist der Einfluss des Erfolgs. Diese Musiker haben heutzutage zu viele Möglichkeiten, ihre Musik spielen zu lassen. Ein Werk wird fast gespielt, bevor es fertig ist, und der Musiker hat keine Zeit, in Einsamkeit und Stille mit seinem Werk zu leben. Darüber hinaus werden die Werke der führenden deutschen Musiker durch gewaltigen Aufschwung der einen oder anderen Art unterstützt: durch ihre *Musikfeste* , durch ihre Kritiker, ihre Presse und ihre „Musikführer" , die apologetische Erklärungen ihrer Werke sind und in Millionenhöhe verbreitet werden, um dem schafähnlichen Publikum den richtigen Ton zu geben. Und bei all dem ist ein Musiker bald mit sich selbst zufrieden und glaubt jede positive Meinung über sein Werk. Welch ein Unterschied zu Beethoven, der sein ganzes Leben lang dieselben Themen ausarbeitete und seine Melodien zwanzig Mal auf den Amboss legte, bevor sie ihre endgültige Form erreichten. Darin mangelt es Mahler so sehr. Seine Themen sind eine ziemlich vulgäre Ausgabe einiger von Beethovens Ideen in ihrem unvollendeten Zustand. Aber Mahler kommt nicht über die grobe Skizze hinaus.
Und schließlich möchte ich von der größten Gefahr sprechen, die die Musik in Deutschland bedroht: *Es gibt zu viel Musik in Deutschland* . Das ist kein Paradoxon. Es gibt kein schlimmeres Unglück für die Kunst als einen Überfluss davon. Die Musik ertränkt die Musiker. Ein Festival jagt das andere: Am Tag nach dem Straßburger Festival sollte ein Bach-Festival in Eisenach stattfinden und am Ende der Woche ein Beethoven-Festival in Bonn. Eine solche Fülle von Konzerten, Theatern, Gesangsvereinen und Kammermusikvereinen nimmt das ganze Leben des Musikers in Anspruch. Wann hat er Zeit, allein zu sein und der Musik zu lauschen, die in ihm singt? Diese sinnlose Flut von Musik dringt in die Heiligtümer seiner Seele ein,

schwächt ihre Kraft und zerstört ihre heilige Einsamkeit und die Schätze ihres Denkens.

Man darf nicht glauben, dass es diesen Überfluss an Musik früher in Deutschland gab. Zur Zeit der großen klassischen Meister gab es in Deutschland kaum Institutionen für regelmäßige Konzerte und Choraufführungen waren kaum bekannt. Im Wien von Mozart und Beethoven gab es wie in anderen Städten Deutschlands nur einen einzigen Konzertverein und überhaupt keine *Chorvereine* . Entspricht die wunderbare Verbreitung der Musikkultur in Deutschland im letzten Jahrhundert ihrem künstlerischen Schaffen? Das glaub ich nicht; und man spürt die Ungleichheit zwischen den beiden jeden Tag mehr.

Erinnern Sie sich an Goethes Ballade „ *Der Zauberlehrling* ", die Dukas so geschickt vertonte? Dort begann ein Lehrling in Abwesenheit seines Meisters einige Zaubersprüche zu wirken und öffnete Schleusentore, die niemand schließen konnte; und das Haus wurde überschwemmt.

Das hat Deutschland getan. Sie hat eine Flut von Musik losgelassen und ist dabei, darin zu ertrinken.

CLAUDE DEBUSSY

PELLÉAS UND MÉLISANDE

Die Uraufführung von *Pelléas et Mélisande* in Paris am 30. April 1902 war ein sehr bemerkenswertes Ereignis in der Geschichte der französischen Musik; ihre Bedeutung kann nur mit der der Uraufführung von Lullys *Cadmus et Hermione* , Rameaus *Hippolyte et Aricie* und Quicks *Iphigénie en Aulide verglichen werden* ; und sie kann als einer der drei oder vier Festtage im Kalender unserer lyrischen Bühne angesehen werden. [199]

Der Erfolg von *Pelléas et Mélisande* ist auf viele Dinge zurückzuführen. Einige davon sind trivial, wie etwa die Mode, die hier wie bei allen anderen Erfolgen sicherlich eine Rolle gespielt hat, wenn auch eine verhältnismäßig schwache. Einige davon sind wichtiger und entspringen etwas, das dem Geist des französischen Genies angeboren ist. Und es gibt auch moralische und ästhetische Gründe für den Erfolg und im weitesten Sinne rein musikalische Gründe.

Wenn ich über die moralischen Gründe für den Erfolg von *Pelléas et Mélisande spreche* , möchte ich Ihre Aufmerksamkeit auf eine Denkweise lenken, die nicht auf Frankreich beschränkt ist, sondern heutzutage in einem Teil der angeseheneren Mitglieder der europäischen Gesellschaft üblich ist. und die in *Pelléas et Mélisande* ihren Ausdruck gefunden hat . Die Atmosphäre, in der sich Maeterlincks Drama bewegt, lässt die melancholische Resignation des Willens gegenüber dem Schicksal spüren. Uns wird gezeigt, dass nichts die Reihenfolge der Ereignisse ändern kann; dass wir trotz unserer stolzen Illusionen nicht Herr über uns selbst sind, sondern Diener unbekannter und unwiderstehlicher Kräfte, die die gesamte Tragikomödie unseres Lebens bestimmen. Uns wird gesagt, dass kein Mensch dafür verantwortlich ist, was er mag und liebt – sofern er weiß, was er mag und liebt – und dass er lebt und stirbt, ohne zu wissen, warum.

Diese fatalistischen Ideen, die die Trägheit der intellektuellen Aristokratie Europas widerspiegeln, wurden von Debussy wunderbar in Musik umgesetzt; und wenn man den poetischen und sinnlichen Charme der Musik spürt, werden die Ideen faszinierend und berauschend, und ihr Geist ist sehr ansteckend. Denn in aller Musik steckt eine hypnotische Kraft, die den Geist in einen Zustand wollüstiger Unterwerfung versetzen kann.

Die Ursache für den künstlerischen Erfolg von „*Pelleas et Mélisande*" ist eher französischer Natur und kennzeichnet eine Reaktion, die zugleich legitim, natürlich und unvermeidlich ist; ich würde sogar sagen, sie ist lebenswichtig – eine Reaktion des französischen Genies gegen die ausländische Kunst und insbesondere gegen die Wagnersche Kunst und ihre ungeschickten Vertreter in Frankreich.

Ist das Wagner-Drama perfekt an das deutsche Genie angepasst? Das glaub ich nicht; Aber das ist eine Frage, die ich den deutschen Musikern überlassen werde. Für uns selbst haben wir das Recht zu behaupten, dass die Form des Wagner-Dramas im Widerspruch zum Geist der Franzosen steht – zu ihrem künstlerischen Geschmack, zu ihren Vorstellungen vom Theater und zu ihrem musikalischen Empfinden. Diese Form könnte sich uns aufgedrängt haben und durch das Recht des siegreichen Genies den französischen Geist stark beeinflusst haben und dies möglicherweise erneut tun; aber nichts wird es jemals zu etwas anderem als einem Fremden in unserem Land machen.

Es ist nicht notwendig, sich mit den Geschmacksunterschieden zu befassen. Das Wagnersche Ideal ist vor allem ein Machtideal. Wagners leidenschaftliche und intellektuelle Begeisterung und seine mystische Sinnlichkeit ergießen sich wie ein feuriger Strom, der alles, was vor ihm liegt, hinwegfegt und verbrennt, ohne Rücksicht auf Barrieren. Eine solche Kunst kann nicht an gewöhnliche Regeln gebunden werden; Es besteht kein Grund zur Angst vor schlechtem Geschmack – und ich empfehle es. Aber es ist leicht zu verstehen, dass es andere Ideale gibt und dass eine andere Kunst durch ihre Anstandsmäßigkeiten und Feinheiten ebenso ausdrucksstark sein könnte wie durch ihren Reichtum und ihre Kraft. Und diese frühere Kunst – unsere eigene – ist weniger eine Reaktion gegen die Wagner-Kunst als vielmehr eine Reaktion gegen ihre Karikaturen in Frankreich und den daraus resultierenden Missbrauch einer schlecht regulierten Macht.

Das Genie hat das Recht, zu sein, was es will – Geschmack, Moral und die gesamte Gesellschaft mit Füßen zu treten, wenn es will. Aber wenn diejenigen, die keine Genies sind, dasselbe tun wollen, machen sie sich nur lächerlich und abscheulich. In Frankreich gab es zu viele Affen-Wagners. In den letzten zehn oder zwanzig Jahren ist kaum ein französischer Musiker dem Einfluss Wagners entgangen. Man versteht nur zu gut den Aufstand des französischen Geistes im Namen der Natürlichkeit und des guten Geschmacks gegen Übertreibungen und extreme Leidenschaften, ob aufrichtig oder nicht. *Pelléas et Mélisande* kam als Ausdruck dieser Revolte. Es ist eine kompromisslose Reaktion gegen Überbetonung und Übermaß und gegen alles, was die Grenzen der Vorstellungskraft überschreitet. Diese Abneigung gegenüber übertriebenen Worten und Gefühlen führt zu einer Art Angst, die Gefühle überhaupt zu zeigen, selbst wenn sie am tiefsten bewegt sind. Bei Debussy flüstern die Leidenschaften fast; und durch die unmerklichen Schwingungen der Melodielinie zeigt sich die Liebe in den Herzen des unglücklichen Paares, durch das schüchterne „Oh, warum gehst du?" am Ende des ersten Akts und das ruhige „Ich liebe dich auch" in der vorletzten Szene. Denken Sie an die wilden Wehklagen der sterbenden Ysolde und dann an den Tod von Mélisande, ohne Schreie und ohne Worte.

landschaftlich gesehen steht *Pelléas et Mélisande* im Widerspruch zum Bayreuther Ideal. Die enormen Ausmaße – fast unmäßige Ausmaße – des Wagner-Dramas, seine kompakte Struktur und die intensive Konzentration des Geistes, die diese gewaltigen Werke und ihre Ideologie vom Anfang bis zum Ende zusammenhält und die oft auf Kosten der Handlung und sogar der Handlung zur Schau gestellt wird Emotionen sind so weit wie möglich von der französischen Liebe zu klarem, logischem und gemäßigtem Handeln entfernt. Die kleinen Bilder von *Pelléas et Mélisande* , klein und scharf geschnitten, jedes ohne Stress eine neue Etappe in der Entwicklung des Dramas markierend, sind ganz anders aufgebaut als die des Wagner-Theaters.

Und als ob er diesen Antagonismus noch verstärken wollte, schreibt der Autor von *Pelléas et Mélisande jetzt einen Tristan* , dessen Handlung einem alten französischen Gedicht entnommen ist, dessen Text kürzlich von M. Bédier ans Licht gebracht wurde. In seiner ruhigen und erhabenen Stimmung bildet es einen wunderbaren Kontrast zu Wagners wildem und pedantischem, aber dennoch erhabenem Gedicht.

Doch vor allem durch die Art und Weise, wie sie die jeweiligen Beziehungen von Poesie und Musik zur Oper begreifen, unterscheiden sich die beiden Komponisten. Bei Wagner ist die Musik der Kern der Oper, der leuchtende Brennpunkt, der Anziehungspunkt; es absorbiert alles und steht absolut an erster Stelle. Aber das ist nicht die französische Vorstellung. Die musikalische Bühne, wie wir sie uns in Frankreich vorstellen (wenn nicht sogar das, was wir tatsächlich besitzen), sollte eine solche Kombination der Künste darstellen, dass ein harmonisches Ganzes entsteht. Wir fordern, dass ein ausgewogenes Verhältnis zwischen Poesie und Musik gewahrt bleibt; und wenn ihr Gleichgewicht ein wenig gestört sein muss, wäre es uns lieber, dass die Poesie nicht der Verlierer wäre, da ihre Äußerung bewusster und rationaler ist. Das war Glucks Ziel; und weil er es so gut erkannte, erlangte er in der französischen Öffentlichkeit einen Ruf, den nichts zerstören kann. Debussys Stärke liegt in den Methoden, mit denen er sich diesem Ideal der musikalischen Mäßigung und Desinteresse annähert und in der Art und Weise, wie er sein Genie als Komponist in den Dienst des Dramas stellt. Er hat nie versucht, Maeterlincks Gedicht zu dominieren oder es in einer Flut von Musik zu verschlingen; er hat es so sehr zu einem Teil seiner selbst gemacht, dass sich heute kein Franzose eine Passage im Stück vorstellen kann, ohne dass Debussys Musik gleichzeitig in ihm singt.

Doch abgesehen von all diesen Gründen, die das Werk in der Operngeschichte bedeutsam machen, gibt es für seinen Erfolg rein musikalische Gründe, die von noch tieferer Bedeutung sind. [200] *Pelléas et*

Mélisande hat eine Reform der dramatischen Musik Frankreichs herbeigeführt. Diese Reform betrifft mehrere Aspekte, vor allem aber das Rezitativ.

In Frankreich hatten wir – abgesehen von einigen Versuchen in *der Opéra-comique* – nie ein Rezitativ, das genau unsere natürliche Sprache zum Ausdruck brachte. Lully und Rameau nahmen sich die hochtrabende Deklamation des Tragödienstadiums ihrer Zeit zum Vorbild. Und die französische Oper hat sich in den letzten zwanzig Jahren für ein noch gefährlicheres Modell entschieden: die Deklamation Wagners mit ihren Stimmsprüngen und ihrer lauten und starken Akzentuierung. Nichts könnte auf Französisch unangenehmer sein. Alle Menschen mit Geschmack litten darunter, auch wenn sie es nicht zugaben. Zu dieser Zeit machten Antoine, Gémier und Guitry die theatralische Deklamation natürlicher, was die übertriebene Deklamation der französischen Oper noch lächerlicher und archaischer erscheinen ließ. Und so war eine Reform des Rezitativs unumgänglich. Jean-Jacques Rousseau hatte es genau in der Richtung vorausgesehen, in der Debussy [201] es erreicht hat. In seinem *Lettre sur la musique française* zeigte er , dass es keinen Zusammenhang zwischen den Beugungen der französischen Sprache, „deren Akzente so harmonisch und einfach sind", und „den schrillen und lauten Intonationen" des Rezitativs der französischen Oper gab. Und er schloss mit der Aussage, dass die Art von Rezitativ, die am besten zu uns passen würde, „zwischen kleinen Intervallen wandern und die Stimme weder sehr anheben noch absenken sollte; und wenig anhaltenden Ton, keinen Lärm und keine Schreie jeglicher Art – nichts" haben sollte Tatsächlich ähnelte das dem Singen und es gab kaum Ungleichheiten in der Dauer oder dem Wert der Noten oder in ihren Intervallen. Dies ist genau die Definition von Debussys Rezitativ.

Das symphonische Gefüge von *Pelléas et Mélisande* unterscheidet sich ebenso stark von Wagners Dramen. Bei Wagner ist es ein lebendiges Wesen, das aus einer großen Wurzel entspringt, ein System von ineinander verschlungenen Phrasen, deren mächtiges Wachstum wie eine Eiche in alle Richtungen Zweige austreibt. Oder, um ein anderes Gleichnis zu verwenden, es ist wie ein Gemälde, das, obwohl es nicht in einer einzigen Sitzung ausgeführt wurde, uns dennoch diesen Eindruck vermittelt und trotz der Retuschen und Änderungen, denen es unterzogen wurde, immer noch die Wirkung eines kompakten Ganzen hat, eines unzerstörbaren Amalgams, von dem sich nichts lösen lässt. Debussys System hingegen ist sozusagen eine Art klassischer Impressionismus – ein Impressionismus, der raffiniert, harmonisch und ruhig ist; der sich in musikalischen Bildern bewegt, von denen jedes einem subtilen und flüchtigen Moment des Seelenlebens entspricht; und das Gemälde wird durch geschickte kleine Striche ausgeführt, die mit sanfter und zarter Berührung gesetzt werden. Diese Kunst ist der

Mussorgskis ähnlicher (wenn auch ohne dessen Rauheit) als der Wagners, trotz ein oder zweier *Parsifal -Reminiszenzen* , die in dem Werk aber nur nebensächlich sind. In *Pelléas et Mélisande* findet man keine durchgängigen *Leitmotive* oder Themen, die das Leben von Charakteren und Typen in Musik umsetzen wollen; stattdessen haben wir Phrasen, die wechselnde Gefühle ausdrücken, die sich mit den Gefühlen verändern. Mehr noch, Debussys Harmonie ist nicht, wie bei Wagner und der gesamten deutschen Schule, eine gefesselte Harmonie, die fest an die despotischen Gesetze des Kontrapunkts gebunden ist; es ist, wie Laloy [202] gesagt hat, eine Harmonie, die in erster Linie harmonisch ist und ihren Ursprung und ihr Ziel in sich selbst hat.

Da Debussys Kunst nur versucht, den Eindruck des Augenblicks zu vermitteln, ohne sich um das zu kümmern, was danach kommen könnte, ist sie frei von Sorgen und genießt den Augenblick in vollen Zügen. Im Garten der Harmonien wählt sie die schönsten Blumen aus; denn die Aufrichtigkeit des Ausdrucks steht bei ihr an zweiter Stelle, und ihre erste Idee ist es, zu gefallen. Auch hierin interpretiert sie den ästhetischen Sensualismus der französischen Rasse, die Freude an der Kunst sucht und Hässlichkeit nicht bereitwillig zugibt, selbst wenn sie durch die Bedürfnisse des Dramas und der Wahrheit gerechtfertigt erscheint. Mozart teilte denselben Gedanken: „Musik", sagte er, „sollte selbst in den schrecklichsten Situationen das Ohr niemals beleidigen; sie sollte es sogar dort bezaubern und, kurz gesagt, immer Musik bleiben."

Was Debussys harmonische Sprache betrifft, so besteht seine Originalität nicht, wie einige seiner törichten Bewunderer gesagt haben, in der Erfindung neuer Akkorde, sondern in der neuen Verwendung, die er von ihnen macht. Ein Mann ist kein großer Künstler, weil er ungelöste Septimen und Nonen, aufeinanderfolgende große Terzen und Nonen und harmonische Progressionen verwendet, die auf einer Ganztonskala basieren; man ist nur dann ein Künstler, wenn man ihnen eine Aussage verleiht. Und das liegt nicht an den Eigenheiten von Debussys Stil - für die man vereinzelte Beispiele bei großen Komponisten vor ihm finden kann, bei Chopin, Liszt, Chabrier und Richard Strauss -, sondern daran, dass diese Eigenheiten bei Debussy Ausdruck seiner Persönlichkeit sind und weil *Pelléas et Mélisande* , "das Land der Nonen", eine poetische Atmosphäre besitzt, die mit keinem anderen jemals geschriebenen Musikdrama vergleichbar ist.

Schließlich ist die Orchestrierung absichtlich zurückhaltend, leicht und geteilt, denn Debussy hat eine feine Verachtung für jene Klangorgien, an die uns Wagners Kunst gewöhnt hat; sie ist so nüchtern und geschliffen wie eine schöne klassische Phrase aus der zweiten Hälfte des 17. Jahrhunderts. *Ne quid nimis* („Nichts Überflüssiges") ist das Motto des Künstlers. Anstatt die *Klangfarben zu vermischen* , um eine massive Wirkung zu erzielen, löst er sozusagen ihre getrennten Persönlichkeiten und vermischt sie behutsam, ohne ihre individuelle Natur zu verändern. Wie die impressionistischen Maler von heute malt er mit Primärfarben, aber mit einer feinen Mäßigung, die alles Harte ablehnt, als wäre es etwas Unanständiges.

Ich habe mehr als genug Gründe angeführt, um den Erfolg von *Pelléas et Mélisande* und den Platz, den seine Bewunderer ihm in der Geschichte der Oper einräumen, zu erklären. Es gibt allen Grund zu der Annahme, dass der Komponist sich seiner musikdramatischen Reform nicht so bewusst war wie seine Schüler. Die Reform hat bei ihm einen eher instinktiven Charakter; und das ist es, was ihm seine Stärke verleiht. Es reagiert auf ein unbewusstes, aber tiefes Bedürfnis des französischen Geistes. Ich wage sogar zu behaupten, dass die historische Bedeutung von Debussys Werk größer ist als sein künstlerischer Wert. Seine Persönlichkeit ist nicht ohne Fehler, und die schwerwiegendsten sind vielleicht negative Fehler – das Fehlen bestimmter Qualitäten und sogar der starken und extravaganten Fehler, die die Helden der Kunstwelt wie Beethoven und Wagner ausmachten. Sein üppiges Wesen ist zugleich wandelbar und präzise; und seine Träume sind so klar und zart wie die Kunst eines Dichters der Plejaden im 16. Jahrhundert oder eines japanischen Malers. Aber unter all seinen Gaben hat er eine Qualität, die ich bei keinem anderen Musiker so offensichtlich gefunden habe – außer vielleicht bei Mozart; und diese Qualität ist ein Genie für guten Geschmack. Debussy hat es im Übermaß, so dass er ihr fast die anderen Elemente der Kunst opfert, bis die leidenschaftliche Kraft seiner Musik, sogar ihr Leben selbst, verarmt zu sein scheint. Aber man darf sich nichts vormachen; Diese Verarmung ist nur scheinbar, und in all seinen Werken gibt es Beweise dafür, dass seine Leidenschaft nur verschleiert ist. Es ist nur das Zittern der Melodielinie oder der Orchestrierung, die uns wie ein vor den Augen vorbeiziehender Schatten von dem Drama erzählt, das sich in den Herzen seiner Figuren abspielt. Diese erhabene Schamgefühle ist in der Oper etwas so Seltenes wie eine Racine-Tragödie in der Poesie – es sind Werke derselben Art und beide perfekte Blüten des französischen Geistes. Jeder, der im Ausland lebt und neugierig ist, wie Frankreich ist und sein Genie verstehen möchte, sollte *Pelléas et Mélisande studieren* , so wie er Racines *Bérénice studieren würde* .

Nicht, dass Debussys Kunst vollständig französisches Genie repräsentiert, genauso wenig wie die von Racine; denn es gibt noch eine ganz andere Seite, die dort nicht dargestellt wird; und diese Seite ist heroisches Handeln, der Rausch der Vernunft und des Lachens, die Leidenschaft für Licht, das Frankreich von Rabelais, Molière, Diderot und in der Musik würden wir – aus Mangel an besseren Namen – das Frankreich von Berlioz und Bizet sagen. Ehrlich gesagt ist das das Frankreich, das ich bevorzuge. Aber der Himmel bewahre mich davor, den anderen zu ignorieren! Es ist das

Gleichgewicht zwischen diesen beiden Frankreichs, das das französische Genie ausmacht. In unserer zeitgenössischen Musik steht *Pelléas et Mélisande* am einen Ende des Pols unserer Kunst und *Carmen* am anderen. Das Eine ist alles an der Oberfläche, alles Leben, ohne Schatten und ohne darunter. Der andere liegt unter der Oberfläche, in Dämmerung getaucht und in Stille gehüllt. Und dieses doppelte Ideal ist der Wechsel zwischen dem sanften Sonnenlicht und dem schwachen Nebel, der den sanften, leuchtenden Himmel der Insel Frankreich verhüllt.

DAS ERWACHEN: EINE SKIZZE DER MUSIKBEWEGUNG IN PARIS SEIT 1870

Es ist nicht möglich, auf wenigen Seiten einen Bericht über vierzig Jahre aktives und fruchtbares Leben ohne viele Auslassungen und auch ohne eine gewisse Trockenheit zu geben, die Namenslisten mit sich bringen. Aber ich habe bewusst darauf verzichtet, durch Schreib- und Behandlungskünste Interesse zu wecken, sondern möchte die Taten für sich selbst sprechen lassen.

Mit diesem einfachen Bericht möchte ich die großartigen Anstrengungen der Musiker in Frankreich seit 1870 und das Wachstum des Glaubens und der Energie zeigen, die die französische Musik neu erschaffen haben. Ein solches Erwachen scheint mir eine schöne und sehr tröstliche Sache zu sein. Aber abgesehen von einer Handvoll Musikern ist das nur wenigen Menschen in Frankreich bewusst. Ich widme diese Seiten der breiten Öffentlichkeit, damit sie erfährt, was eine Generation von Künstlern mit großem Herzen und starker Entschlossenheit für die Ehre unserer Rasse getan hat. Die Nation darf nicht vergessen, was sie einigen ihrer Söhne verdankt.

Aber Sie dürfen mir nicht vorwerfen, dass ich mir selbst widerspreche, wenn ich in einem anderen Werk, das gleichzeitig mit diesem erscheinen wird, [203] mich einem Sarkasmus über die Mängel und Absurditäten der heutigen französischen Musik hingeben möchte. Ich denke, dass französische Musiker in den letzten zehn Jahren eher unvorsichtig und voreilig ihren Sieg verkündet haben und dass ihre Werke – abgesehen von drei oder vier – im Allgemeinen nicht so viel wert sind wie ihre Bemühungen. Aber ihre Bemühungen sind heroisch; und ich kenne nichts Schöneres in der gesamten Geschichte Frankreichs. Mögen sie weitermachen! Aber das ist nur möglich, wenn man eine Tugend praktiziert – Bescheidenheit. Die Vollendung eines Teils ist nicht die Vollendung des Ganzen.

PARIS UND MUSIK

Die Natur von Paris ist so komplex und instabil, dass es vermessen erscheint, sie definieren zu wollen. Es ist eine Stadt, die so angespannt ist, so von Wankelmütigkeit geprägt ist und so wechselhaft in ihrem Geschmack ist, dass ein Buch, das sie in dem Moment, in dem es geschrieben wird, wirklich beschreibt, zum Zeitpunkt seiner Veröffentlichung nicht mehr korrekt ist. Und dann gibt es nicht nur ein Paris; Es gibt zwei oder drei Pariser – das modische Paris, das bürgerliche Paris, das intellektuelle Paris, das vulgäre Paris –, die alle nebeneinander leben, sich aber kaum vermischen. Wenn Sie die kleinen Städte innerhalb der großen Stadt nicht kennen, können Sie das starke und oft widersprüchliche Leben dieses großen Organismus als Ganzes nicht kennen.

Wenn man sich ein Bild vom Musikleben in Paris machen will, muss man die Vielfalt seiner Zentren und den ständigen Fluss seiner Gedanken berücksichtigen – Gedanken, die nie aufhören, aber immer über das Ziel hinausschießen, dem sie zustreben. Diesen unaufhörlichen Meinungswechsel nennt der Ausländer verächtlich „Mode". Und ohne Zweifel gibt es in der Künstleraristokratie von Paris wie in allen großen Städten eine Herde müßiger Leute, die nach neuen Moden Ausschau halten – in der Kunst wie in der Kleidung – und bestimmte davon ohne jeden ernsthaften Grund herausheben wollen. Aber trotz ihrer Ansprüche haben sie nur einen infinitesimalen Anteil an den Veränderungen des künstlerischen Geschmacks. Der Ursprung dieser Veränderungen liegt im Pariser Gehirn selbst – einem Gehirn, das schnell und fieberhaft arbeitet, immer arbeitet, wissbegierig ist, leicht ermüdet, heute die Vorzüge eines Werkes erkennt, morgen seine Mängel sieht, seinen Ruf ebenso schnell aufbaut, wie er ihn zerstört, und das trotz all seiner offensichtlichen Launen immer logisch und aufrichtig ist. Es hat seine momentanen Vernarrtheiten und Abneigungen, aber keine dauerhaften Vorurteile; und durch seine Neugier, seine absolute Freiheit und seine sehr französische Angewohnheit, alles zu kritisieren, ist es ein wunderbares Barometer, das alle verborgenen Gedankenströmungen in der Seele des Westens wahrnimmt und oft schon Monate im Voraus die Schwankungen und Störungen der künstlerischen und politischen Welt anzeigt.

Und dieses Barometer registriert, was gerade jetzt in der Welt der Musik geschieht, wo in Frankreich seit einigen Jahren eine Bewegung spürbar ist, deren Auswirkungen andere Nationen – vielleicht musikalischere Nationen – erst später spüren werden. Denn die Nationen mit den stärksten künstlerischen Traditionen sind nicht unbedingt diejenigen, die wahrscheinlich eine neue Kunst entwickeln werden. Dazu braucht man unberührten Boden und Geister, die nicht durch das Erbe der Vergangenheit beeinträchtigt sind. 1870 hatte niemand ein leichteres Erbe zu tragen als die französischen Musiker; denn die Vergangenheit war vergessen, und so etwas wie eine echte musikalische Ausbildung gab es nicht.

Die musikalische Schwäche jener Zeit war sehr merkwürdig und hat bei vielen Leuten den Eindruck erweckt, dass Frankreich nie eine musikalische Nation gewesen sei. Historisch gesehen könnte nichts falscher sein. Sicherlich gibt es Rassen, die musikalisch begabter sind als andere; aber oft sind die scheinbaren Rassenunterschiede in Wirklichkeit Unterschiede der Zeit; und je nachdem, welchen Zeitraum ihrer Geschichte wir betrachten, erscheint eine Nation in ihrer Kunst groß oder klein. England war bis zur Revolution von 1688 eine musikalische Nation; Frankreich war im 16.

Jahrhundert die größte musikalische Nation; und die jüngsten Veröffentlichungen von M. Henry Expert haben uns einen Einblick in die Originalität und Vollkommenheit der französisch-belgischen Kunst während der Renaissance gegeben. Aber ohne so weit zurückzugehen, stellen wir fest, dass Paris zur Zeit der Restauration, zur Zeit der Uraufführung von Beethovens Symphonien am Konservatorium, der ersten großen Werke von Berlioz und der italienischen Oper eine sehr musikalische Stadt war. In Berlioz' *Mémoires* kann man von der Begeisterung, den Tränen und den Gefühlen lesen, die die Aufführungen der Opern von Gluck und Spontini hervorriefen; und im selben Buch sieht man deutlich, dass diese musikalische Wärme bis 1840 anhielt, danach nach und nach abebbte und im Zweiten Kaiserreich von völliger musikalischer Apathie abgelöst wurde - einer Apathie, unter der Berlioz grausam litt, so dass man sogar sagen könnte, er starb erdrückt von der Gleichgültigkeit des Publikums. Zu dieser Zeit regierte Meyerbeer an der Oper. Diese unglaubliche Schwächung des musikalischen Gefühls in Frankreich von 1840 bis 1870 wird nirgends besser gezeigt als bei seinen romantischen und realistischen Schriftstellern, für die Musik eine hermetisch verschlossene Tür war. Alle diese Künstler waren " *visuels* ", für die Musik nur ein Geräusch war. Hugo soll gesagt haben, dass Deutschlands Unterlegenheit an seiner Überlegenheit in der Musik gemessen wurde. [204] „Der ältere Dumas verabscheute", sagt Berlioz, „sogar schlechte Musik." [205] Das Tagebuch der Goncourts spiegelt ruhig die fast universelle Verachtung der Literaten für Musik wider. In einem Gespräch zwischen Goncourt und Théophile Gautier, das 1862 stattfand, sagte Goncourt:

„Wir bekannten ihm unsere völlige Gebrechlichkeit, unsere musikalische Taubheit – wir, die wir höchstens Militärmusik mochten."

„Nun", sagte Gautier, „was Sie mir erzählen, gefällt mir sehr. Ich bin wie Sie; ich ziehe die Stille der Musik vor. Ich habe erst vor kurzem, nachdem ich einen Teil meines Lebens mit einem Sänger verbracht habe, gelernt, gute von schlechter Musik zu unterscheiden; aber das ist mir gleich." [206]

Und er fügte hinzu:

„Aber es ist sehr merkwürdig, dass alle anderen Schriftsteller unserer Zeit so sind. Balzac hasste Musik. Hugo konnte sie nicht ertragen. Sogar Lamartine, der selbst wie ein Klavier ist, das man vermieten oder verkaufen kann, verabscheut sie!"

Um diese Geisteshaltung zu ändern, bedurfte es eines völligen Umbruchs der Nation – eines politischen und moralischen Umbruchs. Einige Anzeichen dieser Veränderung machten sich in den letzten Jahren des Zweiten Kaiserreichs bemerkbar. Wagner, der 1860, als *Tannhäuser* in der Oper aufgeführt wurde, unter der Feindseligkeit oder Gleichgültigkeit des Publikums litt, hatte jedoch in Paris bereits einige verständnisvolle Menschen gefunden, die sein Genie erkannten und ihn aufrichtig bewunderten. Der interessanteste der Schriftsteller, die als erste begannen, musikalische Emotionen zu verstehen, ist Charles Baudelaire. 1861 gab Pasdeloup die ersten *Concerts populaires de musique classique* im Cirque d'Hiver. Das von M. Reyer organisierte Berlioz-Festival am 23. März 1870, ein Jahr nach Berlioz' Tod, offenbarte Frankreich die Größe seines größten musikalischen Genies und war der Beginn einer Kampagne zur öffentlichen Wiedergutmachung seines Andenkens.

Die Katastrophen des Krieges im Jahre 1870 belebten den künstlerischen Geist der Nation neu. Die Musik spürte ihre Wirkung sofort. [207] Am 24. Februar 1871 wurde die *Société nationale de musique* gegründet, um die Werke französischer Komponisten zu verbreiten; und 1873 wurden die *Concerts de l'Association artistique* unter der Leitung von M. Colonne ins Leben gerufen; diese Konzerte machten die Menschen nicht nur mit den klassischen Symphoniekomponisten und den Meistern der jungen französischen Schule bekannt, sondern waren insbesondere der Ehrung Berlioz gewidmet, dessen Triumph um 1880 seinen Höhepunkt erreichte. [208]

Zu dieser Zeit begann sich Wagners Erfolg bemerkbar zu machen. Dafür war vor allem M. Lamoureux verantwortlich, dessen Konzerte 1882 begannen. Wagners Einfluss trug wesentlich zum Fortschritt der französischen Kunst bei und weckte auch bei anderen Menschen als Musikern eine Liebe zur Musik. Durch seine umfassende Persönlichkeit und den großen Wirkungsbereich seines künstlerischen Schaffens erregte er nicht nur das Interesse der Musikwelt, sondern auch das der Theaterwelt, der Poesie und der bildenden Künste. Man kann sagen, dass Wagners Werk ab 1885 direkt oder indirekt auf das gesamte künstlerische Denken einwirkte, selbst auf das religiöse und intellektuelle Denken der bedeutendsten Menschen in Paris. Und ein merkwürdiger historischer Beweis ihres weltweiten Einflusses und ihrer momentanen Überlegenheit über alle anderen Künste war die Gründung der *Revue Wagnérienne*, in der sich, vereint durch die gleiche künstlerische Hingabe, Schriftsteller und Dichter wie Verlaine, Mallarmé, Swinburne, Villiers de l'Isle Adam, Huysmans, Richepin, Catulle Mendès, Édouard Rod, Stuart Merrill, Ephraim Mikhaël usw. und Maler wie Fantin-Latour, Jacques Blanche, Odilon Redon; und Kritiker wie Teodor de Wyzewa, HS Chamberlain, Hennequin, Camille Benoît, A. Ernst, de Fourcaud, Wilder, E. Schuré, Soubies, Malherbe, Gabriel Mourey usw. fanden. Diese Schriftsteller diskutierten nicht nur musikalische Themen, sondern beurteilten Malerei, Literatur und Philosophie aus einem Wagnerschen Blickwinkel. Hennequin verglich die philosophischen Systeme von Herbert Spencer und Wagner. Teodor de Wyzewa studierte die Wagnersche Literatur – nicht die Literatur, die Wagners Werke kommentierte, und die Gemälde, die sie illustrierten, sondern die Literatur und die Malerei, die von Wagners Prinzipien inspiriert waren – von der ägyptischen Bildhauerei bis zu Degas' Gemälden, von Homers Schriften bis zu denen von Villiers de l'Isle Adam! Mit einem Wort, das ganze Universum wurde durch den Gedanken von Bayreuth gesehen und beurteilt. Und obwohl dieser Wahnsinn kaum länger als drei oder vier Jahre dauerte – die Lebensdauer dieser kleinen Zeitschrift – beherrschte Wagners Genie zehn oder zwölf Jahre lang fast die gesamte französische Kunst. [209] Mittels Konzerten wurde eine leidenschaftliche musikalische Propaganda unter der Öffentlichkeit betrieben; und die jungen Intellektuellen der Zeit wurden gewonnen. Aber der beste Dienst, den der Wagnerismus der französischen Kunst erwies, war, dass er das breite Publikum für Musik interessierte; obwohl die Tyrannei, die sein Einfluss ausübte, mit der Zeit sehr erdrückend wurde.

Dann, im Jahr 1890, gab es Anzeichen einer Bewegung, die sich gegen ihren Despotismus auflehnte. Der starke Wind aus dem Osten begann nachzulassen und drehte nach Norden. Skandinavische und russische Einflüsse machten sich bemerkbar. Eine übertriebene Verliebtheit in Grieg, wenn auch auf eine kleine Zahl von Menschen beschränkt, war ein Anzeichen für den Wandel des öffentlichen Geschmacks. 1890 starb César Franck in Paris. Belgier von Geburt und Temperament her, Franzose von Gefühl und musikalischer Ausbildung, war er außerhalb der Wagnerschen Bewegung in seiner eigenen heiteren und fruchtbaren Einsamkeit geblieben. Zu seiner intellektuellen Größe und dem Charme, den sein persönliches Genie auf die kleine Gruppe von Freunden ausübte, die ihn kannten und verehrten, fügte er die Autorität seines Wissens hinzu. Unbewusst brachte er uns die Seele Sebastian Bachs mit ihrem unendlichen Reichtum und ihrer Tiefe zurück; und dadurch wurde er zum Oberhaupt einer Schule (ohne es gewollt zu haben) und zum größten Lehrer zeitgenössischer französischer Musik. Nach seinem Tod war sein Name das Mittel, um die jüngere Musikerschule zu vereinen. 1892 wurden die *Chanteurs de Saint-Gervais* unter der Leitung von Charles Bordes wieder eingesetzt, um die gregorianische und palästrinische Musik zu ehren und populär zu machen. Auf Initiative ihres Direktors wurde 1894 die *Schola Cantorum zur Wiederbelebung der religiösen Musik gegründet. Mit dem Erfolg wuchs der Ehrgeiz. Aus der Schola* ging die *École Supérieure de Musique* unter der Leitung von Francks berühmtestem Schüler, Vincent d'Indy hervor. Diese Schule, die auf soliden Kenntnissen nicht nur der Klassiker, sondern auch der Grundpfeiler der Musik gründete, hatte von ihrer Gründung im Jahr 1900 an einen ausgesprochen nationalen Charakter und war in gewisser Weise der deutschen Kunst entgegengesetzt. Gleichzeitig wurden immer häufiger Bach-Aufführungen sowie Musik des 17. und 18. Jahrhunderts aufgeführt. und intimere Beziehungen zu Künstlern anderer Länder, wiederholte Besuche des großen *Kapellmeisters*, ausländischer Virtuosen und Komponisten (insbesondere Richard Strauss) und schließlich russischer Komponisten vervollständigten die Ausbildung des Pariser Musikpublikums, das sich nach wiederholten Rügen der Kritiker des Erwachens einer nationalen Persönlichkeit und eines ungeduldigen Wunsches bewusst wurde, sich von der deutschen Bevormundung zu befreien. Abwechselnd nahm es dankbar und herzlich M. Bruneaus *Le Rêve* (1891), M. d'Indys *Fervaal* (1898) und M. Gustave Charpentiers *Louise* (1900) auf – die alle wie Werke der Befreiung erschienen. Tatsächlich waren diese lyrischen Dramen jedoch keineswegs frei von ausländischen Einflüssen, insbesondere nicht von Wagnerschen Einflüssen. M. Debussys *Pelléas et Mélisande* aus dem Jahr 1902 schien die Emanzipation der französischen Musik wahrhaftiger zu kennzeichnen. Von diesem Zeitpunkt an fühlte sich die französische Musik von der Schule abgewandt und behauptete, eine neue Kunst begründet zu haben, die den Geist der Rasse widerspiegelte und freier und geschmeidiger war als die Wagnersche Kunst. Diese Ideen, die von der Presse aufgegriffen und verbreitet wurden, führten bei den französischen Künstlern recht schnell zu der Überzeugung, dass Frankreich in der Musik überlegen sei. Ist diese Überzeugung gerechtfertigt? Nur die Zukunft kann es uns sagen. Aber man kann anhand dieser kurzen Übersicht der Ereignisse erkennen, wie real die Entwicklung des musikalischen Geistes in Frankreich seit 1870 ist, trotz der offensichtlichen Widersprüche der Mode, die sich an der Oberfläche der Kunst zeigen. Es ist der Geist Frankreichs, der nach langer Unterdrückung und einer geduldigen, aber eifrigen Einführung seine Macht erkennt und seinerseits die Herrschaft anstreben möchte.

Ich wollte zunächst die Grundlinie der Bewegung nachzeichnen, die seit dreißig Jahren die französische Musik beeinflusst; und jetzt werde ich die musikalischen Institutionen betrachten, die an dieser Bewegung beteiligt waren. Sie werden sich nicht wundern, wenn ich einige der berühmtesten, die ihr Interesse daran verloren haben, ignoriere, um mich an diejenigen zu erinnern, die die wahren Urheber unserer Erneuerung sind.

MUSIKINSTITUTIONEN VOR 1870

Es sind keineswegs die ältesten und berühmtesten Musikinstitutionen, die in den letzten dreißig Jahren den größten Anteil an dieser Entwicklung der Musik hatten.

Die *Académie des Beaux-Arts* , an der sechs Lehrstühle für die Musiksektion reserviert sind, hätte mit der Autorität ihres Namens und den vielen Preisen, die sie für Komposition und Kritik vergibt, besonders dem *Prix de Rome* , den sie jedes Jahr verleiht, eine sehr wichtige Rolle in der musikalischen Organisation Frankreichs spielen können. Aber sie spielt ihre Rolle nicht gut, zum Teil wegen der antiquierten Statuten, die sie regeln und nach denen eine Handvoll Musiker mit einer großen Zahl von Malern, Bildhauern und Architekten in Verbindung gebracht werden, die keine Ahnung von Musik haben und die Musiker verspotten, wie sie es zu Berlioz' Zeiten taten; und zum Teil, weil es an der Akademie Brauch ist, die kleine Gruppe von Musikern auf sehr konservative Weise auszubilden. Einer dieser Musiker ist mit Recht berühmt – der von M. Saint-Saëns; aber es gibt andere, deren Ruhm von geringerer Qualität ist, und wieder andere, die überhaupt keinen Ruhm genießen. Und das Ganze bildet eine kleine Gruppe, die zwar dem Fortschritt der Kunst keine wirklichen Hindernisse in den Weg legt, ihm aber dennoch nicht wohlwollend gegenübersteht, sondern eher in gleichgültiger oder sogar feindseliger Haltung abseits steht.

Das *Conservatoire national de Musique et de Déclamation* , das aus den letzten Jahren des *Ancien Régime* und der Revolution stammt, war aufgrund seines patriotischen und demokratischen Ursprungs darauf ausgelegt, der Sache der nationalen Kunst und des freien Fortschritts zu dienen. [210]

Es war lange Zeit der Grundstein des Musikgebäudes in Paris. Aber obwohl sie seit jeher viele berühmte und hingebungsvolle Professoren in ihren Reihen zählte – unter ihnen erkannte sie etwas spät den Gründer der jungen französischen Schule, César Franck – und obwohl die Mehrheit der Künstler, die sich in der französischen Musik einen Namen gemacht haben, dies getan hat erhielt seinen Unterricht, und die Liste der Preisträger Roms, die aus seinen Kompositionsklassen hervorgegangen sind, umfasst alle Köpfe der heutigen künstlerischen Bewegung in ihrer ganzen Vielfalt und reicht von M. Massenet bis M. Bruneau und von M. Charpentier an M. Debussy – trotz alledem ist es kein Geheimnis, dass seit 1870 die offiziellen Maßnahmen gegenüber der Bewegung fast nichts bedeuten; Allerdings müssen wir ihm zumindest gerecht werden und sagen, dass es ihn nicht behindert hat. [211]

Aber auch wenn der Geist dieser Akademie oft die Wirkung der hervorragenden Lehre zerstört hat, indem er den Erfolg bei akademischen Wettbewerben zum Hauptziel der Professoren und ihrer Schüler machte, herrschte in der Institution immer eine gewisse Freiheit. Und obwohl diese Freiheit hauptsächlich das Ergebnis von Gleichgültigkeit ist, hat sie es den unabhängigeren Temperamenten ermöglicht, sich in Frieden zu entwickeln – von Berlioz bis M. Ravel. Dafür sollte man dankbar sein. Aber solche Tugenden sind zu negativ, um dem Konservatorium einen hohen Platz in der Musikgeschichte der Dritten Republik zu geben; und erst in jüngster Zeit hat es unter der Leitung von M. Gabriel Fauré versucht, nicht ohne Schwierigkeiten, seinen Platz an der Spitze der französischen Kunst zurückzuerobern, den es verloren hatte und den andere eingenommen hatten.

Die *Société des Concerts du Conservatoire* , die 1828 unter der Leitung von Habeneck gegründet wurde, hatte ihre Glanzzeit in der Musikgeschichte von Paris. Durch diese Gesellschaft wurde Beethovens Größe in Frankreich

offenbart. [212] Am Conservatoire wurden die frühen bedeutenden Werke von
Berlioz zum ersten Mal aufgeführt: *La Fantastique* , *Harold* und *Roméo et Juliette*
. Hier wurden in unserer Zeit auch Saint-Saëns' *Symphonie avec Orgue* und César
Francks *Symphonie* zum ersten Mal gespielt. Aber lange Zeit schien das
Conservatoire seinen Namen zu wörtlich zu nehmen und seinen
Wirkungsbereich auf die eines Museums für klassische Musik zu
beschränken.

In späteren Jahren jedoch begann die *Société des Concerts* mit M. Marty, neue
Werke in Betracht zu ziehen. Ihr Orchester, das aus hervorragenden
Instrumentalisten besteht, genießt einen klassischen Ruf; obwohl es jetzt
nicht mehr allein in der Exzellenz seiner Aufführungen ist und vielleicht ein
wenig das Geheimnis verloren hat, das es für die Interpretation großer
klassischer Werke zu besitzen behauptete. Es zeichnet sich durch Werke
neoklassischen Charakters aus, wie die von M. Saint-Saëns, die stärker in Stil
und Geschmack als in Leben und Leidenschaft sind. Die Konzerte des
Konservatoriums sind auch anderen Konzerten in Paris relativ überlegen,
was die Aufführung von Chorwerken betrifft, die bis heute sehr zweitklassig
waren. Aber diese Konzerte sind für die breite Öffentlichkeit nicht leicht
zugänglich, da die Zahl der zu verkaufenden Plätze sehr begrenzt ist. Und so
repräsentiert die Gesellschaft ein kleines Publikum, dessen Geschmack im
Großen und Ganzen konservativ und offiziell ist; und der Lärm des Streits
vor ihren Türen erreicht ihre Ohren nur langsam und mit gedämpftem
Klang.

Der Einfluss des Konservatoriums ist, insbesondere in der Musik, ein
Einfluss der Vergangenheit und der Regierung. Ähnliches kann man auch
von der Oper sagen. Dieser alte Verein, der den eindrucksvollen Namen
Académie nationale de Musique trägt und auf das Jahr 1669 zurückgeht, ist eine
Art nationale Institution, die sich mehr mit der Geschichte der offiziellen
Kunst als mit lebendiger Kunst befasst. Die Satire, mit der Jean-Jacques in
seiner *Nouvelle Héloïse* die steife Feierlichkeit und den traurigen Pomp ihrer
Darbietungen beschreibt, hat nicht viel von ihrer Wahrheit eingebüßt. Was
der Oper heute fehlt, ist der Enthusiasmus, der ihre früheren musikalischen
Kämpfe zur Zeit der „ *Encyclopédistes* " und des „ *Guerre des Coins* " begleitete.
Die großen Schlachten der Kunst werden jetzt vor ihren Türen ausgetragen;
und es ist nach und nach zu einem protzigen , vielleicht etwas verblassten
Salon geworden , in dem sich das Publikum mehr für sich selbst als für die
Aufführung interessiert. Trotz der enormen Summen, die es jedes Jahr
verschlingt (fast vier Millionen Franken), [213] entstehen pro Jahr nur ein oder
zwei neue Stücke, und es handelt sich selten um Werke, die repräsentativ für
die moderne Schule sind. Und obwohl es Wagners Dramen endlich in sein
Repertoire aufgenommen hat, kann man diese Werke, die ein halbes
Jahrhundert alt sind, nicht länger als Vorreiter der Musik betrachten. Die

angesehensten Meister der französischen Schule, wie Massenet, Reyer, Chausson und Vincent d'Indy, mussten im Théâtre de la Monnaie in Brüssel Zuflucht suchen, bevor sie ihre Werke an der Pariser Oper empfangen konnten. Und den klassischen Komponisten ergeht es nicht besser. Weder *Fidelio* noch Glucks Tragödien sind – mit Ausnahme der *Armide* , die unter dem Druck der Mode inszeniert wurde – vertreten; und wenn sie zufällig *Freischütz* oder *Don Juan geben* , fragt man sich, ob es nicht besser gewesen wäre, sie in Vergessenheit geraten zu lassen, als sie sakrilegisch zu behandeln, indem man Ballette und neue Rezitative hinzufügt, streicht, einführt und ihren Stil so verformt Bringen Sie sie auf den neuesten Stand. [214]

Trotz der Geschmacksveränderungen und der Kampagne der Presse ist die Oper bis heute so geblieben, wie sie zur Zeit Meyerbeers und Gounods und ihrer Schüler war. Aber es wäre töricht, so zu tun, als hätte es kein Publikum. Die Belege zeigen deutlich, dass *Faust* in größerer Gunst steht als *Siegfried* oder *Tristan* , ganz zu schweigen von den neueren Werken der neuen französischen Schule, die dort nicht akklimatisiert werden können.

Zweifellos eignet sich die riesige Bühne der Oper nicht gut für moderne Musikdramen, die intim und konzentriert sind, und würde in ihrem riesigen Raum untergehen, der eher für formelle Prozessionen wie die Märsche in der *Prophète* und *der Aïda geeignet ist* . Darüber hinaus sind da noch das konventionelle Spielverhalten der meisten Sänger, die dumpfe Leblosigkeit der Chöre, die mangelhafte Akustik und die überzogenen Äußerungen und Gesten der Schauspieler, die die Größe des Ortes erfordert – all das ist ein Problem ernsthaftes Hindernis für die Konzeption einer lebendigen und einfachen Kunst. Aber das Haupthindernis wird immer in der Natur eines solchen Theaters liegen – ein Theater des Luxus und der Eitelkeit, geschaffen für eine Gruppe von Snobs, deren geringstes Interesse die Musik ist, die nicht genug Intellekt haben, um eine Mode zu schaffen, die aber unterwürfig sind Folge jeder Mode, nachdem sie dreißig Jahre alt ist. Ein solches Theater zählt in der Geschichte der französischen Musik nicht mehr; und seine nächsten Direktoren werden eine enorme Menge an Einfallsreichtum und Energie benötigen, um einem so toten Koloss einen Anschein von Leben zu verleihen.

Ganz anders verhält es sich jedoch mit der Opéra-Comique. Dieses Theater hat sehr aktiv an der Entwicklung der modernen Musik teilgenommen. Ohne seine klassischen Traditionen oder sein wunderbares Repertoire der alten *Opéra-Comiques aufzugeben* , hat es unter der umsichtigen Leitung von M. Albert Carré genug Verständnis gezeigt, um sich für interessante Produktionen dramatischer Musik offen zu halten. Es ergreift keine Partei zwischen den verschiedenen Schulen, und die Vertreter der altmodischen leichten Oper drängen sich mit ihren Liedern gegen die Führer der fortgeschrittenen Schule. Kein anderer Verein hat in den letzten zwanzig

Jahren sowohl im Bereich der Musikdramen als auch der Musikkomödien wichtigere Arbeit geleistet. In diesem Theater, das 1875 *Carmen* , 1884 *Manon und 1888 Der König von Ys aufführte* , wurden die wichtigsten Dramen von M. Bruneau gespielt, sowie M. Charpentiers *Louise* , M. Debussys *Pelléas et Mélisande* und M. Dukas' *Ariane et Barbebleue* . Es mag erstaunlich erscheinen, dass solche Werke an der Opéra-Comique und nicht an der Oper ihren Platz fanden. Aber wenn es zwei Musiktheater verschiedener Art gibt, von denen eines das Monopol der großen Kunst beansprucht, während das andere mit einfacherem und intimerem Charakter nur zu gefallen sucht, ist es immer das letztere, das die besseren Chancen auf Entwicklung und neue Entdeckungen hat; denn das erste wird von Traditionen unterdrückt, die immer steifer und pedantischer werden, während das andere mit seiner Einfachheit und Anspruchslosigkeit in der Lage ist, sich jeder Lebensart anzupassen. Wie viele Künstler haben ihre Zeit revolutioniert, während sie lediglich als Leute angesehen wurden, die amüsierten! Frescobaldi und Philipp Emanuel Bach brachten neues Leben in die Kunst, wurden aber von den sogenannten Vertretern der schönen Künste verachtet; Mozarts *Opere buffe* enthalten mehr Wahrheit und Leben als seine *Opere serie ; und in einer Opéra-Comique* wie *Carmen* steckt ebenso viel dramatische Kraft wie im gesamten Repertoire der großen Oper von heute. Und so wurde die Opéra-Comique zur Stätte der kühnsten musikalischen Drama-Experimente. Die gewagtesten oder wildesten Versuche des musikalischen Realismus im Stile Charpentiers oder Bruneaus und die subtilen Phantasien einer feinsinnigen Traumkunst wie der Debussys fanden dort Aufnahme. Auch für die verschiedensten Formen ausländischer Kunst war sie offen: Humperdincks Hänsel *und Gretel* , Verdis *Falstaff* , die Werke von Puccini, Mascagni und der jungen italienischen Schule, Richard Strauss' *Feuersnot* und Rimski-Korsakows *Snegurotschka* wurden dort aufgeführt. Und man hat dort sogar die klassischen Meisterwerke der Oper aufgeführt: *Fidelio* , *Orfeo* , *Alceste* , die beiden *Iphigénies* ; und man hat sich dabei mehr Mühe gegeben und sie mit mehr frommerem Eifer inszeniert als in der Oper. Auch die Opern selbst sind dort besser aufgehoben, denn die Größe des Theaters ähnelt eher den Theatern des 18. Jahrhunderts. Es stimmt, dass es der Bühne etwas an Tiefe mangelt, aber der Einfallsreichtum des Direktors und der bewundernswerten Bühnenbildner, die er beschäftigt, haben es geschafft, diesen Mangel vergessen zu lassen, und Wunder vollbracht. Kein Theater in Paris hat eine kunstvollere Inszenierung, und einige der in letzter Zeit entworfenen Bühnenbilder sind Meisterwerke ihrer Art. Die Opéra-Comique hat auch den Vorteil, hervorragende Dirigenten zu haben, und einer von ihnen, M. Messager, der jetzt Direktor ist, hat mit seinen klugen Interpretationen viel zum Erfolg der Werke der neuen Schule beigetragen.

NEUE MUSIKINSTITUTIONEN

1. *Die Société Nationale*

Vor 1870 hatte die französische Musik mit der Oper und der Opéra-Comique (die verschiedenen Bemühungen des Théâtre Lyrique nicht mitgerechnet) bereits ein Ventil, das den Bedürfnissen ihrer dramatischen Produktionen beinahe genügte. Selbst als der Musikgeschmack am dekadentesten war, hatten die Werke von Gounod, Ambroise Thomas und Massé stets den Namen der französischen *Opéra-comique hochgehalten* . Was jedoch fast völlig fehlte, war ein Ventil für sinfonische Musik und Kammermusik. „Vor 1870", schrieb M. Saint-Saëns in *Harmonie et Mélodie* , „hatte ein französischer Komponist, der töricht genug war, sich auf das Gebiet der Instrumentalmusik zu wagen, keine andere Möglichkeit, seine Werke aufzuführen, als selbst ein Konzert dafür zu arrangieren." Dies war auch bei Berlioz der Fall; denn jedes Mal, wenn er seine großen Symphonien aufführen wollte, musste er ein Orchester zusammenstellen und einen Saal mieten. Die finanziellen Folgen waren oft katastrophal: Die Aufführung von *Damnation de Faust* im Jahr 1846 war beispielsweise ein völliger Misserfolg, und er musste sie aufgeben. Das Conservatoire, das früher gastfreundlicher war, führte eher widerwillig einen Teil von *L'Enfance du Christ auf* ; es gab jungen Komponisten jedoch keine Ermutigung.

Der erste Mann, der versuchte, die Symphonie populär zu machen, war, wie uns M. Saint-Saëns in seinen *Portraits et Souvenirs erzählt* , Seghers, ein dissidentes Mitglied der *Société des Concerts du Conservatoire* , der mehrere Jahre (1848-1854) Dirigent der *Société de Sainte-Cécile war* , die ihren Sitz in einem Raum in der Rue de la Chaussée d'Antin hatte. Dort hatte er Mendelssohns *Symphonie Italienne* , die Ouvertüren zu *Tannhäuser* und *Manfred* , Berlioz' *Fuite en Égypte* sowie frühe Werke von Gounod und Bizet aufgeführt. Aber Geldmangel machte seinen Bemühungen ein Ende.

Pasdeloup nahm die Arbeit auf. Nachdem er seit 1851 Dirigent der *Société des jeunes artistes du Conservatoire* in der Salle Herz gewesen war, gründete er 1861 im Cirque d'Hiver mit finanzieller Unterstützung eines reichen Geldverleihers die ersten *Concerts populaires de musique classique* . Unglücklicherweise, sagt M. Saint-Saëns, traf Pasdeloup sogar bis 1870 eine fast ausschließlich deutsche Auswahl klassischer Werke. Er errichtete eine undurchdringliche Barriere vor der jungen französischen Schule und die einzigen französischen Werke, die er spielte, waren Symphonien von Gounod und Gouvy sowie die Ouvertüren von *Les Francs-Juges* und *La Muette* . Es war unmöglich, eine rivalisierende Gesellschaft gegen ihn aufzubauen und so hatte er das alleinige Monopol in der Musik. Laut M. Saint-Saëns war er ein mittelmäßiger Musiker und trotz seiner Leidenschaft für die Musik „enorm unfähig". In *Harmonie et Mélodie* sagt M. Saint-Saëns: „Die wenigen

Kammermusikvereine, die es gab, waren ebenfalls für alle Neulinge geschlossen; ihre Programme enthielten nur die Namen unbestrittener Berühmtheiten, der Autoren klassischer Symphonien. Damals musste man wirklich jeden gesunden Menschenverstand vermissen lassen, um Musik zu schreiben."

Es wuchs jedoch eine neue Generation heran, eine Generation, die ernsthaft und nachdenklich war, die sich mehr von der reinen Musik als vom Theater angezogen fühlte und von dem brennenden Wunsch erfüllt war, eine nationale Kunst zu gründen. Zu dieser Generation gehören M. Saint-Saëns und M. Vincent d'Indy. Der Krieg von 1870 verstärkte diese Vorstellungen von der Musik, und noch während der Krieg tobte, ging aus ihnen die *Société Nationale de Musique hervor*.

Man muss mit Respekt von dieser Gesellschaft sprechen, denn sie war die Wiege und das Heiligtum der französischen Kunst. [215] Alles, was in der französischen Musik von 1870 bis 1900 groß war, fand dort eine Heimat. Ohne sie wäre der größte Teil der Werke, die die Ehre unserer Musik ausmachen, nie gespielt worden; vielleicht wären sie nie geschrieben worden. Die Gesellschaft besaß das seltene Verdienst, der öffentlichen Meinung zehn oder elf Jahre zuvorkommen zu können, und in gewisser Weise hat sie die öffentliche Meinung geformt und sie gezwungen, diejenigen zu ehren, die die Gesellschaft bereits als große Musiker anerkannt hatte.

Die beiden Gründer der Gesellschaft waren Romaine Bussine, Professorin für Gesang am Konservatorium, und M. Camille Saint-Saëns. Und auf ihre Initiative hin schlossen sich César Franck, Ernest Guiraud, Massenet, Garcin, Gabriel Fauré, Henri Duparc, Théodore Dubois und Taffanel mit ihnen zusammen und einigten sich bei einem Treffen am 25. Februar 1871 auf die Gründung einer Musikgesellschaft sollte ausschließlich Werke lebender französischer Komponisten hören. Die ersten Treffen wurden durch die Taten der Kommune unterbrochen; aber sie begannen im Oktober 1871 erneut. Die ersten Statuten der Gesellschaft wurden von Alexis de Castillon entworfen, einem Militäroffizier und talentierten Komponisten, der, nachdem er im Krieg von 1870 an der Spitze der *Mobileinheiten* von Eure-et-gedient hatte, Loire war einer der Begründer der französischen Kammermusik und starb 1873 im Alter von 35 Jahren. Es waren diese von Saint-Saëns, Castillon und Garcin unterzeichneten Statuten, die der Gesellschaft den Titel „*Société Nationale de Musique*" und ihr Motto „*Ars gallica*" gaben. Zu den Zielen des Vereins heißt es in der Satzung:

"Das Ziel der Gesellschaft ist es, die Produktion und Popularisierung aller ernsthaften musikalischen Werke französischer Komponisten zu unterstützen, ob veröffentlicht oder unveröffentlicht; alle musikalischen Bemühungen, welche Form sie auch annehmen mögen, im Rahmen ihrer

Möglichkeiten zu fördern und ans Licht zu bringen, vorausgesetzt, dass der Autor hohe künstlerische Ansprüche hat... In brüderlicher Liebe, mit völliger Selbstvergessenheit und mit der festen Absicht, einander so gut zu helfen, wie sie können, werden die Mitglieder der Gesellschaft zusammenarbeiten, jeder in seinem eigenen Wirkungsbereich, um die Werke zu studieren und aufzuführen, die sie auswählen und interpretieren sollen."

Der erste Ausschuss setzte sich wie folgt zusammen: Präsident Bussine; Vizepräsident, Saint-Saëns; Sekretär: Alexis de Castillon; Unterstaatssekretär Jules Garcin; Schatzmeister, Lenepveu. Die Mitglieder des Ausschusses waren: César Franck, Théodore Dubois, E. Guiraud, Fissot, Bourgault-Ducoudray, Fauré und Lalo.

Das erste Konzert fand am 25. November 1871 in der Salle Pleyel statt. Bemerkenswert ist, dass das erste gespielte Werk ein Trio von César Franck war. Seitdem hat die Gesellschaft dreihundertfünfzig Kammermusik- oder Orchesterwerke aufgeführt. Die bekanntesten französischen Komponisten und Virtuosen haben als Interpreten mitgewirkt, unter anderem: César Franck, Saint-Saëns, Massenet, Bizet, Vincent d'Indy, Fauré, Chabrier, Guiraud, Debussy, Lekeu, Lamoureux, Chevillard, Taffanel, Widor, Messager, Diémer, Sarasate, Risler, Cortot, Ysaye usw. Unter den Kompositionen, die zum ersten Mal gespielt wurden, seien nur die folgenden erwähnt:

César Franck: Fast alle seine Werke, darunter Sonate, Trio, Quartett, Quintett, Symphonische Variationen, Präludien und Fugen, Messe, *Rédemption*, *Psyche* und ein Teil der *Seligpreisungen*.

Saint-Saëns: *Phaéton*, *Zweite Sinfonie*, Sonaten, Persische Melodien, die *Rapsodie d'Auvergne* und ein Quartett.

Vincent d'Indy: Die *Wallenstein-Trilogie*, das *Poême des Montagues*, die *Symphonie sur un thème montagnard* und Quartette.

Chabrier: Teil von *Gwendoline*.

Lalo: Fragmente von *Roi d'Ys*, Rhapsodien und Symphonien.

Bruneau: *Penthésilée*, *Die Schönheit im ruhenden Holz*.

Chausson: *Viviane*, *Hélène*, *La Tempête*, ein Quartett und eine Symphonie.

Debussy: *La Damoiselle élue*, *Prélude à l'après-midi d'un faune*, ein Quartett, Stücke für das Klavier und Melodien.

Dukas: *L'Apprenti Sorcier* und eine Sonate für Klavier.

Lekeu: *Andromède*.

Alberic Magnard: Symphonien und ein Quartett.

Ravel: *Schéhérazade* , *Histoires Naturelles* usw.

Saint-Saëns war bis 1886 gemeinsam mit Bussine Direktor. Doch ab 1881 wurde der Einfluss von Franck und seinen Schülern immer stärker spürbar, und Saint-Saëns verlor allmählich das Interesse an den Bemühungen der neuen Schule. 1886 kam es zu Meinungsverschiedenheiten über einen Vorschlag von Vincent d'Indy, Werke klassischer Meister und ausländischer Komponisten in die Programme aufzunehmen. Dieser Vorschlag wurde angenommen, doch Saint-Saëns und Bussine reichten ihren Rücktritt ein. Franck wurde daraufhin der eigentliche Präsident, obwohl er den Titel ablehnte, und nach seinem Tod im Jahr 1890 nahm Vincent d'Indy seinen Platz ein. Unter diesen beiden Direktoren wurde der alten und klassischen Musik von Komponisten wie Palestrina, Vittoria, Josquin, Bach, Händel, Rameau, Gluck, Beethoven, Schumann, Liszt und Brahms ein ganz wichtiger Platz eingeräumt. Ausländische zeitgenössische Musik nahm nur einen sehr begrenzten Platz ein. Wagners Name erscheint nur einmal, in einer Transkription des *Venusberg* für das Pianoforte; und Richard Strauss' Name erscheint nur im Zusammenhang mit seinem Quartett. Grieg erlebte dort um 1887 seine Stunde der Popularität, ebenso wie die Russen – Mussorgski, Borodin, Rimski-Korsakow, Ljadow und Glasunow –, die uns vielleicht durch M. Debussy bekannt gemacht wurden. Gegenwärtig scheint die Gesellschaft rein französischer zu sein als je zuvor; und der Einfluss von M. Vincent d'Indy und der Schule von Franck ist vorherrschend. Das ist nur natürlich; die *Société Nationale* hat sich ihren Ruhm am ehesten dadurch verdient, dass sie César Francks Genie erkannte; denn die Gesellschaft war ein kleines Heiligtum, wo der große Künstler zu einer Zeit geehrt wurde, als er vom Rest der Welt ignoriert oder ausgelacht wurde. Dieser Charakter eines Heiligtums blieb auch nach dem Sieg erhalten. In ihrem allgemeinen Programm von 1903-1904 erinnerte uns die Gesellschaft voller Stolz daran, dass sie ihren 1871 gemachten Versprechen treu geblieben sei. Und sie fügte hinzu, dass sie zwar, um ihren Mitgliedern die Möglichkeit zu geben, mit dem allgemeinen Fortschritt der Kunst Schritt zu halten, nach und nach klassische Meisterwerke und interessante moderne ausländische Werke in ihre Programme aufgenommen habe, dass sie jedoch stets ihr Gästezimmer offen gehalten und dort so manchen zukünftigen Ruf begründet habe.

Nichts ist wahrer. Die *Société Nationale* ist in der Tat ein Gasthaus, in dem in den letzten dreißig Jahren Gasthauskunst und Gasthausmeinungen entstanden sind; und aus ihr sind einige der tiefsinnigsten und poetischsten französischen Musikstücke hervorgegangen, wie etwa die Kammermusik von Franck und Debussy. Aber ihre Atmosphäre wird täglich dünner. Das ist eine Gefahr. Es ist zu befürchten, dass diese Kunst und dieses Denken von den dekadenten Feinheiten oder der pedantischen Scholastik absorbiert werden, die alle Cliquen begleiten – kurz gesagt, dass ihre Musik eher Salonmusik als

Kammermusik sein wird. Sogar die Gesellschaft selbst scheint dies zeitweise gespürt zu haben; und zu verschiedenen Zeiten hat sie den Kontakt mit der breiten Öffentlichkeit gesucht und sich in direkte Kommunikation mit ihr begeben. "Es wird immer notwendiger", schrieb M. Saint-Saëns, "dass französische Komponisten etwas finden, das zwischen dem vertraulichen Anhören ihrer Musik und ihrer Aufführung vor der breiten Öffentlichkeit liegt - etwas, das nicht so spekulativ ist wie ein großes Konzert, sondern dem künstlerischen Reiz einer Gemäldeausstellung gleicht und alles wagt. Das ist ein neues Ziel für die *Société Nationale* ." Aber es scheint, als ob sie dieses Ziel trotz einiger nicht ganz erfolgreicher Versuche noch nicht erreicht hätte, noch dass sie ihm nahe wäre.

Aber immerhin hat die *Société Nationale die Aufgabe, die sie sich gestellt hat, hervorragend erfüllt.* In dreißig Jahren hat sie in Paris ein kleines Zentrum ernsthafter Sinfonien- und Kammermusikkomponisten und ein gebildetes Publikum geschaffen, das sie zu verstehen scheint.

---

2. *Die Großen Symphoniekonzerte*

Obwohl es ein dringendes Anliegen war, dass sich junge französische Komponisten zusammenschließen, um der allgemeinen Gleichgültigkeit des Publikums zu widerstehen, war es noch dringlicher, diese Gleichgültigkeit zu bekämpfen und die Musik den einfachen Menschen zugänglich zu machen. Es ging darum, Pasdeloups Werk in einem künstlerischeren und moderneren Geist aufzugreifen und zu vollenden.

Georges Hartmann, ein Musikverleger, der die Kräfte spürte, die sich in der französischen Kunst zusammenschlossen, versammelte den größten Teil der talentierten Männer der jungen Schule um sich – Franck, Bizet, Saint-Saëns, Massenet, Delibes, Lalo, A. de Castillon, Th. Dubois, Guiraud, Godard, Paladilhe und Joncières – und verpflichteten sich, ihre Werke öffentlich aufzuführen. Er mietete das Odéon-Theater und stellte ein Orchester zusammen, dessen Leitung er M. Édouard Colonne anvertraute. Und am 2. März 1873 wurde das *Concert National* mit einer musikalischen Matinée eingeweiht, bei der M. Saint-Saëns sein *Konzert in g-Moll spielte* und Mme. Viardot sang Schuberts *Roi des Aulnes* . Im ersten Jahr fanden sechs ordentliche Konzerte statt, außerdem zwei geistliche Konzerte mit Chören, bei denen César Francks *Rédemption* und Massenets *Marie-Magdeleine* aufgeführt wurden. 1874 wurde das Odéon zugunsten des Châtelet aufgegeben. Dieses Unterfangen erregte einige Aufmerksamkeit und die Konzerte wurden vom Publikum besucht; aber die finanziellen Ergebnisse waren nicht großartig. [216] Hartmann war entmutigt und wollte die ganze Sache aufgeben. Aber M. Édouard Colonne hatte die Idee, sein Orchester in eine Gesellschaft umzuwandeln und die Arbeit unter dem Namen *Association*

Artistique fortzuführen . Zu den Künstlergründern gehörten MM. Bruneau, Benjamin Godard und Paul Hillemacher. Seine frühen Tage waren voller Kampf; aber dank der Beharrlichkeit des Vereins konnten schließlich alle Hindernisse überwunden werden. Im Jahr 1903 wurde ein Fest zur Feier des dreißigjährigen Bestehens abgehalten. In diesen dreißig Jahren gab es mehr als achthundert Konzerte und führte Werke von etwa dreihundert Komponisten auf, von denen die Hälfte Franzosen waren. Die vier Komponisten, die am häufigsten im Châtelet zu hören waren, waren Saint-Saëns, Wagner, Beethoven und Berlioz. [217]

Berlioz ist fast ausschließliches Eigentum des Châtelet. Dort wurden seine Werke nicht nur häufiger aufgeführt als anderswo, [218] sie werden dort auch besser verstanden als anderswo. Das Colonne-Orchester und sein Dirigent, die über eine große, wenn auch manchmal etwas gemäßigte Geisteswärme verfügen, haben eher Probleme mit Werken klassischer Natur und solchen, die kontemplatives Gefühl zeigen; Aber sie verleihen Berlioz' turbulenter Romantik, seinem poetischen Enthusiasmus und der hellen und zarten Farbgebung seiner Gemälde und seiner musikalischen Landschaften einen wunderbaren Ausdruck. Obwohl Berlioz seinen Platz bei den Konzerten von Chevillard und Conservatoire hat, ist es das Châtelet, zu dem seine Anhänger strömen; und ihr Enthusiasmus wurde durch die Kampagne, die seit mehreren Jahren von einigen französischen Kritikern unter dem Einfluss der jüngeren Musikpartei – den Anhängern von d'Indy und Debussy – gegen Berlioz geführt wurde, nicht beeinträchtigt.

Auch im Châtelet ist die größte musikalische Leidenschaft des Publikums bis heute erhalten geblieben. Dank der Größe des Theaters, das zu den größten in Paris zählt, und der großen Anzahl an günstigen Sitzplätzen findet man dort immer eine Reihe junger Studenten, die ein möglichst interessiertes Publikum ermöglichen. Und die Musik ist für sie mehr als nur ein Vergnügen – sie ist eine Notwendigkeit. Es gibt einige, die große Opfer bringen, um einen Platz bei den Sonntagskonzerten zu ergattern. Und viele dieser jungen Männer und Frauen leben die ganze Woche mit dem Gedanken, für ein paar Stunden im Musikgenuss die Welt zu vergessen. Ein solches Publikum gab es in Frankreich vor 1870 nicht. Es ist eine Ehre der Châtelet- und Pasdeloup-Konzerte, es geschaffen zu haben.

Édouard Colonne hat in Frankreich mehr getan, als nur den Musikgeschmack zu erziehen; Denn niemand hat härter als er daran gearbeitet, die Barrieren niederzureißen, die das französische Publikum von der Kunst anderer Länder trennten. und gleichzeitig hat er selbst dazu beigetragen, die französische Kunst im Ausland bekannt zu machen. Als er selbst Konzerte in ganz Europa dirigierte, vertraute er die Leitung des Châtelet dem großen deutschen *Kapellmeister* und ausländischen Komponisten an – Richard Strauss, Grieg, Tschaikowsky, Hans Richter,

Hermann Levi, Mottl, Nikisch, Mengelberg, Siegfried Wagner usw viele andere. Kein anderer Dirigent hat in den letzten dreißig Jahren so viel für die Pariser Musik getan; und wir dürfen es nicht vergessen. [219]

Die Lamoureux-Konzerte hatten von Anfang an einen ganz anderen Charakter als die Colonne-Konzerte. Dieser Unterschied liegt zum Teil in der Persönlichkeit der beiden Dirigenten und zum Teil in der Tatsache, dass die Lamoureux-Konzerte, obwohl sie weniger als zehn Jahre später als die Colonne-Konzerte stattfanden, eine neue Generation in der Musik repräsentieren. Das Musikerpublikum machte außergewöhnlich schnell Fortschritte: Kaum hatte es die reiche Schatzkammer von Berlioz' Musik erkundet, machte es Entdeckungen in der Welt Wagners. Und in dieser Welt brauchte es einen neuen Führer, der Wagners Kunst und die deutsche Kunst im Allgemeinen genau kannte. Charles Lamoureux war dieser Führer. 1873 dirigierte er Sonderaufführungen von Bach und Händel, die von der *Société de l'Harmonie sacrée veranstaltet wurden* . Nachdem er als Dirigent der Oper aufgegeben hatte, eröffnete er am 21. Oktober 1881 im Theater Château-d'Eau die *Société des Nouveaux Concerts* . Diese Konzerte boten anfangs sehr umfassende Programme mit jeder Art von Musik und jeder Art von Schule. Beim ersten Konzert gab es Werke von Beethoven, Händel, Gluck, Sacchini, Cimarosa und Berlioz. Im ersten Jahr ließ Lamoureux Beethovens *Neunte Sinfonie* aufführen, sowie einen großen Teil von *Lohengrin* und zahlreiche Werke junger französischer Musiker. Verschiedene Kompositionen von Lalo, Vincent d'Indy und Chabrier wurden dort zum ersten Mal aufgeführt. Aber vor allem dem Studium der Werke Wagners widmete sich Lamoureux am liebsten. Er war es, der 1884–1885 die ersten vollständigen Aufführungen Wagners in Frankreich gab, so etwa den ersten und zweiten Akt von *Tristan* . *Der Kampf um Wagner war zu dieser Zeit noch im Gange, wie die am Anfang des Programms von Tristan* abgedruckte Notiz zeigt.

„Die Leitung der *Société des Nouveaux Concerts* ist bestrebt, jede Störung während der Aufführung des zweiten Akts von *Tristan zu vermeiden* , und bittet das Publikum dringend und respektvoll, vor dem Ende des Akts keine Zeichen seiner Zustimmung oder Missbilligung zu äußern ."

Im selben Jahr dirigierte Lamoureux im Eden-Theater, in das die Konzerte verlegt worden waren, zum ersten Mal in Paris den ersten Akt der *Walküre* . Bei diesen Konzerten gab der Tenor Van Dyck sein *Debüt* ; später war er einer der führenden Künstler in Bayreuth. In den Jahren 1886/87 probte und dirigierte Lamoureux die einzige Aufführung von *Lohengrin* im Eden-Theater. Unruhen auf den Straßen verhinderten weitere Aufführungen. Lamoureux etablierte sich dann im Konzertsaal des Cirque des Champs-Élysées, wo er elf Jahre lang die sogenannten *Concerts-Lamoureux gab* . Er fuhr fort, die Kenntnis der Werke Wagners zu verbreiten und wurde dabei manchmal von einigen der berühmtesten Bayreuther Künstler unterstützt, unter anderem von Frau Materna und Lilli Lehmann. Am Ende der Saison 1897 wollte Lamoureux sein Orchester auflösen, um Konzerte im Ausland zu dirigieren. Doch die Mitglieder des Orchesters beschlossen, unter dem Namen Association *des Concerts-Lamoureux zusammenzubleiben* , mit Lamoureux' Schwiegersohn, M. Camille Chevillard, als Dirigent. Doch es dauerte nicht lange, bis Lamoureux die Leitung der Konzerte wieder übernahm, die nun wieder im Theater Château-d'Eau stattfanden; und wenige Monate vor seinem Tod im Jahr 1899 dirigierte er die Uraufführung des *Tristan* im Nouveau-Theater. Und so hatte er das Glück, beim vollständigen Triumph der Sache dabei zu sein, für die er fast zwanzig Jahre lang so hartnäckig gekämpft hatte. [220]

Lamoureux' Aufführungen von Wagner-Werken gehörten zu den besten, die je gegeben wurden. Er achtete auf das Werk als Ganzes und achtete auf seine Details, was das Colonne-Orchester nicht ganz erreichte. Der Nachteil von Lamoureux hingegen war die überschwängliche Lebendigkeit, mit der er Kompositionen romantischer Natur interpretierte. Er verstand diese Werke nicht vollständig; und obwohl er viel mehr über die klassische Kunst wusste als sein Rivale, gab er eher deren Buchstaben als ihren Geist wieder und achtete so sorgfältig auf Details, dass Musik wie die von Beethoven ihre Intensität und ihr Leben verlor. Aber sowohl seine Talente als auch seine Mängel machten ihn zu einem hervorragenden Interpreten der jungen neowagnerischen Schule, deren Hauptvertreter in Frankreich damals M. Vincent d'Indy und M. Emmanuel Chabrier waren. Lamoureux musste sich bis zu einem gewissen Grad entweder von den lebendigen Traditionen Bayreuths oder von den Gedanken moderner und lebender Komponisten leiten lassen; und der größte Verdienst, den er der französischen Musik erwies , war die Schaffung eines Orchesters, das dank seines äußersten Strebens nach materieller Perfektion hervorragend für symphonische Musik ausgestattet war.

Dieses Streben nach Perfektion wurde von seinem Nachfolger, Camille Chevillard, fortgeführt, dessen Orchester noch raffinierter ist. Ich denke, man könnte sagen, dass es heute das beste in Paris ist. Chevillard ist von reiner Musik mehr angezogen als Lamoureux es war, und er findet zu Recht, dass dramatische Musik in Pariser Konzerten einen zu großen Platz einnimmt. In einem im Januar 1903 vom Mercure *de France veröffentlichten Brief* wirft er den Erziehern des öffentlichen Geschmacks vor, eine Vorliebe für die Oper gefördert und keinen Respekt für reine Musik geweckt zu haben: „Jede beliebige Anzahl von Takten aus einem von Mozarts Quartetten", sagt er, „hat einen größeren pädagogischen Wert als eine prunkvolle Szene aus einer Oper." Niemand in Paris dirigiert klassische Werke besser als er, besonders die Werke, die eine reine, plastische Schönheit besitzen; und in Deutschland selbst dürfte es schwierig sein, jemanden zu finden, der einige der symphonischen Werke von Händel und Mozart feinfühliger interpretiert. Sein Orchester hat außerdem die Überlegenheit bewahrt, die es sich bereits in seinem Repertoire der Werke Wagners erworben hatte. Aber M. Chevillard hat ihm eine Wärme und rhythmische Energie verliehen, die es vorher nicht besaß. Seine Interpretationen von Beethoven sind, auch wenn sie etwas oberflächlich sind, sehr lebendig. Wie Lamoureux hat er den Geist der französischen romantischen Werke – von Berlioz und noch weniger von Franck und seiner Schule – kaum erfasst; und er scheint nur lauwarme Sympathie für die neueren Entwicklungen der französischen Musik zu haben. Aber er versteht die deutschen romantischen Komponisten gut, insbesondere Schumann, für den er eine ausgeprägte Vorliebe hat; und er versuchte, wenn auch ohne großen Erfolg, Liszt und Brahms in Frankreich einzuführen, und war der erste unter uns, der wirkliche Aufmerksamkeit auf die russische Musik lenkte, deren brillante und zarte Farbgebung er hervorragend wiedergibt. Und wie M. Colonne hat er die großen deutschen *Kapellmeister* unter uns gebracht – Weingartner, Nikisch und Richard Strauss. Letzterer leitete die Uraufführung seiner symphonischen Dichtungen *Zarathustra* , *Don Quijote* und *Heldenleben* bei den Lamoureux-Konzerten in Paris.

Nichts hätte die musikalische Ausbildung des Publikums besser vervollständigen können als dieser seit zehn Jahren andauernde Mangel an *Kapellmeistern* und ausländischen Virtuosen und die Vergleiche, die ihre verschiedenen Stile und Interpretationen ermöglichten. Nichts hat die Verbesserung der Pariser Orchester besser vorangetrieben als die Nachahmung, die durch die Treffen zwischen Pariser Dirigenten und solchen aus anderen Ländern hervorgerufen wurde. Gegenwärtig sind unsere eigenen Dirigenten würdige Konkurrenten der Besten in Deutschland. Die Streichinstrumente sind gut; das Holz hat seine alte französische Überlegenheit bewahrt; und obwohl die Blechbläser immer noch der schwächste Teil unserer Orchester sind, haben sie große Fortschritte gemacht. Man kann die Gruppierung der Orchester bei Konzerten immer noch kritisieren, denn sie ist oft mangelhaft; Es besteht ein Missverhältnis zwischen den verschiedenen Instrumentenfamilien und damit auch zwischen ihren unterschiedlichen Klängen, von denen einige zu dünn und andere zu dumpf sind. Aber diese Mängel sind heutzutage in ganz Europa ziemlich verbreitet. Bedauerlicherweise ist die Unzulänglichkeit oder schlechte Qualität der Chöre, deren Fortschritte weit hinter denen der Orchester zurückbleiben, weitaus charakteristischer für Frankreich. Auf dieser Seite der Musik müssen sich die Konzertdirektoren nun engagieren.

Die Lamoureux-Konzerte hatten keinen so stabilen Platz wie die Châtelet-Konzerte. Sie sind von einem Raum zum anderen durch Paris gewandert – vom Cirque d'Hiver bis zum Cirque d'Été und vom Château-d'Eau bis zum

Nouveau Théâtre. Im Moment befinden sie sich im Salle Gaveau, der für sie viel zu klein ist. Trotz der Fortschritte der Musik und des Musikgeschmacks verfügt Paris noch nicht über ein Konzerthaus, wie die kleinsten Provinzstädte Deutschlands; und diese beschämende Gleichgültigkeit, die des künstlerischen Rufs von Paris unwürdig ist, zwingt die Symphoniegesellschaften dazu, Zuflucht in Zirkussen oder Theatern zu suchen, die sie mit anderen Arten von Künstlern teilen, obwohl die Akustik dieser Orte nicht für Konzerte gedacht ist. Und so kommt es, dass die Chevillard-Konzerte seit sechs Jahren im hinteren Teil eines Musiksaals gegeben werden, der denselben Eingang hat und vom Konzertsaal nur durch einen kleinen Durchgang getrennt ist, so dass die brüllenden Chöre von ein *danse du venire* kann sich mit einem Adagio von Beethoven oder einer Szene aus der Tetralogie vermischen. Schlimmer noch: Die Kleinheit des Ortes, in den diese Konzerte gepfercht wurden, war ein ernstes Hindernis für ihre Popularität. Dennoch kam es in späteren Jahren auf der Promenade und in den Galerien des Nouveau Théâtre zu etwas, das man einen kleinen Krieg um Konzerte nennen könnte. Es war eher eine merkwürdige Episode in der Geschichte des Pariser Musikgeschmacks und verdient hier einige Worte. In jedem Land, besonders aber in den Ländern, die am wenigsten musikalisch sind, profitiert ein Virtuose von der öffentlichen Gunst, oft zum Nachteil des Werkes, das er spielt; Denn was in der Musik am meisten geschätzt wird, ist der Musiker. Der Virtuose – dessen Bedeutung nicht unterschätzt werden darf und der Ehre verdient, wenn er ein ehrfürchtiger und mitfühlender Interpret eines Genies ist – hat, besonders in lateinamerikanischen Ländern, allzu oft einen beklagenswerten Anteil an der Verschlechterung des Musikgeschmacks gehabt; denn leere Virtuosität macht die Kunst zur Wüste. Die Mode der ungeschickten Fantasien und akrobatischen Variationen ist zwar vorbei; Doch in den letzten Jahren ist die Virtuosität auf beleidigende Weise zurückgekehrt, und indem sie sich unter dem feierlichen klassischen Namen „Konzerte" versteckte, eroberte sie einen Platz von eher übertriebener Bedeutung in Symphoniekonzerten, insbesondere in den Konzerten von M. Chevillard – einen Platz, den Lamoureux hätte es nie gegeben. Dann begann der jüngere und enthusiastischere Teil der Öffentlichkeit zu revoltieren; und sehr bald begannen sie mit vollkommener Unparteilichkeit und völlig wahllos, berühmte und unbekannte Virtuosen gleichermaßen bei der Aufführung eines Konzerts zu zischen, egal ob es großartig oder abscheulich war. Nichts fand bei ihnen Anklang – weder das Spiel von Paderewski noch die Musik von Saint-Saëns und den großen Meistern. Die Konzertleitung ging ihren eigenen Weg und versuchte vergeblich, die Störer zu vertreiben und ihnen den Zutritt zum Konzertsaal zu verbieten; und der Kampf dauerte lange, und Kritiker wurden hineingezogen. Aber trotz seiner lächerlichen Auswüchse und der Barbarei der Methoden, mit denen das Parterre seine Meinung zum Ausdruck brachte, ist dieser Streit nicht ohne Interesse. Es bewies, wie in Frankreich Leidenschaft und Begeisterung für Musik geweckt worden waren; und die Leidenschaft war, obwohl sie in ihrem Ausdruck ungerecht war, fruchtbarer und weitaus wertvoller als Gleichgültigkeit.

3. *Die Schola Cantorum*

Die Lamoureux-Konzerte hatten ihren Zweck erfüllt, und damit war ihre heroische Mission zu Ende. Sie hatten Paris Wagner aufgezwungen, und Paris hatte wie immer das Ziel verfehlt und konnte auf niemanden außer Wagner schwören. Französische Musiker übersetzten Gounods oder Massenets Ideen in Wagners Stil; Pariser Kritiker wiederholten Wagners Theorien nach dem Zufallsprinzip, ob sie sie verstanden oder nicht – im Allgemeinen, wenn sie sie nicht verstanden. Eine Reaktion war unvermeidlich, sobald Paris von Wagner durchdrungen war, und sie kam 1890 bei einigen Auserwählten, von denen einige unter Wagners Einfluss gestanden hatten und sogar noch standen. Es war zunächst nur eine milde Reaktion und zeigte sich in einer Rückkehr zu den Klassikern der Vergangenheit und zu den großen Primitiven der Musik.

Es hatte zuvor mehrere Versuche in dieser Richtung gegeben, aber keiner davon hatte es geschafft, einen Eindruck auf die breite Öffentlichkeit zu machen. Im Jahr 1843 gründete Joseph Napoléon Ney, Prinz von Moszkowa, in Paris eine Gesellschaft zur Aufführung religiöser und klassischer Vokalmusik. Diese Gesellschaft, die der Prinz selbst in seinem eigenen Haus leitete, machte es sich zur Aufgabe, die Vokalwerke des 16. und 17. Jahrhunderts aufzuführen. [221]

1853 gründete Louis Niedermeyer in Paris eine *École de musique religieuse et classique* , die „durch das Studium der klassischen Werke der großen Meister des 15., 16. und 17. Jahrhunderts Sänger, Organisten, Chorleiter und Komponisten ausbilden wollte". Diese vom Staat subventionierte Schule war eine Brutstätte für echte Musiker. Zu ihren Schülern zählten einige bekannte Komponisten, Dirigenten, Organisten und Historiker, unter anderem M. Gabriel Fauré, M. André Messager, M. Eugène Gigout und M. Henry Expert. M. Saint-Saëns war dort Professor und wurde ihr Präsident. Fast fünfhundert Organisten, Chorleiter und Musikprofessoren des Konservatoriums und anderer französischer Hochschulen wurden dort ausgebildet. Doch diese Schule, die es ernst meinte und ein Zufluchtsort für den klassischen Geist inmitten des vorherrschenden schlechten Geschmacks war, kümmerte sich nicht darum, das Publikum zu beeinflussen, sondern ignorierte es beinahe.

Lamoureux versuchte 1873, die großen Chorwerke von Bach und Händel aufzuführen; und 1878 wagte der berühmte französische Organist Alexandre

Guilmant es, im Trocadéro Konzerte für Orgel und Orchester zu geben, die der religiösen Musik des 17. und 18. Jahrhunderts gewidmet waren. Aber die beklagenswerte Akustik des Konzertsaals wirkte sich nachteilig auf die dort aufgeführten Werke aus; und das Publikum reagierte nicht sehr positiv auf Guilmants Bemühungen und schien von Anfang an nur ein historisches Interesse an den Meisterwerken zu haben und ihre Tiefe und Lebendigkeit völlig zu vermissen.

Dann legte ein Schüler von Franck, M. Henry Expert, der 1882 mit seinen bewundernswerten Werken zur Musikgeschichte begann, den Grundstein für die *Société JS Bach*, um das Wissen über alte Musik zu verbreiten, die zwischen dem 12. und 18. Jahrhundert geschrieben wurde. Und es gelang ihm, mit seinem Unterfangen nicht nur die bedeutendsten französischen Musiker wie César Franck, Saint-Saëns und Gounod zu interessieren, sondern auch ausländische Künstler wie Hans von Bülow, Tschaikowsky, Grieg, Sgambati und Gevaert. Bedauerlicherweise kam diese Gesellschaft nie weiter, als zu arrangieren, was sie tun wollte, und skizzierte lediglich die Pläne, die später von Charles Bordes verwirklicht wurden.

Das breite Publikum interessierte sich nicht wirklich für die Kunst der alten Musiker, bis 1892 die *Association des Chanteurs de Saint-Gervais* von Charles Bordes, dem Chorleiter der Kirche von Saint-Gervais, gegründet wurde. Der unmittelbare Erfolg und der lautstarke Ruhm der Gesellschaft waren nicht nur dem Talent ihres Dirigenten zu verdanken, der neben einer lebhaften künstlerischen Intelligenz auch gesunden Menschenverstand und Energie und ein bemerkenswertes Organisationstalent verband, sondern teilweise auch der Hilfe günstiger Umstände, teilweise dem Übermaß des Wagnerismus, von dem ich gerade gesprochen habe, und teilweise der Geburt einer neuen religiösen Kunst, die seit dem Tod von César Franck rund um das Andenken dieses großen Musikers entstanden war.

Es ist nicht meine Absicht, hier eine Würdigung von César Francks Genie zu schreiben, aber man kann die musikalische Bewegung in Paris der letzten fünfzehn Jahre nicht verstehen, wenn man die Bedeutung seiner Lehrtätigkeit nicht berücksichtigt. Die Orgelklasse am Conservatoire, wo Franck 1872 die Nachfolge seines alten Meisters Benoist antrat, war lange Zeit, wie M. Vincent d'Indy sagt, „das wahre Zentrum für das Studium der Komposition am Conservatoire. Viele seiner Kollegen konnten sich nie dazu durchringen, ihn als einen der ihren zu betrachten, weil er den Mut hatte, in der Kunst etwas anderes zu sehen als die Möglichkeit, seinen Lebensunterhalt zu verdienen. Tatsächlich war César Franck keiner von ihnen; und sie ließen ihn dies spüren." Aber die jungen Studenten täuschten sich in dieser Angelegenheit nicht. „Zu dieser Zeit", erzählt uns auch M. d'Indy, [222] „das heißt von 1872 bis 1876, wurden die drei Kurse für fortgeschrittene musikalische Komposition von drei Professoren gehalten, die für ihre Arbeit überhaupt nicht geeignet waren. Der eine war Victor Massé, ein Komponist einfacher Operetten und ein Mann ohne Verständnis für Symphonien, der sehr häufig krank war und seinen Unterricht einem seiner Schüler anvertrauen musste; der andere war Henri Reber, ein älterer Musiker mit engen und dogmatischen Ideen; und der dritte war François Bazin, der nicht in der Lage war, in den Fugen seiner Schüler eine falsche Antwort von einer richtigen zu unterscheiden, und dessen höchster Ruhmestitel auf einer Komposition namens *Le Voyage en Chine beruht* . So ist es nicht überraschend, dass César Francks Unterricht, der auf dem von Bach und Beethoven basierte, aber auch Phantasie und alle neuen und liberalen Ideen zuließ, damals alle jungen Geister anzog, die hohe Ambitionen hatten und wirklich in ihre Werke verliebt waren. Kunst. Und so zog der Meister ganz unbewusst all das aufrichtige und künstlerische Talent an, das in den verschiedenen Klassen des Konservatoriums sowie bei seinen externen Schülern verstreut war."

Zu seinen direkten Schülern [223] zählten Henri Duparc, Alexis de Castillon, Vincent d'Indy, Ernest Chausson, Pierre de Bréville, Augusta Holmes, Louis de Serres, Charles Bordes, Guy Ropartz und Guillaume Lekeu. Zählt man zu diesen noch die Schüler der Orgelklassen, die ebenfalls unter seinen Einfluss gerieten, so sind das unter anderem Samuel Rousseau, Gabriel Pierné, Auguste Chapuis, Paul Vidal und Georges Marty; außerdem die Virtuosen, die eine Zeit lang eng mit ihm verbunden waren, wie Armand Parent und Eugène Ysaye, dem Franck seine Violinsonate widmete. Und wenn man auch an die Künstler denkt, die zwar nicht seine Schüler waren, aber seine Kraft spürten – Künstler wie Gabriel Fauré, Alexandre Guilmant, Emmanuel Chabrier und Paul Dukas –, so kann man erkennen, dass fast die gesamte Musikergeneration von Paris jener Zeit von César Franck inspiriert wurde. Und vor allem mit der Absicht, seine Lehrtätigkeit weiterzuführen, gründeten seine Schüler Charles Bordes und Vincent d'Indy sowie sein Freund Alexandre Guilmant 1894, vier Jahre nach seinem Tod, die *Schola Cantorum* , die seither sein Andenken wach hält.

„Unser verehrter Vater Franck", sagte Vincent d'Indy in einer Rede, „ist in gewisser Weise der Großvater der *Schola Cantorum* ; denn es ist sein Lehrsystem, das wir hier anwenden und fortzuführen versuchen." [224]

Der Einfluss von Franck war zweifach: er war künstlerisch und moralisch. Einerseits war er, wenn ich es so sagen darf, ein bewundernswerter Professor für Musikarchitektur; Er gründete eine Schule für Symphonie und Kammermusik, wie es sie in Frankreich noch nie gegeben hatte und die in bestimmten Richtungen neuer und gewagter war als die der deutschen Symphoniker. Und andererseits übte er durch seinen eigenen Charakter einen unvergesslichen Einfluss auf alle aus, die mit ihm in Kontakt kamen. Sein tiefer Glaube, dieser feine, nachsichtige und ruhige Glaube umstrahlte ihn wie eine Herrlichkeit. Die katholische Partei, die gerade in Frankreich zu neuem Leben erwachte, versuchte nach seinem Tod, seine Ideale mit ihren eigenen gleichzusetzen. Aber dies diente, wie wir bereits an anderer Stelle gesagt haben, [225] dazu, Francks Geist einzuschränken; Denn ihr großer Reiz lag in der harmonischen Verbindung von Religion und Freiheit, die ihre künstlerischen Sympathien nie auf ein ausschließliches Ideal beschränkte. Der Sohn des Komponisten, M. Georges César-Franck, hat vergeblich gegen dieses Monopol seines Vaters protestiert und sagt:

„Gemeinsamen Schriftstellern zufolge, die alles auf eine tote Ebene reduzieren und alle Dinge auf eine einzige Ursache zurückführen wollen, war César Franck ein Mystiker, dessen wahre Domäne die religiöse Musik war , und lässt sich zu leicht überreden. Sie beurteilen einen Komponisten ein für alle Mal anhand eines einzelnen Werks oder einer Gruppe von Werken ... In Wirklichkeit war mein Vater ein Mann mit umfassenden Fähigkeiten Als ausgebildeter Musiker beherrschte er jede Form der Komposition – Melodien, Tänze, Pastoralen, Oratorien, Sinfonien, Sonaten, Trios und Opern von der Arbeit unter Ausschluss anderer Arten; er konnte sich auf jede Art und Weise ausdrücken, die er wollte. [226]

Da aber das wirklich Religiöse in ihm mit einer damals recht mächtigen Strömung des Denkens übereinstimmte, war es unvermeidlich, dass diese Seite seines Genies zuerst ans Licht gebracht wurde und dass die religiöse Musik als erste von seinem Werk profitierte. Und auch eines der frühen Manifeste [227] der *Schola Cantorum* befasste sich mit der Reform der Kirchenmusik durch die Rückführung auf große antike Vorbilder; und seine erste Entscheidung lautete wie folgt: „Der Gregorianische Gesang soll für alle Zeiten die Quelle und die Grundlage der Kirchenmusik bleiben und das einzige Vorbild darstellen, nach dem sie wahrhaft beurteilt werden kann.“ [228]

à la Palestrina hinzu und jede Musik, die ihren Prinzipien entsprach oder von ihren Vorbildern inspiriert war. Solche archaischen Ideen würden sicherlich nie eine neue Art religiöser Musik hervorbringen, aber zumindest haben sie dazu beigetragen, die alte Kunst wiederherzustellen; und sie erhielten ihre offizielle Weihe in dem berühmten Brief von Papst Pius X. über die Reform der Kirchenmusik.

Die Verwirklichung eines so eingeschränkten künstlerischen Ideals hätte jedoch nicht ausgereicht, um den Erfolg der *Schola Cantorum zu sichern* und ihre Autorität bei einem Publikum zu etablieren, das, was auch immer man sagen mag, in seiner Religion nur lauwarm war, und das würde auch der Fall sein Ich interessiere mich nur vorübergehend für die religiöse Kunst anderer Tage. Aber der Geist der Neugier und der Sinn des modernen Lebens begannen nach und nach mit den Prinzipien der Schola in Konflikt zu geraten. Nachdem sie in der Karwoche in der Kirche Saint-Gervais palästinensische und gregorianische Gesänge gesungen hatten, spielten sie Carissimi, Schütz und die italienischen und deutschen Meister des 17. Jahrhunderts. Dann kamen Bachs Kantaten; und ihr Auftritt, gegeben von M. Bordes in der Salle d'Harcourt, zog ein großes Publikum an und löste den Kult um diesen Meister in Paris aus. Dann sangen sie Rameau und Gluck; und schließlich wurde alle alte Musik, ob geistlich oder weltlich, genehmigt. Und so entwickelte sich diese kleine Schule, die dem Kult der alten religiösen Musik gewidmet war und einen so bescheidenen Anfang gemacht hatte, ^{zu} einer Kunstschule, die in der Lage war, moderne Bedürfnisse zu befriedigen; und im Jahr 1900, als M. Vincent d'Indy Präsident der *Schola wurde* , wurde beschlossen, die Schule in größere Räumlichkeiten in der Rue Saint-Jacques zu verlegen.

Das Programm dieser neuen Schule wurde von M. Vincent d'Indy in seiner Antrittsrede am 2. November 1900 erläutert und zeigte, wie er die Grundlagen des Musikunterrichts auf der Geschichte gründete.

„Kunst ist auf ihrer Reise durch die Zeitalter ein Mikrokosmos, der, wie die Welt selbst, aufeinanderfolgende Stadien der Jugend, Reife und des Alters durchläuft; aber sie stirbt nie – sie erneuert sich ständig. Sie ist nicht wie ein perfekter Kreis; Es ist wie eine Spirale, und in ihrem Wachstum geht es immer weiter. Ich glaube, dass es darum geht, die Studenten dazu zu bringen, den gleichen Weg zu gehen, den die Kunst selbst eingeschlagen hat, damit sie während ihres Studiums die gleichen Veränderungen durchmachen, die die Musik selbst während des Studiums durchgemacht hat Auf diese Weise werden sie den Schwierigkeiten der modernen Kunst viel besser gewachsen sein, da sie sozusagen das Leben der Kunst gelebt haben und der natürlichen und unvermeidlichen Ordnung der Formen gefolgt sind, die die verschiedenen Epochen ausmachten der künstlerischen Entwicklung.“

M. d'Indy behauptet, dass dieses System auf Instrumentalisten und Sänger ebenso erfolgreich angewendet werden kann wie auf zukünftige Komponisten. „Denn es ist für sie ebenso nützlich“, sagt er, „zu wissen, wie man eine liturgische Monodie richtig singt oder eine Corelli-Sonate in einem geeigneten Stil spielen kann, wie es für Komponisten ist, die Struktur einer Motette zu studieren.“ oder eine Suite.“ Darüber hinaus verpflichtete M. d'Indy alle Studenten ohne Unterschied, die Vorlesungen über Vokalmusik zu besuchen; und darüber hinaus richtete er eine spezielle Klasse ein, um das Dirigieren von Orchestern zu unterrichten – was für Frankreich etwas völlig Neues war. Sein Ziel war es, wie er deutlich sagte, der modernen Musik durch die Kenntnis der Musik der Vergangenheit eine neue Form zu geben.

Zu diesem Thema sagt er:

„Wo sollen wir das belebende Leben finden, das uns neue Formen und Formeln geben wird? Die Quelle ist nicht wirklich schwer zu entdecken. Suchen wir sie nur in der dekorativen Kunst der Chorsänger, in der Architekturkunst des Zeitalters Palestrinas und in der Ausdruckskunst der großen Italiener des 17. Jahrhunderts. Dort und nur *dort* werden wir melodische Kunstfertigkeit, rhythmische Kadenzen und eine harmonische Pracht finden, die wirklich neu ist – wenn unser moderner Geist nur lernen kann, ihre nahrhafte Essenz aufzunehmen. Und so verschreibe ich allen Schülern der Schule das sorgfältige Studium klassischer Formen, denn *nur sie* sind in der Lage, unserer Musik die Elemente eines neuen Lebens zu geben, das auf gesunden, soliden und vertrauenswürdigen Prinzipien beruht." [230]

Dieser feine und intelligente Eklektizismus war geeignet, einen kritischen Geist zu entwickeln, war aber eher weniger dazu geeignet, originelle Persönlichkeiten zu formen. Auf jeden Fall war es jedoch eine hervorragende Disziplin in der Bildung des Musikgeschmacks; und tatsächlich wurde die *École Supérieure de musique* in der Rue Saint-Jacques zu einem neuen Konservatorium, moderner und gelehrter als das alte Konservatorium, freier und doch weniger frei, weil selbstzufriedener. Die Schule entwickelte sich sehr schnell. Von einundzwanzig Schülern im Jahr 1896 waren es im Jahr 1908 dreihundertzwanzig. Bedeutende Musiker und Professoren lernten die Geschichte und Wissenschaft der dort unterrichteten Musik, und M. d'Indy selbst nahm an den Kompositionskursen teil. [231] Und in ihrer kurzen Karriere kann der *Schola* bereits die Ausbildung junger Komponisten wie MM zugeschrieben werden. Roussel, Déodat de Séverac, Gustave Bret, Labey, Samazeuilh, R. de Castéra, Sérieyx, Alquier, Coindreau, Estienne, Le Flem und Groz; und dazu kommen M. d'Indys Privatschüler Witkowski und einer der bedeutendsten modernen Komponisten, Alberic Magnard.

Außerhalb des Einflusses, den die Schule durch ihren Unterricht ausübt, ist ihre Propaganda durch Konzerte und Veröffentlichungen sehr aktiv. Von seiner Gründung bis 1904 gab es zweihundert Aufführungen in einhundertdreißig Provinzstädten; mehr als einhundertfünfzig Konzerte in Paris, davon fünfzig mit Orchester- und Chormusik, sechzig mit Orgelmusik und vierzig mit Kammermusik. Diese Konzerte wurden von einem enthusiastischen und anerkennenden Publikum gut besucht und waren eine Schule für den öffentlichen Geschmack. Man strebt dort nicht nach perfekter Ausführung, [232] sondern nach intelligenten Interpretationen und dem Wunsch nach einer umfassenderen Kenntnis der großen Werke der Vergangenheit. Sie haben Monteverdes *Orfeo* und seine *Incoronazione di Poppea* *wiederbelebt*, die in diesen drei Jahrhunderten in Vergessenheit geraten waren; und aufgrund eines Interesses, das durch wiederholte Aufführungen von Rameau an der Schola [233] geweckt wurde, wurde *Dardanus* in *Dijon* unter der Leitung von M. d'Indy, *Castor et Pollux* in Montpellier unter der Leitung von M. Charles Bordes aufgeführt, und zwar 1908 Oper in Paris gab *Hippolyte et Aricie* . Zweigstellen der *Schola* wurden in Lyon, Marseille, Bordeaux, Avignon, Montpellier, Nancy, Épinal, Montluçon, Saint-Chamond und Saint-Jean-deLuz gegründet. [234] Ein Verlag wurde mit der Schule in Paris verbunden; und daraus erhalten wir Rezensionen, wie zum Beispiel die *Tribune de Saint-Gervais* ; Veröffentlichungen alter Musik, wie die *Anthologie des maîtres religieux primitivs des XVe, XVIe, et XVIIe siècles* , herausgegeben von Charles Bordes; die *Archives des maîtres de l'orgue des XVIe, XVIIe, et XVIIIe siècles* , herausgegeben von Alexandre Guilmant und André Pirro; die *Concerts spirituels de la Schola* , die Neuausgaben von *Orfeo* und die *Incoronazione di Poppea* , herausgegeben von M. Vincent d'Indy; und Veröffentlichungen moderner Musik, wie die *Collection du chant populaire* , das *Répertoire moderne de musiquevocale et d'orgue* und insbesondere die *Édition mutuelle* , herausgegeben von den Komponisten selbst, deren Eigentum sie ist.

Und all dies zeigt eine so wunderbare Aktivität und zeugt von einer so aufrichtigen Begeisterung, dass ich mich nicht dazu durchringen kann, den Kritikern beizutreten, die die *Schola in letzter Zeit angegriffen haben* , obwohl ihre Angriffe bis zu einem gewissen Grad berechtigt waren. Kleinlichkeit findet sich sogar bei großen Künstlern und Unvollkommenheit in jedem menschlichen Werk; und Mängel offenbaren sich am deutlichsten, nachdem ein Sieg errungen wurde. Die *Schola* ist den kritischen Perioden, die das Wachstum begleiten und die jedes Werk durchlaufen muss, wenn es triumphieren und Bestand haben soll, nicht entgangen. Ohne Zweifel beraubten die plötzliche Krankheit und der vorzeitige Ruhestand des Gründers des Werks, M. Charles Bordes, die *Schola* einer ihrer aktivsten Kräfte – einer Kraft, die vielleicht für die erfolgreiche Entwicklung der Schule notwendig war. Denn dieser Mann war das Leben und die Seele der Schule gewesen und ging in den Ruhestand, erschöpft von der schweren Arbeit, die er zehn Jahre lang allein getragen hatte. [235]

Aber M. d'Indy hat als mutiger Apostel die Leitung der *Schola trotz seiner vielfältigen Aktivitäten als Komponist, Professor und Kapellmeister* mit fester Hand und unermüdlicher Sorgfalt weitergeführt ; und er ist einer der sichersten und zuverlässigsten Führer für eine junge Schule französischer Musik. Und wenn sein Geist eher zu Abstraktionen neigt und seine Stimmungen manchmal eher kämpferisch sind und bestimmte Vorurteile (die nicht immer musikalischer Natur sind) ihn zu Idealen der Vernunft und des unerschütterlichen Glaubens neigen lassen – und wenn seine Anhänger manchmal unbewusst seine Ideen verzerren Ich bin davon überzeugt, dass dies nur der vorübergehende Beweis einer vielleicht natürlichen Reaktion auf die Übertreibungen ist, denen sie begegnet ist, und dass die *Schola* immer wissen wird, wie sie den Felsen aus dem Weg gehen kann wo Revolutionäre der Vergangenheit gescheitert sind und zu den Konservativen von morgen

geworden sind. Ich hoffe, dass sich die *Schola* nie zu einer aristokratischen
Schule entwickeln wird, die Mauern um sich baut, sondern stets ihre Türen
weit öffnet und jede neue Kraft in der Musik willkommen heißt, selbst
solche, deren Ideale im Widerspruch zu ihren eigenen stehen. Nur so können
sein zukünftiger Ruf und das Wohlergehen der französischen Kunst
aufrechterhalten werden.

4. *Die Kammermusikvereine*

Parallel zu den großen Symphoniekonzerten und den neuen *Konservatorien*
wurden Vereine gegründet, um das Wissen über die Kammermusik zu
verbreiten und einen Geschmack dafür zu entwickeln. Diese in Deutschland
so verbreitete Musik war in Paris vor 1870 nahezu unbekannt. Es gab nur
das Maurin-Quartett, das jeden Winter fünf oder sechs Konzerte in der Salle
Pleyel gab und dort Beethovens letzte Quartette spielte. Doch diese
Aufführungen lockten nur wenige Künstler an; [236] und was die breite
Öffentlichkeit betraf, hatte die *Société des derniers quartuors de Beethoven* den Ruf,
sich einer einzigartigen und unverständlichen Art von Musik zu widmen, die
von einem gehörlosen Mann geschrieben worden war.

Der wahre Begründer der Kammermusikkonzerte in Paris war M. Émile
Lemoine, der die Gesellschaft namens *La Trompette gründete* . Eine Geschichte
seines Schaffens hat er uns in der *Revue Musicale* (15. Oktober 1903) erzählt.
Er war Ingenieur an der École Poly-technique; und nachdem er die Schule
verlassen hatte, gründete er um 1860 eine Quartettgesellschaft aus
ernsthaften Amateuren, obwohl diese keine sehr talentierten Künstler waren.
Dieser kleine Verein traf sich weiterhin regelmäßig, und nachdem er sich
nach und nach vervollkommnet hatte, öffnete er schließlich seine Türen für
das breite Publikum, das die Konzerte in immer größerer Zahl besuchte.
Dann entstand *La Trompette* . Von dem Tag an, als Monsieur Saint-Saëns, der
damals noch ein junger Mann war, Bekanntschaft mit ihm machte, blühte es
auf. Er war mit diesen Zusammenkünften zufrieden und wurde ein enger
Freund von Lemoine; und er interessierte sich für die Gesellschaft und
veranlasste andere berühmte Künstler, sich ebenfalls für sie zu interessieren.
Zu seinen frühen Freunden gehörte MM. Alphonse Duvernoy, Diémer,
Pugno, Delsart, Breitner, Delaborde, Ch. de Bériot, Fissot, Marsick, Loëb,
Rémy und Holmann. Durch dieses Mäzenatentum erlangte *La Trompette* bald
Berühmtheit in der Musikwelt und „vertrat in der klassischen Kammermusik
die halboffizielle Rolle, die die *Société des Concerts du Conservatoire* in der
klassischen Orchestermusik spielte." Rubinstein, Paderewski, Eugène
d'Albert, Hans von Bülow, Arthur de Greef, Mme. Essipoff und Mme.
Menter verpassten es nie, dort Gehör zu finden, als ihre Tourneen sie nach
Paris führten, und auf dem Programm von *La Trompette* aufzutreten, war wie

eine Weihe eines Künstlers. Eine solche Gesellschaft trug natürlich viel zur Verbreitung der klassischen Kammermusik in Paris bei. M. Lemoine schreibt:

"Klassische Musik war dem musikalischen Publikum so wenig bekannt, dass selbst das Publikum von *La Trompette*, so kultiviert es auch war, Beethovens letzte Quartette überhaupt nicht verstand; und meine Freunde spotteten über meine Vorliebe für Rätsel. Das bestärkte mich nur noch mehr darin, dass sie bei jedem Konzert eines dieser großen Werke hören sollten. Und manchmal spielte ich dasselbe Werk bei zwei oder drei Konzerten hintereinander, wenn ich der Meinung war, dass es nicht gebührend gewürdigt worden war. In diesem Fall pflegte ich vor der Aufführung zu sagen: ‚Mir scheint, dieses oder jenes Werk wurde beim letzten Anhören nicht ganz verstanden; und da es ein wirklich wunderbares Werk ist, bin ich sicher, dass Sie das Gefühl haben, es nicht ausreichend zu kennen. Deshalb habe ich es in das heutige Programm aufgenommen.'" [237]

Diese Aufführungen von Sonaten, Trios und Quartetten wurden von einem Publikum von fünf- bis sechshundert Personen aufmerksam verfolgt. Die meisten von ihnen waren kultivierte Leute, Studenten der Fachhochschulen und Universitäten, die den Kern eines sehr anspruchsvollen und für Kammermusik begeisterten Publikums bildeten.

Nach und nach wurden nach dem Beispiel von Émile Lemoine weitere Quartettgesellschaften gegründet; heute sind sie so zahlreich, dass es schwierig wäre, sie alle aufzuzählen. Und dann erwachte derselbe Geist intelligenter Neugier, der die französischen *Kapellmeister* der Symphoniekonzertgesellschaften manchmal dazu veranlasst hatte, ihre deutschen und russischen Kollegen als Dirigenten einzuführen; und zu diesem Zweck wurde 1901 auf Initiative von Dr. Fränkel und unter der Leitung von M. Emmanuel Rey die *Nouvelle Société Philharmonique de Paris* gegründet, um den bedeutendsten ausländischen Quartettspielern in Paris ein Konzert zu geben. Und der Gewinn war in beiden Fällen ebenso groß wie in anderen; und die freundschaftliche Rivalität zwischen französischen Quartettspielern und denen anderer Länder trug gute Früchte und gab uns ein tieferes Verständnis für den inneren Charakter der deutschen Musik.

5. *Musikalisches Lernen und die Universität*

Während sich diese Bewegung in der Welt der Kunst vollzog, beteiligten sich auch Gelehrte daran und die Musik begann, in die Universitäten einzudringen.

Doch das Ganze war nicht ohne Schwierigkeiten, denn bei diesen ernsthaften Leuten galt Musik nicht als ernsthaftes Studium. Musik galt als angenehme Kunst, als soziale Leistung, und die Idee, sie zum Gegenstand wissenschaftlicher Lehre zu machen, muss mit einiger Belustigung aufgenommen worden sein. Bis heute haben sich allgemeine Kunstgeschichten geweigert, der Musik einen Platz einzuräumen, so wenig wurde an sie gedacht, und andere Künste waren empört, wenn sie in einem Atemzug mit ihr genannt wurden. Dies wird durch den ewigen Streit unter den Meistern von M. Jourdain veranschaulicht, als der Fechtmeister sagt:

„Und daraus wissen wir, welche große Rücksichtnahme uns in einem Staat zukommt und dass die Wissenschaft des Fechtens allen nutzlosen Wissenschaften wie Tanz und Musik weit überlegen ist."

Die ersten Vorlesungen über Ästhetik und Musikgeschichte wurden in Frankreich erst nach dem Krieg von 1870 gehalten. [238] Sie fanden dann am Konservatorium statt und waren bis vor Kurzem die einzigen Vorlesungen über Musik von Bedeutung in Paris. Seit 1878 werden sie von M. Bourgault-Ducoudray in hervorragender Weise weitergegeben; aber wie es in einer Musikschule nur natürlich ist, ist ihr Charakter eher künstlerisch als wissenschaftlich und nimmt die Form einer Art Illustration der praktischen Arbeit an, die am Konservatorium geleistet wird. Und was die Pariser Musikkritik insgesamt betrifft, so hatte sie vor dreißig Jahren fast ausschließlich literarischen Charakter und war ohne technische Präzision oder historische Kenntnisse.

Auch auf dem Gebiet der Wissenschaft wie der Kunst war seit dem Krieg eine neue Generation von Musikern herangewachsen, eine Gruppe von Männern, die sich in der Geschichte und Ästhetik der Musik auskannten, wie sie Frankreich noch nie zuvor gekannt hatte. Um 1890 begannen die Ergebnisse ihrer Arbeit sichtbar zu werden. Henry Expert veröffentlichte sein wunderbares Werk *Maîtres Musiciens de la Renaissance*, in dem er ein ganzes Jahrhundert französischer Musik wiederbelebte. Alexander Guilmant und André Pirro brachten die Werke unserer Organisten des 17. und 18. Jahrhunderts ans Tageslicht. Pierre Aubry studierte mittelalterliche Musik. Die bewundernswerten Veröffentlichungen der Benediktiner von Solesmes weckten an der *Schola* und in der Außenwelt eine Vorliebe für das Studium religiöser Musik. Michel Brenet nahm sich aller Epochen der Musikgeschichte an und brachte dank seiner soliden Gelehrsamkeit einige wunderbare Werke hervor. Julien Tiersot begann mit der Geschichte des französischen Volksliedes und rettete die Musik der Revolution vor der Vergessenheit. Der Verleger Durand machte sich an die Arbeit für seine großen Ausgaben von Rameau und Couperin. Gegen 1893 wurde das Studium der Musik an der Sorbonne von einigen jungen Professoren eingeführt, die das Thema zu ihren Doktorarbeiten machten. [239]

Diese Bewegung im Hinblick auf das Musikstudium wuchs schnell; und der erste Internationale Musikkongress, der zur Zeit der Weltausstellung von 1900 in Paris stattfand, gab Musikhistorikern die Möglichkeit, ihren Einfluss zu erkennen. Innerhalb weniger Jahre sollte es überall Musikunterricht geben. Zuerst gab es die kostenlosen Vorlesungen von M. Lionel Dauriac und M. Georges Houdard an der Sorbonne, die von MM. Aubry, Gastoué, Pirro und Vincent d'Indy an der *Schola* und dem *Institut Catholique* ; und dann, zu Beginn des Jahres 1902, gab es die kleine Musikfakultät der *École des Hautes Études sociales* , die ein Zentrum für die Bemühungen französischer Musikgelehrter bildete; und im Jahr 1900 wurden am College de France und an der Sorbonne zwei offizielle Vorlesungen über Musikgeschichte und Ästhetik abgehalten.

Ebenso schnell machte die Musikkritik Fortschritte. Professoren von Fakultäten, ehemalige Schüler der École Normale Supérieure oder der École des Chartes wie Henri Lichtenberger, Louis Laloy und Pierre Aubrey untersuchten Werke der Vergangenheit und sogar der Gegenwart mit den exakten Methoden der historischen Kritik. Chorleiter und Organisten von großer Gelehrsamkeit wie André Pirro und Gastoué und Komponisten wie Vincent d'Indy, Dukas, Debussy und einige andere analysierten ihre Kunst mit der Zuversicht, die die genaue Kenntnis ihrer Praxis mit sich bringt. Es entstand eine wahre Blütezeit von Werken über Musik. Es fanden sich eine Schar namhafter Autoren und ein Publikum, die zwei separate Sammlungen von Musikerbiographien (die gleichzeitig von verschiedenen Verlegern herausgegeben wurden) sowie fünf oder sechs gute Musikzeitschriften wissenschaftlichen Charakters unterstützten, von denen einige mit den besten in Deutschland konkurrierten. Und schließlich fand die französische Sektion der *Société Internationale de Musique* , die 1899 in Berlin gegründet wurde, um die Kommunikation zwischen den Gelehrten aller Länder herzustellen, bei uns so guten Boden, dass die Zahl ihrer Anhänger heute allein in Paris über hundert beträgt.

6. *Musik und die Menschen*

Damit war die Musik, was die höhere Lehre und die Geisteswelt betraf, fast wieder zu sich selbst zurückgekehrt. Es musste noch ein Platz dafür in anderen Lehrformen gefunden werden; denn dort, und insbesondere im weiterführenden Bildungswesen, war ihr Fortschritt weniger sicher. Es blieb uns überlassen, es in das Leben der Nation und in die Bildung des Volkes einfließen zu lassen. Das war eine schwierige Aufgabe, denn in Frankreich hatte die Kunst schon immer einen aristokratischen Charakter; und es war eine Aufgabe, an der weder der Staat noch die Musiker großes Interesse hatten. Die Republik betrachtete Musik weiterhin als etwas außerhalb des

Volkes. In den letzten dreißig Jahren gab es sogar Widerstand gegen jeden Versuch einer populären musikalischen Bildung. In den alten Tagen der Pasdeloup-Konzerte konnte man für die billigsten Plätze 75 Centimes bezahlen und dafür einen Sitzplatz bekommen; aber bei manchen Symphoniekonzerten sind die Plätze heute für zwei und vier Franken am billigsten. Und so kommen die Leute, die manchmal zu den Pasdeloup-Konzerten kamen, heute überhaupt nicht mehr zu den großen Konzerten.

Aus diesem Grund sollte man das Unterfangen Victor Charpentiers begrüßen, der im März 1905 eine Symphonische Gesellschaft von Amateuren mit dem Namen *L'Orchestre gründete* , um kostenlose Konzerte zum Wohle der Bevölkerung zu veranstalten. Und in diesem Paris, wo man vor vierzig Jahren große Schwierigkeiten gehabt hätte, zwei oder drei Amateurquartette zusammenzubekommen, konnte Victor Charpentier auf einhundertfünfzig gute Künstler zählen, [240] die unter seiner Leitung oder der von Saint-Saëns oder Gabriel Fauré bereits siebzehn kostenlose Konzerte gegeben haben, davon zehn im Trocadéro. [241] Es ist zu hoffen, dass der Staat ein so großzügiges Werk zum Wohle der Bevölkerung auf etwas praktischere Weise fördern wird, als er es bisher getan hat. [242]

Zu unterschiedlichen Zeiten gab es Versuche, ein *Théâtre Lyrique Populaire zu gründen* . Aber bis heute ist es keinem gelungen. Die ersten Versuche wurden 1847 unternommen. M. Carvalhos altes Théâtre-Lyrique war nie ein finanzieller Erfolg, obwohl dort recht bedeutende Opernaufführungen gegeben wurden, wie Gounods *Faust* und Glucks *Orfeo* , mit Frau. Viardot als Dolmetscher und Berlioz als Dirigent; und die Regisseure, die Carvalho folgten – Rety, Pasdeloup usw. – hatten keinen besseren Erfolg. 1875 übernahm Vizentini die Gaîté mit einem Stipendium von zweihunderttausend Francs und hervorragenden Künstlern; aber er musste es aufgeben. Seitdem wurden alle möglichen anderen Pläne von Viollet-le-Duc, Guimet, Lamoureux, Melchior de Vogüé und Julien Goujon, Gabriel Parisot, Colonne und Milliet, Deville, Lagoanère, Corneille, Gailhard und Carré ausprobiert; aber keiner von ihnen hatte einen Erfolg. Im Moment wird ein neuer Versuch unternommen; und dieses Mal scheint die Sache alle Anzeichen eines Erfolgs zu zeigen.

Aber was auch immer der pädagogische Wert des Theaters und der Konzerte sein mag, sie sind für die Menschen an sich nicht vollständig genug. Um ihren Einfluss tiefgreifend und dauerhaft zu machen, muss er mit Lehre kombiniert werden. Für den Analphabeten hat Musik, ebenso wie jeder andere Ausdruck des Denkens, keinen Nutzen.

In diesem Fall gab es also alles zu tun. Es gab keinen anderen populären Unterricht als den der zahlreichen Galin-Paris-Chevé-Schulen. Diese Schulen haben große Dienste geleistet und leisten sie auch weiterhin; Ihre vereinfachten Methoden sind jedoch nicht ohne Nachteile und Lücken. Ihr Zweck ist es, den Menschen eine Musiksprache beizubringen, die sich von der der gebildeten Menschen unterscheidet; Und obwohl der Übergang vom Wissen über das eine zum Wissen über das andere vielleicht nicht so schwierig ist, wie es eigentlich sein sollte, ist es immer falsch, eine neue Barriere – so klein sie auch sein mag – zwischen den gebildeten Menschen und den anderen Menschen zu errichten , die in unserem eigenen Land bereits zu weit voneinander entfernt sind.

Und außerdem reicht es nicht aus, die Buchstaben zu kennen; Man muss auch Bücher zum Lesen haben. Welche Bücher hatten die Leute? Bisher Lieder, die bei Café-Konzerten gesungen wurden, und das dumme Repertoire von Gesangsvereinen. Das Volkslied war praktisch verschwunden und noch nicht bereit für eine Wiedergeburt; denn die Bevölkerung neigt, noch eher als das gebildete Volk, dazu, bei allem, was auf „Popularität" hindeutet, zu erröten. [243]

Es ist fast fünfundzwanzig Jahre her, dass M. Bourgault-Ducoudray, einer der Förderer des Chorgesangs in Frankreich, in einem Bericht über den Gesangsunterricht darauf hinwies, wie nützlich es sei, Kinder die alten Volkslieder der französischen Provinz singen zu lassen und die Lehrer dazu zu bringen, diese Lieder zu sammeln. Im Jahr 1895 wurden als Ergebnis einer von der *Correspondance générale de l'Instruction primaire organisierten Versammlung* wunderbare Volksliedsammlungen in den Schulen verteilt. Die Melodien stammten aus alten Liedern, die M. Julien Tiersot gesammelt hatte, und M. Maurice Buchor hatte ihnen einige frische und spritzige Verse hinzugefügt. „Herr Buchor", schrieb ich damals, „wird ein Vergnügen erleben, das den Dichtern unserer Tage nicht eigen ist: seine Lieder werden in die Luft emporsteigen wie die Lerche in seinem *Chanson de labor* . Das Volk wird vielleicht sogar seinen eigenen Geist in ihnen erkennen und sich eines Tages ihrer bemächtigen, als wären sie seine eigene Erfindung." [244] Diese Vorhersage hat sich fast vollständig erfüllt, und die Lieder von Herrn Buchor sind jetzt das Eigentum des gesamten französischen Volkes.

Aber M. Buchor begnügte sich nicht damit, ein Dichter populärer Lieder zu sein. In den letzten zwölf Jahren unternahm er mit unermüdlicher Energie eine Tournee durch alle Écoles Normales in Frankreich und kehrte mehrmals an Orte zurück, an denen er Anzeichen guter stimmlicher Fähigkeiten fand. In jeder Schule ließ er die Schüler seine Lieder singen – einstimmig oder in zwei oder drei Stimmen, wobei er manchmal die Jungen- und Mädchenschulen einer Stadt zusammenschloss. Sein Ehrgeiz wuchs mit seinem Erfolg; und zu den Volksliedmelodien [245] begann er nach und nach Stücke klassischer Musik hinzuzufügen. Und um den Sängern einen besseren Eindruck von der Musik zu vermitteln, änderte er die vorhandenen Wörter und versuchte, andere zu finden, die durch ihre moralische und poetische Schönheit das musikalische Gefühl genauer wiederspiegelten. [246]

Poème de la Vie humaine [247] vierundzwanzig Gedichte zusammen – schöne Oden und Lieder, geschrieben für klassische Melodien und Chöre, ein umfangreiches Repertoire der Freuden und Sorgen des Volkes, passend für die bedeutsamen Stunden des Familien- oder öffentlichen Lebens. Bei einem Volk mit alten musikalischen Traditionen wie Deutschland ist die Musik das Transportmittel für die Worte und prägt sie sich ins Herz ein; im Falle Frankreichs jedoch ist es richtiger zu sagen, dass die Worte die Musik Händels und Beethovens in die Herzen der französischen Schulkinder gebracht haben. Das Großartige ist, dass die Musik sie wirklich ergriffen hat und dass man jetzt die Écoles Normales der Provinz Chöre aus *Fidelio, Der Messias* , Schumanns *Faust* oder Bach-Kantaten aufführen hören kann. [248] Die Ehre dieser bemerkenswerten Leistung, die vor zwanzig Jahren niemand für möglich gehalten hätte, gebührt fast ausschließlich M. Maurice Buchor. [249]

Die Bemühungen von Herrn Buchor waren die umfangreichsten und fruchtbarsten, aber er ist mit seinen individuellen Bemühungen nicht allein. Vor zwanzig Jahren gab es in den Vororten von Paris und in den Provinzen eine große Anzahl wohlmeinender Menschen, die sich mit Aufrichtigkeit und herrlicher Begeisterung der Aufgabe der musikalischen Erziehung widmeten. Aber ihre guten Werke waren zu isoliert und wurden von der Apathie der Menschen um sie herum übertönt; obwohl sie manchmal kleine Feuer der Liebe und des Verständnisses für die Kunst entzündeten, die nur angeregt werden mussten, um hell zu brennen; und selbst ihre weniger glücklichen Bemühungen schafften es im Allgemeinen, ein paar Funken zu entzünden, die in den Herzen der Menschen weiterschwelen. [250]

Schließlich begann der Staat als Ergebnis dieser individuellen Bemühungen, sich für diese Bildungsbewegung zu interessieren, obwohl er sich so lange davon ferngehalten hatte. [251] Er entdeckte seinerseits den pädagogischen Wert des Singens. Bei der Prüfung zum *Brevet supérieur* [252] wurde ein musikalischer Test eingeführt , der das Studium des Solfeggio an den Écoles Normales zu einer ernsthafteren Angelegenheit machte. Im Jahr 1903 wurde versucht, den Musikunterricht an den Schulen und Hochschulen rationaler zu organisieren. [253]

Im Jahre 1904 wurde auf Anregung von M. Saint-Saëns und M. Bourgault-Ducoudray der Klassengesang zusammen mit anderen Fächern in den Lehrplan aufgenommen [254] und in Paris wurde eine freie Chorschule unter dem Ehrenvorsitz von M. Henry Marcel, dem Direktor der Beaux-Arts, und unter der Leitung von M. Radiguer gegründet. Vor kurzem wurde ein Gesangsverein für junge Schülerinnen gegründet, mit dem Vize-Provost als

Vorsitzendem und einer Mitgliedschaft von 600 bis 700 jungen Mädchen, die seit 1906 ein jährliches Konzert unter der Leitung von M. Gabriel Pierné geben. Und schließlich wurde Ende 1907 eine Vereinigung von Professoren gegründet, die den Musikunterricht an öffentlichen Bildungseinrichtungen übernahm; ihr Vorsitzender war der Generalinspektor M. Gilles, und ihre Ehrenpräsidenten waren M. Liard und M. Saint-Saëns. Sein Ziel besteht darin, den Fortschritt des Musikunterrichts zu unterstützen. Dies geschieht durch die Gründung eines Zentrums zur Förderung freundschaftlicher Beziehungen zwischen Musikprofessoren, durch die Zentralisierung ihrer Interessen und Studien, durch die Organisation einer Leihbibliothek für Musik und einer Zeitschrift, in der Fragen der Musik diskutiert werden können, durch die Herstellung von Kontakten zwischen französischen und ausländischen Professoren und durch den Versuch, Musikprofessoren mit Professoren aus anderen Bereichen des öffentlichen Unterrichts zusammenzubringen.

All das ist nicht viel, und wir liegen dennoch furchtbar im Rückstand, insbesondere was den Sekundarschulunterricht betrifft, der als weniger wichtig angesehen wird als der Primarschulunterricht. [255] Aber wir klettern aus einem Abgrund der Unwissenheit heraus, und es ist etwas Besonderes, den Wunsch zu haben, daraus herauszukommen. Wir müssen bedenken, dass sich Deutschland nicht immer in seinem gegenwärtigen Zustand musikalischen Wohlstands befand. Die großen Gesangsvereine gibt es erst seit dem Ende des 18. Jahrhunderts. Zur Zeit Bachs verfügte Deutschland über schlechtere, wenn nicht sogar ärmere Mittel zur Aufführung von Chorwerken als das heutige Frankreich. Bachs einzige Nachfolger waren seine Schüler an der Leipziger Thomasschule, von denen kaum eine Zwanzig singen konnte. [256] Und nun versammeln sich diese Menschen zu den großen *Männergesangsfesten* und *Musikfesten* des kaiserlichen Deutschlands.

Lasst uns weiter hoffen und durchhalten. Die Hauptsache ist, dass ein Anfang gemacht ist; was noch fehlt, ist Geduld und – Durchhaltevermögen.

DER GEGENWÄRTIGE ZUSTAND DER FRANZÖSISCHEN MUSIK

Wir haben gesehen, wie die musikalische Ausbildung in Frankreich im Theater, in Konzerten, in Schulen, durch Vorträge und Bücher erfolgt; und der eher unruhige Wissensdurst des Parisers scheint für den Moment befriedigt zu sein. Der Geist von Paris hat eine Reise gemacht – eine eilige Reise, allerdings durch die Musik anderer Länder und anderer Zeiten, [257] und wird nun introspektiv. Nach einer wahnsinnigen Begeisterung über Entdeckungen in fremden Ländern haben Musik und Musikkritik ihre Selbstbeherrschung und ihre eifersüchtige Liebe zur Unabhängigkeit wiedererlangt. Seit der Weltausstellung von 1900 zeigt sich eine sehr entschiedene Reaktion gegen ausländische Musik. Diese Bewegung steht bewusst oder unbewusst nicht ohne Zusammenhang mit dem nationalistischen Gedankengang, der irgendwo in Frankreich und insbesondere in Paris aufgewühlt wurde ungefähr zur gleichen Zeit. Aber es ist auch eine natürliche Entwicklung in der Entwicklung der Musik. Die französische Musik spürte, wie in ihr eine neue Kraft aufstieg, und war darüber erstaunt; Ihre Tage der Vorbereitung waren vorbei und sie strebte danach, alleine zu fliegen. und gemäß der ewigen Regel der Geschichte nutzte sie ihre neu gewonnene Kraft zunächst dazu, sich ihren Lehrern zu widersetzen. Und dieser Aufstand gegen ausländische Einflüsse richtete sich – wie man es erwartet hatte – gegen den stärksten aller Einflüsse: den Einfluss der deutschen Musik, wie sie Wagner verkörperte. Zwei Diskussionen in Zeitschriften in den Jahren 1903 und 1904 brachten diesen Geisteszustand seltsamerweise ans Licht: Eine davon war eine von M. Jacques Morland im *Mercure de France* (Januar 1903) geführte Untersuchung über *den Einfluss deutscher Musik in Frankreich* ; und das andere war das von M. Paul Landormy in der *Revue Bleue* (März und April 1904) über *den gegenwärtigen Zustand der französischen Musik* . Der erste war wie ein Ruf der Erlösung und nicht ohne Übertreibung und eine gehörige Portion Undankbarkeit; denn es stellte französische Musiker und Kritiker dar, die Wagners Einfluss zurückwiesen, weil es ausgedient hatte; Der zweite legte die Theorien der neuen französischen Schule dar und erklärte die Unabhängigkeit dieser Schule.

Seit mehreren Jahren greift der Leiter der jungen Schule, M. Claude Debussy, in seinen Schriften in der *Revue Blanche* und *Gil Blas* die Wagner-Kunst an. Seine Persönlichkeit ist sehr französisch – kapriziös, poetisch und *spirituell* , voller lebhafter Intelligenz, rücksichtslos, unabhängig, verbreitet neue Ideen, lässt paradoxe Launen aus, kritisiert die Meinungen von Jahrhunderten mit der neckischen Frechheit eines kleinen Straßenjungen und greift große Helden an von Musik wie Gluck, Wagner und Beethoven, wobei er nur Bach, Mozart und Weber hochhielt und lautstark seine Vorliebe für die alten französischen Meister des 18. Jahrhunderts bekundete. Dennoch bringt er der französischen Musik ihre wahre Natur und ihre vergessenen Ideale zurück – ihre Klarheit, ihre elegante Einfachheit, ihre Natürlichkeit und insbesondere ihre Anmut und plastische Schönheit. Er wünscht sich, dass sich die Musik von allen literarischen und philosophischen Ansprüchen befreit, die die deutsche Musik im 19. Jahrhundert belastet haben (und vielleicht schon immer belastet haben); Er möchte, dass sich die Musik von der Rhetorik löst, die uns im Laufe der Jahrhunderte überliefert wurde, von ihrer schweren Konstruktion und präzisen Ordnung, von ihren harmonischen und rhythmischen Formeln und den Übungen rednerischer Stickerei. Er wünscht, dass es sich dabei nur um Malerei und Poesie handelt;

dass es sein wahres Gefühl klar und direkt erklären soll; und dass sich Melodie, Harmonie und Rhythmus im Großen und Ganzen entlang der Linien innerer Gesetze entwickeln und nicht nach den angeblichen Gesetzen einer intellektuellen Anordnung. Und er selbst predigt in seinen *Pelléas et Mélisande mit gutem Beispiel*, bricht mit allen Prinzipien des Bayreuther Dramas und gibt uns das Modell der neuen Kunst seiner Träume. Und auf allen Seiten haben sich anspruchsvolle und gut informierte Kritiker wie M. Pierre Lalo von *Le Temps*, M. Louis Laloy von der *Revue Musicale* und dem *Mercure Musicale* und M. Marnold von *Le Mercure de France* für seine und seine Lehren eingesetzt Kunst. Sogar die *Schola Cantorum*, deren eklektischer und archaischer Geist sich stark von dem Debussys unterscheidet, schien zunächst in denselben Gedankenstrom hineingezogen zu werden; und diese Schule, die so dazu beigetragen hatte, die ausländischen Einflüsse der Vergangenheit zu verbreiten, schien gegenüber der nationalistischen Beschäftigung der letzten Jahre nicht ganz unempfindlich zu sein. So widmete sich die *Schola* immer mehr – was übrigens ihr Recht und ihre Pflicht war – der französischen Musik der Vergangenheit und füllte ihre Konzertprogramme mit französischen Werken des 17. und 18. Jahrhunderts – mit Marc Antoine Charpentier, Du Mont, Leclair, Clérambault, Couperin und die französischen Urkomponisten für Orgel, Cembalo und Violine; und mit den Werken dramatischer Komponisten, insbesondere des großen Rameau, der nach einer Zeit völliger Vergessenheit plötzlich von dieser übermäßigen Reaktion profitierte, zum Nachteil von Gluck, den die jungen Kritiker, dem Beispiel M. Debussys folgend, heftig beschimpften. [258] Es gab sogar einen Moment, in dem die *Schola* entschieden an der Schlacht teilnahm und durch M. Charles Bordes ein Manifest – *Credo*, wie sie es nannten – über eine neue Kunst herausgab, die auf den alten Traditionen der französischen Musik basierte :

„Wir wünschen uns freie Rede in der Musik – ein anhaltendes Rezitativ, unendliche Vielfalt und, kurz gesagt, völlige Freiheit in der musikalischen Äußerung. Wir wünschen uns den Triumph der natürlichen Musik, damit sie so frei und voller Bewegung ist wie die Sprache." und so plastisch und rhythmisch wie ein klassischer Tanz."

Es war ein offener Krieg gegen die metrische Kunst der letzten drei Jahrhunderte im Namen der nationalen Tradition (mehr oder weniger frei interpretiert), des Volksliedes und des gregorianischen Gesangs. Und „das ständige und erklärte Ziel dieser ganzen Kampagne war der Triumph der französischen Musik und ihres Kultes." [259]

Dieses Manifest spiegelt auf seine Weise den Geist Debussys und seinen ungezügelten musikalischen Impressionismus wider. Und obwohl es eine gehörige Portion Naivität und eine gewisse Intoleranz erkennen lässt, steckt darin auch eine Kraft jugendlicher Begeisterung, die den großen Hoffnungen der Zeit entsprach und glorreiche Tage und eine großartige musikalische Ernte vorhersagte.

Seitdem sind noch nicht viele Jahre vergangen, doch der Himmel ist schon ein wenig bewölkt, das Licht nicht mehr ganz so hell. Die Hoffnung ist nicht gescheitert, aber sie hat sich nicht erfüllt. Frankreich wartet und wird ein wenig ungeduldig. Aber die Ungeduld ist unnötig; denn um eine Kunst zu gründen, müssen wir uns die Zeit zu Hilfe nehmen; die Kunst muss in Ruhe reifen. Doch die Ruhe ist es, was der Pariser Kunst am meisten fehlt. Statt stetig an ihren eigenen Aufgaben zu arbeiten und sich in einem gemeinsamen Ziel zu vereinen, geben sich die Künstler unfruchtbaren Streitigkeiten hin. Die junge französische Schule existiert kaum noch, da sie sich inzwischen in zwei oder drei Parteien gespalten hat. Auf einen Kampf gegen die ausländische Kunst ist ein Kampf untereinander gefolgt: diese vergebliche Kraftverschwendung ist das tief verwurzelte Übel des Landes. Und am merkwürdigsten ist die Tatsache, dass der Streit nicht zwischen den Konservativen und den Progressiven in der Musik stattfindet, sondern zwischen den beiden fortschrittlichsten Schichten: der *Schola* auf der einen Seite, die, sollte sie den Sieg davontragen, durch ihre Dogmen und Traditionen unvermeidlich den Anschein einer kleinen Akademie entwickeln würde; und auf der anderen Seite die unabhängige Partei, deren wichtigster Vertreter M. Debussy ist. Es ist nicht unsere Aufgabe, uns in den Streit einzumischen; wir möchten den betreffenden Parteien nur nahelegen, dass, wenn aus ihrem Missverständnis irgendein Nutzen gezogen werden soll, dieser von einer dritten Partei gezogen werden wird – der Partei, die für Routine ist, der Partei, die nie die Gunst des großen Theaterpublikums verloren hat – einer Partei, die den Platz, den sie verloren hat, bald wieder gutmachen wird, wenn diejenigen, die die Kunst verteidigen wollen, anfangen, sich gegenseitig zu bekämpfen. Der Sieg wurde zu früh verkündet; denn was auch immer die optimistischen Vertreter der jungen Schule sagen mögen, der Sieg ist noch nicht errungen; und er wird noch einige Zeit nicht errungen werden – nicht, bis sich der öffentliche Geschmack geändert hat, nicht, solange es der Nation an musikalischer Bildung mangelt, noch bis die wenigen Gebildeten sich mit dem Volk vereinen, durch das ihre Gedanken bewahrt werden. Denn nicht nur – mit einigen seltenen und großzügigen Ausnahmen – ignorieren die aristokratischeren Teile der Gesellschaft die Bildung des Volkes, sondern sie ignorieren die Existenz der Seele des Volkes selbst. Hier und da baut ein Komponist – wie Bizet und M. Saint-Saëns oder M. d'Indy und seine Schüler – Symphonien und Rhapsodien und sehr schwierige Klavierstücke auf den Volksliedern der Auvergne, der Provence oder der Cevennen auf; aber das ist nur eine Laune von ihnen, ein kleiner geistreicher Zeitvertreib für kluge Künstler, wie ihn sich die flämischen Meister des 15. Jahrhunderts gönnten, als sie Volkslieder mit polyphonen Verzierungen ausschmückten. Trotz des Vormarsches des demokratischen

Geistes war die Musikkunst – oder zumindest alles, was in der Musikkunst zählt – nie aristokratischer als heute. Wahrscheinlich ist dieses Phänomen nicht nur der Musik eigen und zeigt sich mehr oder weniger auch in anderen Künsten; aber in keiner anderen Kunst ist es so gefährlich, denn keine andere hat weniger feste Wurzeln im Boden Frankreichs. Und es ist kein Trost, sich zu sagen, dass dies den großen französischen Traditionen entspricht, die fast immer aristokratisch waren. Traditionen, große wie kleine, sind heute bedroht; die Axt ist für sie bereit. Wer leben will, muss sich den neuen Lebensbedingungen anpassen. Die Zukunft der Kunst steht auf dem Spiel. Wenn wir so weitermachen wie bisher, schwächen wir nicht nur die Musik, indem wir sie zu ungesunden Lebensbedingungen verdammen, sondern riskieren auch, dass sie früher oder später unter der wachsenden Flut populärer Missverständnisse über Musik verschwindet. Nehmen wir uns die Tatsache zur Warnung, dass wir die Musik bereits verteidigen mussten [260], als sie in einigen Parlamentsversammlungen angegriffen wurde; und denken wir an die Mitleidswürdigkeit dieser Verteidigung. Wir dürfen nicht zulassen, dass der Tag kommt, an dem eine berühmte Rede mit einer leichten Abänderung wiederholt wird: „Die Republik braucht keine Musiker.“

Es ist die Pflicht des Historikers, auf die Gefahren der Gegenwart hinzuweisen und die französischen Musiker, die mit ihrem ersten Sieg zufrieden sind, daran zu erinnern, dass die Zukunft alles andere als sicher ist und dass wir niemals entwaffnen dürfen, solange wir einen gemeinsamen Feind haben Wir, ein Feind, der in einer Demokratie besonders gefährlich ist – Mittelmäßigkeit.

Der Weg, der vor uns liegt, ist lang und beschwerlich. Aber wenn wir uns umdrehen und auf den Weg zurückblicken, den wir zurückgelegt haben, können wir Mut fassen. Wer von uns verspürt nicht ein wenig Stolz beim Gedanken an das, was in den letzten dreißig Jahren erreicht wurde? Hier ist eine Stadt, in der die Musik vor 1870 auf den allerkläglichsten Tiefpunkt gesunken war, in der es heute von Konzerten und Musikschulen wimmelt – eine Stadt, in der aus dem Nichts eine der ersten Symphonieschulen Europas entstanden ist, eine Stadt, in der sich ein begeistertes Konzertpublikum gebildet hat, das einige große Kritiker mit vielseitigen Interessen und einem feinen, freien Geist unter seinen Mitgliedern hat – all das ist der Stolz Frankreichs. Und wir haben auch eine kleine Gruppe von Musikern; unter ihnen, in der ersten Reihe, der große Traummaler Claude Debussy, der Meister der konstruktiven Kunst Dukas, der leidenschaftliche Denker Albéric Magnard, der ironische Dichter Ravel; und jene feinsinnigen und vollendeten Schriftsteller, Albert Roussel und Déodat de Séverac; ohne die jüngeren Musiker zu erwähnen, die die Avantgarde ihrer Kunst bilden. Und all diese poetische Kraft, wenn auch nicht die kräftigste, ist die originellste im heutigen Europa. Welche Lücken man auch in unserer noch so jungen

musikalischen Organisation finden mag, zu welchen Ergebnissen diese
Bewegung auch führen mag, es ist unmöglich, ein Volk nicht zu bewundern,
das durch die Niederlage aufgeweckt wurde, und eine Generation, die das
großartige Werk der Wiederbelebung der Musik der Nation mit solch
unermüdlicher Ausdauer und solch unerschütterlichem Glauben vollbracht
hat. Die Namen von Camille Saint-Saëns, César Franck, Charles Bordes und
Vincent d'Indy werden vor allen anderen mit diesem Werk der nationalen
Erneuerung verbunden bleiben, bei dem so viel Talent und so viel Hingabe,
von den Leitern der Orchester und berühmten Komponisten bis hin zu
dieser obskuren Gruppe von Künstlern und Musikliebhabern, ihre Kräfte im
Kampf gegen Gleichgültigkeit und Routine vereint haben. Sie haben das
Recht, stolz auf ihre Arbeit zu sein. Aber für uns selbst sollten wir keine Zeit
damit verschwenden, darüber nachzudenken. Unsere Hoffnungen sind groß.
Lassen Sie uns sie rechtfertigen.

FUSSNOTEN:

[1] „Und du, Russland, der du mich gerettet hast …" (Berlioz, *Mémoires* , II, 353, Calmann-Lévys Ausgabe, 1897).

[2] *Erinnerungen* , II, 149.

[3] Das literarische Werk von Berlioz ist ziemlich uneinheitlich. Neben Passagen von erlesener Schönheit finden wir andere, die in ihrer übertriebenen Empfindsamkeit lächerlich sind, und es gibt einige, denen es sogar an Geschmack mangelt. Aber er hatte eine natürliche Begabung für Stil, und sein Schreibstil ist kraftvoll und voller Gefühl, besonders gegen Ende seines Lebens. Aus den *Mémoires* wird oft die *Procession des Rogations zitiert* ; und einige seiner poetischen Texte, besonders jene in *L'Enfance du Christ* und in *Les Troyens* , sind in wunderschöner Sprache und mit einem feinen Sinn für Rhythmus geschrieben. Seine *Mémoires* sind als Ganzes eines der entzückendsten Bücher, die je ein Künstler geschrieben hat. Wagner war ein größerer Dichter, aber als Prosaschriftsteller ist Berlioz ihm unendlich überlegen. Siehe Paul Morillots Essay über *Berlioz écrivain* , 1903, Grenoble.

[4] „Der Zufall, dieser unbekannte Gott, der in meinem Leben eine so große Rolle spielt" (*Mémoires* , II, 161).

[5] „Ich war blond", schrieb Berlioz an Bülow (unveröffentlichte Briefe, 1858). „Ein Schopf rötlicher Haare", schrieb er in seinen *Mémoires* , I, 165. „Sandfarbenes Haar", sagte Reyer. Was die Farbe von Berlioz' Haar angeht, verlasse ich mich auf die Aussage von Mme. Chapót, seiner Nichte.

[6] Joseph d'Ortigue, *Le Balcon de l'Opéra* , 1833.

[7] E. Legouvé, *Soixante ans de souvenirs* . Legouvé beschreibt hier Berlioz, wie er ihn zum ersten Mal sah.

[8] „Ein passabler Bariton", sagt Berlioz *(Mémoires* , I, 58). 1830 sang er in den Straßen von Paris „einen Basspart" *(Mémoires* , I, 156). Bei seinem ersten Besuch in Deutschland ließ ihn der Fürst von Hechingen in einer seiner Kompositionen „die Partie des Violoncellos" singen (*Mémoires* , II, 32).

[9] Es gibt zwei gute Porträts von Berlioz. Eines ist eine Fotografie von Pierre Petit aus dem Jahr 1863, die er an Frau Estelle Fornier schickte. Sie zeigt ihn auf seinen Ellbogen gestützt, mit gesenktem Kopf und den Augen zu Boden gerichtet, als sei er müde. Das andere ist die Fotografie, die er in der ersten Ausgabe seiner *Mémoires reproduzieren ließ* und die ihn zurückgelehnt zeigt, die Hände in den Taschen, den Kopf aufrecht, mit einem energischen Gesichtsausdruck und einem starren und strengen Blick in den Augen.

[10] Er wollte zu Fuß von Neapel nach Rom in einer geraden Linie über die Berge gehen und von Subiaco nach Tivoli in einem Stück laufen.

[11] Dies führte zu mehreren Anfällen von Bronchitis und häufigen Halsschmerzen sowie zu einer inneren Erkrankung, an der er starb.

[12] „Musik und Liebe sind die beiden Flügel der Seele", schrieb er in seinen *Mémoires* .

[13] *Mémoires* , I, 11.

[14] Julien Tiersot, *Hector Berlioz und die Gesellschaft seiner Zeit* , 1903, Hachette.

[15] Siehe *Mémoires* , I, 139.

[16] „Ich weiß nicht, wie ich diese schreckliche Krankheit beschreiben soll ... Meine pochende Brust scheint in den Weltraum zu sinken; und mein Herz, das eine unwiderstehliche Kraft auf sich zieht, fühlt sich an, als wollte es sich ausdehnen, bis es verdunstete und sich auflöste." . Meine Haut wird heiß und zart und ich möchte meine Freunde (auch diejenigen, die mir egal sind) um Hilfe und Trost bitten, um mich vor der Zerstörung zu bewahren und das Leben zu behalten Ich verspüre bei diesen Anfällen kein Gefühl des drohenden Todes, und ich möchte nicht sterben – im Gegenteil, ich möchte unbedingt leben, das Leben um ein Vielfaches steigern für das Glück, das unerträglich wird, wenn es an Nahrung mangelt; und es wird nur durch intensive Freuden befriedigt, die diesem großen Überfluss an Gefühlen ein Ventil geben *Erstarrung* all dieser Gefühle – der Eisblock Selbst wenn ich ruhig bin, spüre ich an Sonntagen im Sommer, wenn unsere Städte leblos sind und alle auf dem Land sind; denn ich weiß, dass die Menschen sich außerhalb meiner Nähe amüsieren, und ich spüre ihre Abwesenheit. Das *Adagio* von Beethovens Symphonien, bestimmte Szenen aus Glucks „*Alceste* und *Armide*", eine Melodie aus seiner italienischen Oper „*Telemacko*", die elysischen Felder seines „ *Orfeo* " werden ziemlich schlimme Anfälle dieses Leidens hervorrufen; Aber diese Meisterwerke bringen auch ein Gegenmittel mit sich: Sie lassen die Tränen fließen und dann wird der Schmerz gelindert. Dagegen sind die *Adagio* einiger Sonaten Beethovens und Glucks *Iphigénie en Tauride* voller Melancholie und provozieren daher Ärger ... dann ist es drinnen kalt, der Himmel ist grau und wolkenverhangen, der Nordwind stöhnt dumpf. ..." *(Mémoires* , I, 246).

[17] *Erinnerungen* , I, 98.

[18] „Ist es nicht wirklich teuflisch", sagte er zu Legouvé, „tragisch und albern zugleich? Ich hätte es verdient, in die Hölle zu fahren, wenn ich nicht schon dort wäre."

[19] *Mémoires* , II, 335. Sehen Sie sich die berührenden Passagen an, die er zum Tod von Henrietta Smithson schrieb.

[20] Eines Tages hörte Henrietta, die allein in Montmartre lebte, jemanden klingeln und ging, um die Tür zu öffnen.

„„Ist Frau Berlioz zu Hause?'

„„Ich bin Frau Berlioz.'

„„Sie irren sich; ich habe nach Frau Berlioz gefragt.'

„„Und ich sage Ihnen, ich bin Frau Berlioz.'

„„Nein, das sind Sie nicht. Sie sprechen von der alten Frau Berlioz, der Verlassenen; ich spreche von der jungen, hübschen und geliebten Person. Nun, das bin ich!'

„Und Recio ging hinaus und schlug die Tür hinter ihr zu.

„Legouvé sagte zu Berlioz: ‚Wer hat dir diese abscheuliche Sache erzählt? Ich nehme an, sie hat es getan, und dann hat sie obendrein damit geprahlt. Warum hast du sie nicht aus dem Haus geschickt?' 'Wie könnte ich?' sagte Berlioz in gebrochenem Ton: „Ich liebe sie" *(Soixante ans de Souvenirs)*.

[21] Aus der Natur dieser Frau kam seine Liebe zur Rache, „eine unnötige und doch notwendige Sache", sagte er zu seinem Freund Hiller, der ihn, nachdem er ihn die *Symphonie fantastique schreiben ließ, um Henrietta Smithson zu ärgern, als nächstes die erbärmliche Fantasie Euphonia* schreiben ließ, um Camille Moke, jetzt Mme. Pleyel, zu ärgern. Man würde sich verpflichtet fühlen, mehr Aufmerksamkeit auf die Art und Weise zu lenken, wie er oft die Wahrheit ausschmückte oder verdrehte, wenn man nicht das Gefühl hätte, dass dies weit mehr seiner unbändigen und glühenden Vorstellungskraft entsprang als irgendeiner Absicht, zu täuschen; denn ich glaube, dass sein wahres Wesen ein sehr geradliniges war. Ich werde die Geschichte seines Freundes Crispino, eines jungen Landsmannes aus Tivoli, als charakteristisches Beispiel anführen. Berlioz sagt in seinen *Mémoires* (I, 229): „Eines Tages, als Crispino Respekt fehlte, machte ich ihm ein Geschenk aus zwei Hemden, einer Hose und drei kräftigen Tritten hintern." In einer Anmerkung fügte er hinzu: „Das ist eine Lüge und das Ergebnis der Tendenz eines Künstlers, auf Wirkung zu zielen. Ich habe Crispino nie getreten." Aber Berlioz achtete darauf, diese Anmerkung später wegzulassen. Man legt seinen anderen kleinen Prahlereien ebenso wenig Bedeutung bei wie dieser. Die Fehler in den *Mémoires* sind stark übertrieben; und außerdem ist Berlioz der erste, der seine Leser warnt, dass er nur das geschrieben hat, was ihm gefällt, und in seinem Vorwort sagt er, dass er seine Bekenntnisse nicht schreibt. Kann man ihm das vorwerfen?

[22] *Mémoires* , II, 158. Der Kummer, der in diesem Kapitel zum Ausdruck kommt, wird jeder Künstler spüren.

[23] *Erinnerungen* , II, 349.

[24] Berlioz hat bereits in den Worten, die der von mir zitierten Geschichte folgen, auf alle Vorwürfe, die man ihm machen könnte, rührend geantwortet. „,Feigling!' wird ein junger Enthusiast sagen, ,das hättest du schreiben sollen, du hättest mutig sein sollen.' Ach, junger Mann, Sie, die mich einen Feigling nennen, hätten nicht zusehen müssen, was ich tat; hätten Sie es getan, hätten auch Sie keine andere Wahl gehabt. Meine Frau war da, halb tot, konnte nur noch stöhnen; sie brauchte drei Krankenschwestern und jeden Tag einen Arzt, der sie besuchte; und ich war mir des verheerenden Ergebnisses jedes musikalischen Abenteuers sicher. Nein, ich war kein Feigling; ich weiß, ich war nur ein Mensch. Ich möchte glauben, dass ich der Kunst Ehre erwiesen habe, indem ich bewies, dass sie mir genug Grund gelassen hatte, zwischen Mut und Grausamkeit zu unterscheiden" (*Mémoires*, II, 350).

[25] In einer Anmerkung in den *Mémoires* veröffentlicht Berlioz einen Brief Mendelssohns, in dem dieser seine „gute Freundschaft" beteuert. Er schreibt dazu folgende bittere Worte: „Ich habe soeben in einem Band mit Mendelssohns Briefen gelesen, worin seine Freundschaft zu mir bestand. Er sagt zu seiner Mutter, was eindeutig eine Beschreibung meiner Person ist: ,—— ist eine vollkommene Karikatur, ohne einen Funken Talent ... es gibt Zeiten, da würde ich ihn am liebsten verschlingen'" (*Mémoires*, II, 48). Berlioz fügte nicht hinzu, dass Mendelssohn auch sagte: „Sie geben vor, Berlioz suche in der Kunst nach hohen Idealen. Das glaube ich überhaupt nicht. Was er will, ist zu heiraten." Die Ungerechtigkeit dieser beleidigenden Worte wird all jene anwidern, die sich daran erinnern, dass Berlioz, als er Henrietta Smithson heiratete, als Mitgift nichts als Schulden mitbrachte und dass er selbst nur dreihundert Francs besaß, die ihm ein Freund geliehen hatte.

[26] Liszt verwarf ihn später.

[27] Geschrieben in einem Artikel über die *Ouverture de Waverley* (*Neue Zeitschrift für Musik*).

[28] Wagner, der Berlioz seit 1840 kritisiert hatte und 1851 in seiner *Oper und Drama* eine detaillierte Studie dessen Werkes veröffentlichte, schrieb 1855 an Liszt: „Ich gestehe, dass es mich sehr interessieren würde, die Symphonien von Berlioz kennenzulernen, und ich würde gern die Partituren sehen. Wenn Sie sie haben, würden Sie sie mir leihen?"

[29] Siehe Berlioz' Brief, zitiert von J. Tiersot, *Hector Berlioz et la société de son temps*, S. 275.

[30] *Roméo, Faust, La Nonne sanglante*.

[31] Ich begnüge mich hier mit der Feststellung einer Tatsache, auf die ich in einem anderen Aufsatz am Ende dieses Buches ausführlicher eingehen werde: Es ist der Rückgang des Musikgeschmacks in Frankreich – und ich

glaube eher in ganz Europa – seit 1835 oder 1840. Berlioz sagt in seinen *Mémoires* : „Seit der Uraufführung von *Roméo et Juliette* ist die Gleichgültigkeit des französischen Publikums gegenüber allem, was Kunst und Literatur betrifft, unglaublich gewachsen" (*Mémoires* , II, 263). Vergleichen Sie die aufgeregten Schreie und die Tränen, die den Dilettanten von 1830 (*Mémoires* , I, 81) bei den Aufführungen italienischer Opern oder Glucks Werken entströmten, mit der Kälte des Publikums zwischen 1840 und 1870. Ein Mantel aus Eis bedeckt Kunst dann. Wie viel muss Berlioz gelitten haben. In Deutschland war die große Romantik vorbei. Nur Wagner blieb übrig, um der Musik Leben einzuhauchen; und er saugte alles aus, was in Europa noch an Liebe und Begeisterung für die Musik übrig war. Berlioz starb tatsächlich an Erstickung.

[32] Hier ist eine offizielle Liste der Städte, in denen *Benvenuto* seit 1879 gespielt wurde (diese Informationen verdanke ich M. Victor Chapót, Berlioz' Großneffen). Es sind in alphabetischer Reihenfolge: Berlin, Bremen, Braunschweig, Dresden, Frankfurt am Main, Freiburg im Breisgau, Hamburg, Hannover, Karlsruhe, Leipzig, Mannheim, Metz, München, Prag, Schwerin, Stettin, Straßburg, Stuttgart, Wien und Weimar.

[33] *Mémoires* , II, 420.

[34] „Ich weiß nicht, wie Berlioz es geschafft hat, so ausgeschlossen zu werden. Er hat weder Freunde noch Anhänger; weder die warme Sonne der Popularität noch den angenehmen Schatten der Freundschaft" (Liszt an die Prinzessin von Wittgenstein, 16. Mai 1861).

[35] In einem Brief an Bennet sagt er: „Ich bin müde, ich bin müde …" Wie oft erklingt dieser mitleiderregende Schrei in seinen Briefen gegen Ende seines Lebens? „Ich fühle, dass ich sterben werde ... Ich bin todmüde" (21. August 1868 – sechs Monate vor seinem Tod).

[36] Brief an Asger Hammerick, 1865.

[37] Briefe an die Prinzessin von Wittgenstein, 22. Juli, 21. September 1862; und August 1864.

[38] *Mémoires* , II, 335. Er schockierte Mendelssohn und sogar Wagner durch seine Religionslosigkeit. (Siehe Berlioz' Brief an Wagner vom 10. September 1855.)

[39] *Les Grotesques de la Musique* , S. 295–296.

[40] Brief an den Abbé Girod. Siehe Hippeau, *Berlioz intime* , S. 434.

[41] Brief an Bennet. Er glaubte nicht an Patriotismus. „Patriotismus? Fetischismus! Kretinismus!" (*Mémoires* , II, 261).

[42] Brief an die Prinzessin von Wittgenstein, 22. Juli 1862.

[43] *Erinnerungen* , II, 391.

[44] Briefe an die Prinzessin von Wittgenstein, 22. Januar 1859; 30. August 1864; 13. Juli 1866; und an A. Morel, 21. August 1864.

[45] „... Qui viderit illas De lacrymis factas sentiet esse meis", schrieb Berlioz
1854 als Inschrift für seinen *Tristes* .

[46] „Man erkennt sofort einen Gefährten im Unglück; und ich fand, dass ich ein glücklicherer Mann war als Berlioz" (Wagner an Liszt, 5. Juli 1855).

[47] *Erinnerungen* , II, 396.

[48] *Erinnerungen* , II, 415.

[49] „Ja, dieser Flucht aus der Welt verdankt *Parsifal* seine Geburt und sein Wachstum. Welcher Mensch kann ein ganzes Leben lang mit ruhiger Vernunft und fröhlichem Herzen in die Tiefen dieser Welt blicken? Wenn er sieht." Mord und Vergewaltigung, organisiert und legalisiert durch ein System aus Lügen, Betrügereien und Heuchelei, wird er nicht den Blick abwenden und vor Abscheu schaudern?" (Wagner, *Darstellungen des Heiligen Dramas des Parsifal in Bayreuth, 1882.*)

[50] Die Szene wurde mir von seiner Freundin Malwida von Meysenbug beschrieben, der ruhigen und furchtlosen Autorin der *Mémoires d'une Idéaliste*
.

[51] „Vor meinen Fenstern habe ich nur kahle Wände. Auf der Straßenseite bellt seit einer Stunde ein Mops, ein Papagei schreit, und ein Papagei imitiert das Zwitschern der Spatzen. Auf der Hofseite singen die Wäscherinnen, und ein anderer Papagei schreit unaufhörlich: ‚Schulterarme!' Wie lang ist der Tag!"

"Der unerträgliche Lärm der Kutschen erschüttert die Stille der Nacht. Paris nass und schlammig! Pariser Paris! Jetzt ist alles ruhig ... es schläft den Schlaf der Ungerechten" (Geschrieben an Ferrand, *Lettres intimes* , S. 269 und 302).

[52] Er pflegte zu sagen, dass von seiner Arbeit nichts übrig bleiben würde; dass er sich selbst getäuscht hatte; und dass er seine Partituren am liebsten verbrannt hätte.

[53] Blaze de Bury traf ihn an einem Herbstabend am Kai, kurz vor seinem Tod, als er vom Institut zurückkehrte. „Sein Gesicht war blass, seine Figur abgemagert und gebeugt und sein Gesichtsausdruck niedergeschlagen und nervös; man hätte ihn für einen wandelnden Schatten halten können. Sogar seine Augen, diese großen runden haselnussbraunen Augen, hatten ihr Feuer gelöscht. Für eine Sekunde umarmte er meine Die Hand reichte in seine eigene dünne, leblose Stimme und wiederholte mit kaum mehr als einem

Flüstern die Worte von Aischylos: „Oh, dieses Leben des Menschen ist genug, um ihn zu stören, und wenn er es ist." Unglücklich kann sein Kummer weggewischt werden wie mit einem feuchten Schwamm, und alles ist vergessen"' (*Musiciens d'hier et d'aujourd'hui*).

[54] *A travers chants* , S. 8-9.

[55] Tatsächlich schwelte dieses Genie seit seiner Kindheit; es war von Anfang an da; und der Beweis dafür liegt in der Tatsache, dass er für seine *Ouverture des Francs-Juges* und für die *Symphonie fantastique* Arien und Phrasen von Quintetten verwendete, die er im Alter von zwölf Jahren geschrieben hatte (siehe *Mémoires* , I, 16-18).

[56] Die *Huit scènes de Faust* sind Goethes Tragödie entnommen, übersetzt von *Gérard de Nerval* , und sie umfassen: (1) *Chants de la fête de Pâques* ; (2) *Paysans unter den Ästen* ; (3) *Konzert des Sylphes* ; (4 und 5) *Taverne d'Auerbach* mit den beiden Liedern von der Ratte und dem Floh; (6) *Lied des Königs von Thulé* ; (7) *Romance de Marguerite* , „D'amour, l'ardente flamme", und *Choeur de soldats* ; (8) *Sérénade de Méphistophélès* - das heißt die berühmtesten und charakteristischsten Seiten der *Verdammnis* (siehe die Essays von M. Prudhomme über *Le Cycle de Berlioz*).

[57] Man könnte kaum eine bessere Offenbarung der Seele eines jugendlichen musikalischen Genies finden als in bestimmten Briefen, die zu dieser Zeit geschrieben wurden; insbesondere in dem Brief an Ferrand vom 28. Juni 1828 mit seinem fieberhaften Nachtrag. Was für ein Leben voller reicher und überfließender Kraft! Es ist eine Freude, es zu lesen; man trinkt aus der Quelle des Lebens selbst.

[58] *Mémoires* , I, 70.

[59] *Ebenda* . Um dies wiedergutzumachen, veröffentlichte er 1829 eine biographische Notiz über Beethoven, in der er ihn seinem Alter gegenüber bemerkenswert würdigte. Er schrieb dort: „Die *Chorsinfonie* ist der Höhepunkt von Beethovens Genie", und er spricht mit großer Einsicht über die vierte Sinfonie in cis-Moll.

[60] Beethoven starb 1827, im Jahr, als Berlioz sein erstes bedeutendes Werk, die *Ouverture des Francs-Juges,* schrieb .

[61] Er verließ Henrietta Smithson im Jahr 1842; sie starb im Jahr 1854.

[62] Von Berlioz selbst ironisch in einem Brief aus dem Jahr 1855 geschrieben.

[63] *Mémoires* , I, 307.

[64] Etwa zu dieser Zeit schrieb er an Liszt bezüglich *L'Enfance du Christ* : „Ich glaube, ich habe in Herodes' Szene und Arie mit den Wahrsagern etwas

Gutes gefunden; es ist voller Charakter und wird Ihnen, so hoffe ich, gefallen. Es gibt vielleicht anmutigere und angenehmere Stücke, aber mit Ausnahme des Bethlehem-Duetts glaube ich nicht, dass sie dieselbe Originalität aufweisen" (17. Dezember 1854).

[65] Im Jahr 1830 nannte der alte Rouget de Lisle Berlioz „einen Vulkan im Ausbruch" (*Mémoires* , I, 158).

[66] M. Camille Saint-Saëns schrieb in seinen *Portraits et Souvenirs* , 1900: „Wer die Partituren von Berlioz liest, bevor er sie gespielt hört, kann sich keine wirkliche Vorstellung von ihrer Wirkung machen. Die Instrumente scheinen entgegen jedem gesunden Menschenverstand angeordnet zu sein; und." Es scheint, um den Fachjargon zu verwenden, dass *cela ne dut pas sonner ist* , aber wenn wir hier und da Unklarheiten des Stils finden, strömen sie nicht in das Orchester hinein und spielen dort wie in den Facetten eines Diamanten."

[67] Siehe den ausgezeichneten Aufsatz von H. Lavoix in seiner *Histoire de l'Instrumentation* . Es sei darauf hingewiesen, dass Berlioz' Beobachtungen in seinem *Traité d'instrumentation et d'orchestration modernes* (1844) Richard Strauss nicht entgangen sind, der gerade eine deutsche Ausgabe des Werks veröffentlicht hat und von dem einige seiner berühmtesten Orchestereffekte Umsetzungen von Berlioz' Ideen sind.

[68] Über diesen Instinkt kann man anhand einer Tatsache urteilen: Er schrieb die Ouvertüren von *Les Francs-Juges* und *Waverley,* ohne wirklich zu wissen, ob man sie spielen konnte. "Ich war so unwissend", sagt er, "über die Mechanik gewisser Instrumente, dass ich, nachdem ich das Solo in Des-Dur für die Posaune in der Einleitung von *Les Francs-Juges geschrieben* hatte, befürchtete, es würde furchtbar schwer zu spielen sein. Also ging ich voller Sorge zu einem der Posaunisten des Opernorchesters. Er sah sich die Stelle an und beruhigte mich. 'Die Tonart Des-Dur', sagte er, 'ist eine der angenehmsten für dieses Instrument; und Sie können bei dieser Stelle mit einer großartigen Wirkung rechnen'" *(Mémoires* , I, 63).

[69] *Mémoires* , I, 64.

[70] "Berlioz bewies bei der Berechnung der Eigenschaften von Mechanismen ein wirklich erstaunliches wissenschaftliches Wissen. Wenn die Erfinder unserer modernen Industriemaschinen heute als Wohltäter der Menschheit gelten, dann verdient Berlioz, als der wahre Retter der musikalischen Welt angesehen zu werden; denn dank ihm können Musiker durch den vielfältigen Einsatz einfacher mechanischer Mittel überraschende Effekte in der Musik erzielen ... Berlioz liegt hoffnungslos begraben unter den Ruinen seiner eigenen Erfindungen" (*Oper und Drama* , 1851).

[71] Brief von Berlioz an Ferrand.

[72] „Die Hauptmerkmale meiner Musik sind leidenschaftlicher Ausdruck, innere Wärme, rhythmische Impulse und unvorhergesehene Effekte. Wenn ich von leidenschaftlichem Ausdruck spreche, meine ich einen Ausdruck, der verzweifelt versucht, das innere Gefühl seines Themas wiederzugeben, selbst wenn das Thema der Leidenschaft zuwiderläuft und sanfte Emotionen oder tiefste Ruhe behandelt. Es ist diese Art von Ausdruck, die man in *L'Enfance du Christ* und vor allem in der Szene von *Le Ciel* in der *Damnation de Faust* und im *Sanctus* des *Requiems finden kann* " (*Mémoires* , II, 361).

[73] "Sie befinden sich also in Ihren *Nibelungen* inmitten schmelzender Gletscher ! In der Gegenwart der Natur selbst zu schreiben, muss herrlich sein. Es ist ein Genuss, der mir verwehrt bleibt. Schöne Landschaften, hohe Gipfel oder weite Meeresflächen absorbieren mich, anstatt Ideen in mir hervorzurufen. Ich fühle, aber ich kann nicht ausdrücken, was ich fühle. Ich kann den Mond nur malen, wenn ich sein Spiegelbild auf dem Grund eines Brunnens sehe" (Berlioz an Wagner, 10. September 1855).

[74] *Musikführer* , 29. November 1903.

[75] *Mémoires* , II, 361.

[76] M. Jean Marnold hat dieses Talent für Monodie bei Berlioz in seinem Artikel über *Hector Berlioz, Musiker (Mercure de France* , 15. Januar und 1. Februar 1905) bemerkt.

[77] Gluck selbst sagte dies in einem Brief an den *Mercure de France* vom Februar 1773.

[78] Ich spreche nicht von den französisch-flämischen Meistern am Ende des 16. Jahrhunderts: von Jannequin, Costeley, Claude le Jeune oder Mauduit, die kürzlich von M. Henry Expert entdeckt wurden und über einen so originellen Geschmack verfügen. und sind dennoch von ihrer Zeit bis zu unserer Zeit fast völlig unbekannt geblieben. Religionskriege zerstörten die musikalischen Traditionen Frankreichs und raubten der französischen Kunst einen Teil ihrer Erhabenheit.

[79] Es ist amüsant, dass Wagner Berlioz mit Auber vergleicht, als dem Typus eines echten französischen Musikers — Auber und seiner gemischten italienischen und deutschen Oper. Das zeigt, dass Wagner, wie die meisten Deutschen, nicht in der Lage war, die wahre Originalität der französischen Musik zu erfassen, und dass er nur ihre Äußerlichkeiten sah. Der beste Weg, die musikalischen Eigenschaften einer Nation herauszufinden, ist das Studium ihrer Volkslieder. Würde sich nur jemand dem Studium des französischen Volksliedes widmen (und an Material mangelt es nicht), würde man vielleicht erkennen, wie sehr es sich vom deutschen Volkslied unterscheidet und wie sich dort das Temperament der französischen Rasse zeigt süßer und freier, kräftiger und ausdrucksvoller sein.

[80] *Mémoires*, I, 221.

[81] „Die Musik von heute, in der Kraft ihrer Jugend, ist emanzipiert und frei und kann tun, was sie will. Viele alte Regeln sind nicht mehr in Mode; sie wurden von unreflektierten Geistern oder von Liebhabern der Routine für andere Liebhaber der Routine aufgestellt. Neue Bedürfnisse des Geistes, des Herzens und des Gehörs machen neue Anstrengungen und in einigen Fällen das Brechen alter Gesetze notwendig. Viele Formen sind zu abgedroschen geworden, um noch übernommen zu werden. Dasselbe kann ganz gut oder ganz schlecht sein, je nachdem, wie man es verwendet oder welche Gründe man dafür hat. Klang und Klangfülle sind dem Denken untergeordnet, und das Denken ist dem Gefühl und der Leidenschaft untergeordnet." (Diese Meinungen wurden in Bezug auf Wagners Konzerte in Paris im Jahre 1860 geäußert und sind *A travers chants*, S. 312, entnommen.)

Vergleichen Sie dazu Beethovens Worte: „Es gibt keine Regel, die man zur Förderung der Schönheit nicht brechen dürfte."

[82] Ist es notwendig, an das *épître dédicatoire* von *Alceste* aus dem Jahre 1769 zu erinnern sowie an Glucks Erklärung, er habe versucht, „die Musik ihrer wahren Funktion zuzuführen – nämlich der Poesie zu helfen, den Ausdruck der Emotionen und das Interesse einer Situation zu verstärken … und sie zu dem zu machen, was die schöne Farbgebung und die gelungene Anordnung von Licht und Schatten für eine gekonnte Zeichnung sind"?

[83] Diese revolutionäre Theorie stammte bereits von Mozart: „Die Musik muss das Höchste sein und einen alles andere vergessen lassen … In einer Oper ist es absolut notwendig, dass die Poesie die gehorsame Tochter der Musik ist" (Brief an seinen Vater, 13. Oktober 1781). Wahrscheinlich verzweifelte Mozart daran, diesen Gehorsam nicht zu erlangen, und dachte ernsthaft darüber nach, die Form der Oper aufzubrechen und an ihre Stelle im Jahre 1778 eine Art Melodram zu setzen (für das Rousseau 1773 ein Beispiel gegeben hatte), das er „Duodrama" nannte, in dem Musik und Poesie lose miteinander verbunden, aber nicht voneinander abhängig waren, sondern Seite an Seite auf zwei parallelen Wegen verliefen (Brief vom 12. November 1778).

[84] *Tribune de Saint Gervais*, November 1903.

[85] *Mémoires*, II, 365.

[86] „Diese Komposition enthält eine Dosis Erhabenheit, die für das normale Publikum viel zu stark ist; und Berlioz rät dem Dirigenten mit der großartigen Unverschämtheit des Genies in einer Notiz, die Seite umzublättern und zu übergehen" (Georges de Massougnes, *Berlioz*). Diese

schöne Studie von Georges de Massougnes erschien 1870 und ist ihrer Zeit weit voraus.

[87] „Oh, wie ich Schumann liebe, ehre und verehre, dass er diesen Artikel allein geschrieben hat" (Hugo Wolf, 1884).

[88] *Neue Zeitschrift für Musik* . Siehe *Hector Berlioz und Robert Schumann* . Berlioz kämpfte ständig für diese Freiheit des Rhythmus – für „diese Harmonien des Rhythmus", wie er sagte. Er wollte am Conservatoire eine Rhythmusklasse einrichten (*Mémoires* , II, 241), aber so etwas wurde in Frankreich nicht verstanden. Frankreich ist in diesem Punkt zwar nicht so rückständig wie Italien, widersetzt sich aber immer noch der Emanzipation des Rhythmus (*Mémoires* , II, 196). Aber in den letzten zehn Jahren wurden in Frankreich große Fortschritte in der Musik gemacht.

[89] *Ebenda* . „Eine seltene Besonderheit", fügt Schumann hinzu, „die fast alle seine Melodien auszeichnet." Schumann versteht, warum Berlioz als Begleitung seiner Melodien oft einen einfachen Bass oder Akkorde mit erhöhter und verminderter Quinte verwendet – ohne Rücksicht auf die Zwischenstimmen.

[90] „Was bleibt dann von der eigentlichen Kunst übrig? Vielleicht wird Berlioz ihr einziger Vertreter sein. Da er kein Klavier studiert hatte, hatte er eine instinktive Abneigung gegen den Kontrapunkt. Er ist in dieser Hinsicht das Gegenteil von Wagner, der die Verkörperung des Kontrapunkts war." und zog das Äußerste aus seinen Gesetzen heraus" (Saint-Saëns).

[91] Jacques Passy stellt fest, dass bei Berlioz die häufigsten Phrasen aus zwölf, sechzehn, achtzehn oder zwanzig Takten bestehen. Bei Wagner sind Phrasen mit acht Takten selten, solche mit vier Takten häufiger, solche mit zwei Takten noch häufiger, während solche mit einem Takt am häufigsten sind (*Berlioz et Wagner* , Artikel veröffentlicht in *Le Correspondant* , 10. Juni 1888).

[92] Hier muss man die Armseligkeit und Unbeholfenheit der Harmonie von Berlioz erwähnen – die unbestreitbar ist –, da einige Kritiker und Komponisten in seinem Genie nichts als „orthographische Fehler" erkennen konnten (sage ich etwas Lächerliches? Wagner würde es für mich sagen). Diesen schrecklichen Grammatikern – die vor zweihundert Jahren Molière wegen seines „Jargons" kritisierten – werde ich mit einem Zitat von Schumann antworten.

"Berlioz' Harmonien zeichnen sich trotz der Verschiedenheit ihrer Wirkung, die aus sehr spärlichem Material gewonnen wird, durch eine Art Einfachheit und sogar durch eine Solidität und Prägnanz aus, die man nur bei Beethoven findet... Man kann hier und da Harmonien finden, die banal und trivial sind, und andere, die - zumindest nach den alten Regeln - falsch sind. An manchen

Stellen haben seine Harmonien eine schöne Wirkung, und an anderen ist ihr Ergebnis vage und unbestimmt, oder es klingt schlecht, oder es ist zu kunstvoll und weit hergeholt. Doch bei Berlioz nimmt all dies irgendwie eine gewisse Besonderheit an. Wenn man versuchte, es zu korrigieren oder auch nur geringfügig zu verändern - für einen erfahrenen Musiker wäre es ein Kinderspiel -, würde die Musik langweilig werden" (Artikel über die *Symphonie fantastique*).

Aber lassen wir diese „grammatische Diskussion" sowie das, was Wagner über „die kindische Frage, ob es erlaubt ist, ‚Neologismen' in Fragen der Harmonie und Melodie einzuführen, zulässig ist oder nicht" schrieb, beiseite (Wagner an Berlioz, 22. Februar 1860). . Wie Schumann sagte: „Achten Sie auf die Quinten und lassen Sie uns dann in Ruhe."

[93] *Erinnerungen* , I, 155.

[94] Diese Worte sind Berlioz' Anweisungen zur Partitur seiner Bearbeitung der *Marseillaise* für großes Orchester und Doppelchor entnommen.

[95] „Von Beethoven", sagt Berlioz, „geht die Entstehung kolossaler Formen in der Kunst aus" (*Mémoires* , II, 112). Aber Berlioz vergaß eines von Beethovens Vorbildern – Händel. Man muss auch die Musiker der französischen Revolution berücksichtigen: Mehul, Gossec, Cherubini und Lesueur, deren Werke, obwohl sie ihren Absichten nicht gerecht werden, nicht ohne Erhabenheit sind und oft die Intuition einer neuen, edlen und populären Kunst offenbaren.

[96] Brief an Morel, 1855. Berlioz beschreibt so die *Tibiomnes* und den *Judex* seines *Te Deum* . Vergleichen Sie Heines Urteil: „Berlioz' Musik lässt mich an gigantische Arten ausgestorbener Tiere denken, an sagenhafte Reiche ... Babylon, die hängenden Gärten von Semiramis, die Wunder von Ninive, die gewagten Bauten von Mizraim."

[97] *Erinnerungen* , I, 17.

[98] Brief an eine unbekannte Person, geschrieben wahrscheinlich um 1855, in der Sammlung von Siegfried Ochs und veröffentlicht in der *Geschichte der französischen Musik* von Alfred Bruneau, 1904. Dieser Brief enthält einen ziemlich merkwürdigen analytischen Katalog von Berlioz' Werken, erstellt von sich selbst. Er weist dort auf seine Vorliebe für Kompositionen „kolossaler Natur" wie das *Requiem* , die *Symphonie funèbre et triomphale* und das *Te Deum hin*, oder auf Kompositionen „immensen Stils" wie das *Impériale* .

[99] *Mémoires* , II, 364. Siehe auch den oben zitierten Brief.

[100] *Mémoires* , II, 363. Siehe auch II, 163 und die Beschreibung des großen Festivals von 1844 mit seinen 1.022 Darstellern.

[101] Hermann Kretzschmar, *Führer durch den Konzertsaal* .

[102] *Mémoires* , I, 312.

[103] Brief an einige junge Ungarn, 14. Februar 1861. Siehe die *Mémoires* II, 212 wegen der unglaublichen Emotionen, die der *Marche de Rakoczy* beim Publikum in Budapest hervorrief, und vor allem wegen der erstaunlichen Szene am Ende :—

„Ich sah einen Mann unerwartet hereinkommen. Er war elend gekleidet, aber sein Gesicht strahlte vor seltsamer Verzückung. Als er mich sah, warf er sich auf mich und umarmte mich mit Inbrunst; seine Augen füllten sich mit Tränen, und er konnte kaum bringen Sie die Worte hervor: ‚Ah, Monsieur, Monsieur! Moi Hongrois ... Pauvre Diable ... Pas Parler Français ... Un Poco Italiano. Pardonnez mon extase ... Ah! Ai compris votre canon ... Oui , ja, die Großschlacht ..., deutsche Hunde!' Und dann schlug er sich heftig an die Brust: ‚Dans le coeur, moi ... je vous porte... *Ah! Français ... révolutionnaire ... savoir faire la musique des révolutions* !'"

[104] Geschrieben am 5. Mai 1841.

[105] Berlioz hörte nie auf, gegen die Revolution von 1848 zu schimpfen – die seine Sympathien hätte haben sollen. Anstatt wie Wagner in der damaligen Aufregung Stoff für leidenschaftliche Kompositionen zu finden, arbeitete er bei *L'Enfance du Christ* . Er stellte absolute Gleichgültigkeit dar – er, der so wenig für Gleichgültigkeit geschaffen war. Er billigte das Vorgehen des Staates und verachtete seine visionären Hoffnungen.

[106] „Meine musikalische Karriere würde sehr erfreulich enden, wenn ich nur hundertvierzig Jahre leben könnte" *(Mémoires* , II, 390).

[107] Diese Einsamkeit traf Wagner. „Berlioz' Einsamkeit ist nicht nur eine Folge äußerer Umstände; sie hat ihren Ursprung in seinem Temperament. Obwohl er ein Franzose ist, mit lebhaften Sympathien und Interessen wie seine Mitbürger, ist er dennoch einsam. Er sieht niemanden vor sich, der ihm eine helfende Hand reicht, niemanden an seiner Seite, auf den er sich stützen könnte" (Artikel vom 5. Mai 1841). Wenn man diese Worte liest, hat man das Gefühl, dass es Wagners Mangel an Sympathie und nicht seine Intelligenz war, der ihn daran hinderte, Berlioz zu verstehen. Ich zweifle nicht daran, dass er tief in seinem Herzen genau wusste, wer sein großer Rivale war. Aber er hat nie etwas darüber gesagt – es sei denn, man zählt ein merkwürdiges, sicherlich nicht zur Veröffentlichung bestimmtes Dokument dazu, in dem er (sogar er) ihn mit Beethoven und Bonaparte vergleicht (Manuskript in der Sammlung von Alfred Bovet, veröffentlicht von Mottl in deutschen Zeitschriften und von M. Georges de Massougnes in der *Revue d'art dramatique* , 1. Januar 1902).

[108] F. Nietzsche, *Der Fall Wagner* .

[109] Die Zitate Wagners stammen aus seinen Briefen an Roeckel, Uhlig und
Liszt aus den Jahren 1851 bis 1856.

[110]

des Beifalls
, und seltsamerweise
kam es mir in meiner kindlichen Schüchternheit so vor, als ob es Schlamm
wäre,
der mich entdecken wollte. Ich fürchtete
seine Berührung und mied ihn insgeheim,
indem ich Sturheit vortäuschte.

Diese Verse wurden von M. Saint-Saëns bei einem Konzert gelesen, das am
10. Juni 1896 in der Salle Pleyel anlässlich des fünfzigsten Jahrestages seines
Debüts im Jahr 1846 gegeben wurde. In derselben Salle Pleyel gab er auch
sein erstes Konzert.

[111] C. Saint-Saëns, *Harmonie et Mélodie* , 1885.

[112] C. Saint-Saëns, *Rimes familières* , 1890.

Du wirst die lügnerischen Augen kennen, die Unaufrichtigkeit
des Drucks der Hand,
die Maske der Freundschaft, die Eifersucht verbirgt.
Die zahmen Morgen

An diese Tage des Triumphs, wenn die Masse
Sie mit Ehren krönt und
beurteilt, ob ein seltenes Genie
dem Witz der Clowns ebenbürtig ist.

[113] Brief an M. Levin, den Korrespondenten des *Börsen-Kuriers* in Berlin, 9.
September 1901.

[114] C. Saint-Saëns, *Charles Gounod und der Don Juan de Mozart* , 1894.

[115]

Aber zehn Jahre alt, schlank und blass,
aber voller schlichter Zuversicht und Freude (*Rimes familières*).

[116] Charles Gounod, *Mémoires d'un Artiste* , 1896.

[117] Zitiert aus Saint-Saëns von Edmond Hippeau in *Henry VIII et L'Opéra français* , 1883. M. Saint-Saëns spricht an anderer Stelle von „diesen Werken, die gut geschrieben, aber schwer und unattraktiv sind und auf ermüdende Weise die Enge widerspiegeln." und pedantischen Geist einiger kleiner Städte in Deutschland" (*Harmonie et Mélodie*).

[118] Charles Gounod, *"Ascanio" de Saint-Saëns* , 1890.

[119] *Ebd., ebenda.*

[120] C. Saint-Saëns, *Problèmes et Mystères* , 1894.

[121] *Harmonie und Melodie* .

[122] C. Saint-Saëns, *Portraits et Souvenirs* , 1900.

[123]

Ich weiß, dass ein eitler Traum von Tugend immer einen Schatten auf deine Seele geworfen hat (*Rimes familières*).

[124] C. Saint-Saëns, *Note sur les décors de théâtre dans l'antiquité romaine* , 1880, wo er die Wandmalereien von Pompeji bespricht.

[125] Vortrag über die Phänomene der Luftspiegelungen, gehalten vor der Astronomischen Gesellschaft Frankreichs im Jahr 1905.

[126] C. Saint-Saëns, *La Crampe des Écrivains* , eine Komödie in einem Akt, 1892.

[127] *Harmonie und Melodie* .

[128] Charles Gounod, *Erinnerungen eines Künstlers* .

[129] *Die Stunden; Mehr; Modestie (Familienrimes*).

[130] „Dank Berlioz wurde meine ganze Generation geprägt, und zwar gut" *(Portraits et Souvenirs*).

[131] „Ich mag Liszts Musik so sehr, weil er sich nicht um die Meinung anderer Leute schert; er sagt, was er sagen will; und das einzige, worum er sich kümmert, ist, es so gut wie möglich zu sagen" (Zitat von Hippeau).

[132] Die Zitate sind aus *Harmonie et Mélodie* und *Portraits et Souvenirs entnommen* .

[133] In *Harmonie et Mélodie* erzählt uns M. Saint-Saëns, dass er ein Konzert im Théâtre-Italien organisierte und leitete, bei dem ausschließlich Liszts Kompositionen gespielt wurden. Doch alle seine Bemühungen, Liszt beim französischen Musikpublikum wertzuschätzen, scheiterten.

[134] Die Bewunderung war gegenseitig. M. Saint-Saëns sagte sogar, dass er *Samson et Dalila* ohne Liszt nicht hätte schreiben können . „Liszt ließ *Samson et Dalila nicht nur* in Weimar aufführen, sondern ohne ihn wäre dieses Werk nie entstanden. Meine Vorschläge zu diesem Thema waren auf so viel Feindseligkeit gestoßen, dass ich die Idee, es zu schreiben, aufgegeben hatte; und alles, was übrig blieb, waren ein paar unleserliche Notizen ... Dann sprach ich eines Tages in Weimar mit Liszt darüber, und er sagte mir ganz vertrauensvoll und ohne eine Notiz gehört zu haben: ‚Beenden Sie Ihr Werk; ich werde es hier aufführen lassen.' Die Ereignisse des Jahres 1870 verzögerten seine Aufführung um mehrere Jahre." (*Revue Musicale* , 8. November 1901).

[135] *Porträts und Souvenirs* .

[136] *Harmonie und Melodie* .

[137] C. Saint-Saëns, *Porträts und Souvenirs* .

[138] *Porträts und Souvenirs* .

[139] *Revue d'Art dramatique* , 5. Februar 1899.

[140] Vincent d'Indy: *Cours de Composition Musicale* , Buch I, zusammengestellt aus Notizen aus Kompositionskursen an der *Schola Cantorum* , 1897-1898, S. 16 (Durand, 1902). Siehe auch die Eröffnungsrede, die in der Schule gehalten und von der *Tribune de Saint-Gervais* im November 1900 veröffentlicht wurde.

[141] Vincent d'Indy, *Cours de Composition musicale* , S. 132.

[142] *Ebd.* , *ebenda* , S. 13.

[143] *Id.*, *ebenda* , S. 25. Im dreizehnten Jahrhundert nannte Philippe de Vitry, Bischof von Meaux, den Dreiertakt „perfekt", weil „er seinen Namen von der Dreifaltigkeit hat, das heißt vom Vater, dem Sohn und der Heilige Geist, in dem göttliche Vollkommenheit ist."

[144] *Ebd.* , S. 66, 83 und *passim* .

[145] *Ebd.*, *ebenda.*

[146] „Führt den Krieg gegen den Partikularismus, diese ungesunde Frucht der protestantischen Häresie!" (Rede vor der *Schola* , entnommen aus der *Tribune de Saint-Gervais* , November 1900.)

[147] Wenigstens kommt dem Judentum die Ehre zu, einer ganzen Kunstepoche seinen Namen zu geben, der „jüdischen Periode". „Der moderne Stil ist die letzte Phase der jüdischen Schule..." usw.

[148] Im *Cours de Composition Musicale* spricht M. d'Indy von „dem bewundernswerten Anfangsbuchstaben T im *Rouleau mortuaire* von Saint-

Vital (zwölftes Jahrhundert), das Satan darstellt, der zwei Juden erbricht ... ein ausdrucksstarkes und symbolisches Kunstwerk. " , wenn es jemals einen gab. Ich sollte das nicht erwähnen, wenn das ganze Buch nur zwei Abbildungen enthält.

[149] *Cours de Composition Musicale* , S. 160.

[150] *L'Oratorio moderne* (*Tribune de Saint-Gervais* , März 1899).

[151] *Ebenda.* Das bedeutet, er war Katholik, ohne es zu wissen. Und genau das erklärt ein Freund der *Schola* , M. Edgar Tinel: „Bach ist ein wahrhaft christlicher Künstler und ohne Zweifel *ein Protestant aus Versehen* , da er in seinem unsterblichen *Credo* seinen Glauben an die eine heilige, katholische und apostolische Kirche bekennt" (*Tribune de Saint-Gervais* , August-September 1902). M. Edgar Tinel war, wie Sie wissen, einer der Hauptmeister des belgischen Oratoriums.

[152] *Revue musicale* , November 1902.

[153] „Die einzigen erhaltenen Dokumente zur alten Musik sind entweder Kritiken oder Würdigungen und keine musikalischen Texte" (*Cours de Composition*).

[154] „Der Einfluss der Renaissance mit ihrem Anspruch und ihrer Eitelkeit führte zu einer Hemmung aller Künste – deren Wirkung wir noch immer spüren" (*Traité de Composition* , S. 89. Siehe auch die zuvor zitierte Passage über Stolz).

[155] *Tribune de Saint-Gervais* , November 1900.

[156] Ich spreche von den Stellen, wo er sich frei ausdrückt und nicht eine dramatische Situation interpretiert, die für sein Thema notwendig ist, wie in jenem schönen symphonischen Teil der *Rédemption* , wo er den Triumph Christi beschreibt. Aber auch dort finden wir Spuren von Traurigkeit und Leid.

[157] Durch eine Lücke in den Wolken offenbart sich himmlische Freude, die über den Tiefen leuchtet.

[158] *Tribune de Saint-Gervais* , November 1900.

[159] *Id.* , September 1899.

[160] *L'Étranger* , „action musicale" in zwei Akten. Gedicht und Musik von M. Vincent d'Indy. Erstmals aufgeführt im Théâtre de la Monnaie in Brüssel am 7. Januar 1903. Die Zitate aus dem Drama, dessen Poesie nicht so gut ist wie seine Musik, sind der Partitur entnommen.

[161] Das Thema weist eine gewisse Ähnlichkeit mit Herrn Richard Strauss' *Feuersnot* auf. Auch dort ist der Held ein Fremder, der verfolgt und wie ein

Zauberer behandelt wird, und zwar in der Stadt, der er Ehre gebracht hat. Aber die *Auflösung* ist nicht dieselbe; und der grundlegende Unterschied im Temperament der beiden Künstler ist stark ausgeprägt. M. d'Indy endet mit der Abkehr eines Christen und Herr Richard Strauss mit einer stolzen und freudigen Bekräftigung der Unabhängigkeit.

[162] Gefunden von M. d'Indy in seiner eigenen Provinz, wie er uns in seinen *Chansons populaires du Vivarais erzählt* .

[163] Bei seiner Kritik stimmt sein Herz nicht immer mit seinem Verstand überein. Sein Verstand lehnt die Renaissance ab, aber sein Instinkt zwingt ihn, die großen florentinischen Maler der Renaissance und die Musiker des 16. Jahrhunderts zu schätzen. Aus der Klemme kommt er nur durch die außergewöhnlichsten Kompromisse, indem er sagt, Ghirlandajo und Filippo Lippi seien Gotiker gewesen, oder indem er behauptet, die Renaissance in der Musik habe erst im 17. Jahrhundert begonnen! (*Cours de Composition* , S. 214 und 216.)

[164] Dritter Akt, dritte Szene. Die Macht dieser Beschwörung ist so stark, dass sie den Dichter mitreißt. Es scheint, als sei ein Teil der Handlung nur im Hinblick auf die endgültige Wirkung der plötzlichen Färbung der Wellen konzipiert worden.

[165] *Cours de Composition* und *Tribune de Saint-Gervais* .

[166] *Kompositionskurs* .

[167] Dieser Aufsatz wurde 1899 verfasst.

[168] Nietzsche.

[169] *Jenseits von Gut und Böse* , 1886. Man möge mir verzeihen, dass ich hier Nietzsche vorstelle, aber seine Gedanken scheinen sich ständig in Strauss widerzuspiegeln und viel Licht auf die Seele des modernen Deutschlands zu werfen.

[170] Dieser Artikel wurde 1899 verfasst. Seitdem wurde die *Sinfonia Domestica* produziert und wird im Aufsatz „ *Französische und deutsche Musik* " erwähnt .

[171] 1889 komponiert und 1890 in Eisenach uraufgeführt.

[171a] *Richard Strauss, eine Charakterskizze* , 1896, Prag.

[171b] *R. Strauss, Essai critique et biologique* , 1898, Brüssel.

[171c] *Der Musikführer: Tod und Verklärung* , Frankfurt.

[172] Einige Leute haben versucht, die Gedanken von Alexander Ritter in Friedhold zu sehen, so wie sie die Gedanken von Strauss in Guntram gesehen haben.

[173] Komponiert 1894-95, uraufgeführt 1895 in Köln.

[174] Komponiert 1895-96 und zum ersten Mal im November 1896 in Frankfurt am Main aufgeführt.

[175] Nietzsche.

[176] Nietzsche, *Zarathustra* .

[177] Arthur Hahn, *Der Musikführer: Don Quixote* , Frankfurt.

[178] Zu Beginn jeder Variation hat Strauss in der Partitur das Kapitel des "Don Quijote" markiert, das er interpretiert.

[179] Fertiggestellt im Dezember 1898. Erstmals aufgeführt in Frankfurt am Main am 3. März 1899. Veröffentlicht von Leuckart, Leipzig.

[180] Die Besetzung des Orchesters in Strauss' Spätwerken ist folgende: Im *Zarathustra* : eine Piccoloflöte, drei Flöten, drei Oboen, ein Englischhorn, eine Klarinette in Es, zwei Klarinetten in B, eine Bassklarinette in B, drei Fagotte, ein Kontrafagott, sechs Hörner in F, vier Trompeten in C, drei Posaunen, drei Basstuben, Pauken, große Trommel, Becken, Triangel, Glockengeläut, Glocke in E, Orgel, zwei Harfen und Streicher. Im *Heldenleben* : acht Hörner statt sechs, fünf Trompeten statt vier (zwei in Es, drei in B); außerdem Militärtrommeln.

[181] Bei *Guntram könnte man sogar glauben, er habe sich im Tristan* zu einer Wendung entschlossen , als fände er nichts Besseres, um leidenschaftliches Verlangen auszudrücken.

[182] „Der deutsche Geist, der noch vor kurzer Zeit den Willen hatte, Europa zu beherrschen, die Kraft, Europa zu regieren, hat sich schließlich entschlossen, es aufzugeben." – Nietzsche.

[183] Seit seinem Tod sind in Deutschland zahlreiche Werke über Hugo Wolf erschienen. Das wichtigste davon ist die große Biographie von Herrn Ernst Decsey – *Hugo Wolf* (Berlin, 1903-4). Ich habe dieses Buch als sehr nützlich empfunden; es ist ein Werk voller Wissen und Sympathie. Ich habe auch Herrn Paul Müllers ausgezeichnete kleine Broschüre *Hugo Wolf (Moderne Essays* , Berlin, 1904) und die Sammlungen von Wolfs Briefen konsultiert, insbesondere seine Briefe an Oskar Grohe, Emil Kaufmann und Hugo Faisst.

[184] Joseph Schalk war einer der Gründer des *Wagner-Vereins* in Wien und widmete sein Leben der Verbreitung des Bruckner-Kults (der ihn seinen „ *Herrn Generalissimus* " nannte) und dem Kampf für Wolf.

[185] Brief von H. von Bülow an Detlev von Liliencron.

[186] Wolfs Briefe an Strasser sind von großem Wert, da sie uns einen Einblick in die eifrige und unglückliche Seele seines Künstlers geben.

[187] Wolf lebte dort mit einem Freund. Bis 1896 hatte er keine eigene Unterkunft, was der Großzügigkeit seiner Freunde zu verdanken war.

[188] Das Schreiben einer Oper war für viele Jahre Wolfs großer Traum und Absicht.

[189] Detlev von Liliencron bot ihm ein amerikanisches Thema an. „Aber trotz meiner Bewunderung für Buffalo Bill und seine ungewaschene Crew", sagte Wolf sarkastisch, „ bevorzuge ich meinen Heimatboden und Menschen, die die Vorteile von Seife zu schätzen wissen."

[190]

Alles, was begonnen wurde, muss enden.
Alles drumherum wird irgendwann untergehen.

[191]

Einst waren wir auch Männer,
glücklich oder traurig wie du;
Jetzt wird uns das Leben genommen.
Wir sind nur noch von der Erde, wie Sie sehen.

Chiunque nasce a morte arriva
Nel fuggir del tempo, e'l sole
Niuna cosa lascia viva...
Come voi, uomini fummo,
Lieti e tristi, come siete;
E oder siam, come vedete,
Terra al sol, di vita priva.

(Gedichte von Michelangelo, CXXXVI.)

[192] Dieser Artikel wurde 1899 anlässlich der Reise von Lorenzo Perosi nach Paris geschrieben, um sein Oratorium *La Résurrection zu dirigieren* .

[193] Dieser Aufsatz wurde 1905 verfasst.

[194] Der Mensch liegt im größten Elend; Der Mensch liegt im größten Schmerz; Ich wünschte, ich wäre im Himmel!

[195] Ich komme von Gott und werde zu Gott zurückkehren.

[196] Du wirst wieder auferstehen, du wirst wieder auferstehen, oh mein Staub, nach einer kleinen Ruhe.

[197] Was geboren wird, muss vergehen; Was vergangen ist, muss wieder auferstehen.

[198]

O Mann! O Mann! Seien Sie vorsichtig! Seien Sie vorsichtig!
Was sagt dunkle Mitternacht?

[199] Darf ich sagen, dass ich versuche, diese Studie aus rein historischer Sicht zu schreiben, indem ich jedes persönliche Gefühl ausschließe – was hier keinen Wert hätte. Tatsächlich bin ich kein Debussy-Anhänger; Meine Sympathien gelten einer ganz anderen Art von Kunst. Aber ich fühle mich gedrängt, einem großen Künstler zu huldigen, dessen Werk ich mit einer gewissen Unvoreingenommenheit beurteilen kann.

[200] Das ist für Musiker. Aber ich bin davon überzeugt, dass bei der Masse der Öffentlichkeit die anderen Gründe – wie immer – mehr Gewicht haben.

[201] Wir müssen auch feststellen, dass in der ersten Hälfte des siebzehnten Jahrhunderts Leute mit Geschmack Einwände gegen die sehr theatralische Deklamation der französischen Oper hatten. „Unsere Sänger glauben“, schrieb Mersenne 1636, „dass die Ausrufe und Betonungen, die die Italiener beim Singen verwenden, zu sehr nach Tragödie und Komödie schmecken, und deshalb wollen sie sie nicht verwenden.“

[202] Ich glaube, kein anderer Kritiker hat Debussys Kunst und Genie so scharfsinnig erkannt. Einige seiner Analysen sind Musterbeispiele kluger Intuition. Das Denken des Kritikers scheint eins mit dem des Musikers zu sein.

[203] *Jean-Christophe in Paris* , 1904.

[204] Man muss Hugo zumindest die Gerechtigkeit widerfahren lassen, wenn man sagt, dass er immer mit Bewunderung von Beethoven sprach, obwohl er ihn nicht kannte. Aber er verherrlicht ihn eher, um die Bedeutung eines Dichters zu schmälern - des einzigen im neunzehnten Jahrhundert -, dessen Ruhm seinen eigenen überschattete; und als er in seinem *William Shakespeare schrieb* , dass "der große Mann Deutschlands Beethoven ist", wurde dies von allen so verstanden, dass "der große Mann Deutschlands nicht Goethe ist".

[205] Geschrieben in einem Brief an seine Schwester Nanci am 3. April 1850.

[206] Wir bemerken jedoch, dass dies Gautier nicht daran hinderte, ein Musikkritiker zu sein.

[207] Ich möchte von Anfang an klarstellen, dass ich hier nur die größeren musikalischen Aktivitäten der Nation bemerke und keine Werke erwähne, die keinen wichtigen Einfluss auf diese Bewegung hatten.

[208] In der Zwischenzeit erlebte Frankreich den brillanten Aufstieg und das Aussterben eines großen Künstlers – des spontansten aller seiner Musiker – Georges Bizet, der 1875 im Alter von 37 Jahren starb. „Bizet war das letzte Genie, das eine neue Schönheit entdeckte", sagte Nietzsche; „Bizet entdeckte neue Länder – die südlichen Länder der Musik." *Carmen* (1875) und *L'Arlésienne* (1872) sind Meisterwerke des lyrischen lateinischen Dramas. Ihr Stil ist leuchtend, prägnant und klar definiert; die Figuren sind mit eindringlicher Präzision umrissen. Die Musik ist voller Licht und Bewegung und steht in großem Kontrast zu Wagners philosophischen Symphonien, und ihr populäres Thema dient nur dazu, ihre aristokratische Besonderheit zu verstärken. Durch ihre Natur und ihre klare Wahrnehmung des Geistes der Rasse war sie ihrer Zeit weit voraus. Welchen Platz hätte Bizet in unserer Kunst einnehmen können, wenn er nur zwanzig Jahre länger gelebt hätte!

[209] Sein Einfluss zeigt sich in unterschiedlichem Ausmaß in Werken wie M. Reyers *Sigurd* (1884), Chabriers *Gwendoline* (1886) und M. Vincent d'Indys *Le Chant de la Cloche* (1886).

[210] Man weiß, dass das Konservatorium seinen Ursprung in *der L'École gratuite de musique de la garde nationale parisienne hatte* , die 1792 von Sarrette gegründet und von Gossec geleitet wurde. Damals war es eine Bürger- und Militärschule, wurde aber laut Chénier am 8. November 1793 in das *Institut national de musique und am 3. August 1795 in das Conservatoire umgewandelt* . Dieses republikanische Konservatorium machte es sich zur Aufgabe, den Kontakt zu halten mit dem Geist des Landes und war ein direkter Gegner der Oper, die monarchischen Ursprungs war. Siehe M. Constant Pierres Werk „*Le Conservatoire national de musique*" (1900) und M. Julien Tiersots sehr interessantes Buch „ *Les Fêtes et les Chants de la Révolution française* " (1908).

[211] Sie müssen bedenken, dass ich hier nur von *offiziellen Maßnahmen* spreche ; denn es hat unter den Lehrkräften des Konservatoriums immer Meister gegeben, die eine feine musikalische Kultur mit einem aufgeschlossenen und liberalen Geist vereint haben. Aber der Einfluss dieser unabhängigen Geister ist im Allgemeinen gering; denn sie verfügen nicht über akademische Erfolge; und wenn sie ausnahmsweise einen großen Einfluss haben, wie der von César Franck, dann ist dies das Ergebnis

persönlicher Arbeit außerhalb des Konservatoriums - Arbeit, die häufig den Grundsätzen des Konservatoriums zuwiderläuft.

[212] Es ist anzumerken, dass die Schüler des Konservatoriums seit 1807 den Parisern Beethovens Symphonien bekannt gemacht haben. Die *Symphonie in c-Moll* wurde 1808 von ihnen aufgeführt; the *Heroic* im Jahr 1811. Im Zusammenhang mit einer dieser Aufführungen gaben die *Tablettes de Polymnie* eine merkwürdige Würdigung Beethovens, die von M. Constant Pierre zitiert wird: „Dieser Komponist ist oft grotesk und unhöflich und fliegt manchmal majestätisch wie ein…" Adler und kriecht manchmal über steinige Wege. Es ist, als hätte man Tauben und Krokodile zusammen eingesperrt.

[213] Dies geht aus dem Bericht von M. Rivet über die *Schönen Künste* von 1906 hervor. Die Oper beschäftigt 1370 Personen und ihre Ausgaben betragen etwa 3.988.000 Francs. Die jährliche Subvention des Staates beträgt etwa 800.000 Francs.

[214] Anlässlich der Wiederaufführung des *Don Juan* im Jahre 1902 zählte die *Revue Musicale* die Seiten, die der Originalpartitur hinzugefügt worden waren. Sie beliefen sich auf zweihundertachtundzwanzig.

[215] Die folgenden Fakten stammen aus den Archiven der *Société Nationale de Musique* und wurden mir von M. Pierre de Bréville, dem Sekretär der Gesellschaft, übermittelt.

[216] Es muss daran erinnert werden, dass die Sitzpreise viel günstiger waren als heute; die besten kosteten nur drei Franken.

[217] Es gab etwa 340 Aufführungen von Saint-Saëns' Werken, 380 von Wagners, 390 von Beethovens und 470 von Berlioz' Werken. Diese Angaben verdanke ich der freundlichen Information von M. Charles Malherbe und M. Léon Petitjean, dem Sekretär der Colonne-Konzerte.

[218] Allein die „*Damnation de Faust*" wurde in dreißig Jahren in ihrer Gesamtheit einhundertfünfzig Mal aufgeführt.

[219] Es ist bekannt, dass M. Colonne nun in M. Gabriel Pierné einen Helfer hat, der seine Nachfolge antreten wird, wenn er in den Ruhestand geht.

[220] Meine Aussagen können durch den in der *Revue Éolienne* vom Januar 1902 veröffentlichten Bericht von M. Léon Bourgeois, Sekretär des Komitees der *Association des Concerts-Lamoureux,* bestätigt werden .

[221] Sie veröffentlichte in elf Bänden die antiken Werke, die sie aufführte. Vor diesem Experiment gab es die *Concerts historiques de Fétis* , denen Vorlesungen vorausgingen, die 1832 erstmals aufgeführt wurden, aber erfolglos blieben; ihnen folgten in den Jahren 1842-1844 Amédée Méréauxs *Concerts historiques* .

[222] Die folgenden Informationen wurden von M. Vincent d'Indy bei einem Vortrag gegeben, den er am 20. Februar 1903 an der *École des Hautes Études sociales* hielt - ein Vortrag, der später ein Kapitel in M. d'Indys Buch *César Franck* (1906) wurde.

[223] Eine vollständige Liste findet sich im Buch von M. d'Indy.

[224] *Tribune de Saint-Gervais* , November 1900.

[225] Siehe den Essay über *Vincent d'Indy* .

[226] *Revue d'histoire et de critique musicale* , August-September 1901.

[227] „Die *Schola Cantorum* zielt darauf ab, eine moderne Musik zu schaffen, die der Kirche wirklich würdig ist" (Erste Ausgabe der *Tribune de Saint-Gervais* , dem monatlichen Bulletin der *Schola Cantorum* , Januar 1895).

[228] Die Schola hatte hierbei die energische Arbeit der französischen Benediktiner im Sinn, die während der letzten fünfzig Jahre im Stillen geleistet worden war; sie dachte auch an die Wiederherstellung des Gregorianischen Gesangs in den Jahren 1850 und 1860 durch Dom Guéranger, den ersten Abt von Solesmes, eine Arbeit, die von Dom Jausions und Dom Pothier, dem Abt von Saint-Wandrille, fortgeführt wurde, die 1883 die *Mélodies Grégoriennes* , den *Liber Gradualis* und den *Liber Antiphonarius* *veröffentlichten* . Diese Arbeit wurde schließlich zu einem glücklichen Abschluss gebracht durch Dom Schmitt und Dom Mocqucreau, den Prior von Solesmes, der 1889 sein monumentales Werk begann, die *Paléo-graphie Musicals* , von der 1906 neun Bände erschienen waren. Diese große Benediktinerschule ist eine Ehre für Frankreich durch die wissenschaftliche Arbeit, die sie in letzter Zeit im Bereich der Musik geleistet hat. Die Schule ist gegenwärtig aus Frankreich verbannt.

[229] Als Charles Bordes die erste *Schola Cantorum* in der Rue Stanislas eröffnete, war er ohne Hilfe oder Mittel und hatte genau siebenunddreißig Francs und fünfzig Centimes in der Hand. Ich erwähne dieses Detail, um eine Vorstellung von dem wunderbar mutigen und selbstbewussten Geist zu vermitteln, den Charles Bordes besaß.

[230] *Tribune de Saint-Gervais* , November 1900.

[231] Tatsächlich gibt es an der *Schola* neun Kompositionskurse – fünf für Männer und vier für Frauen. M. d'Indy nimmt acht davon sowie eine gemischte Klasse für Orchester.

[232] Das Orchester besteht hauptsächlich aus Schülern; und im Rahmen einer großzügigen Vereinbarung werden die finanziellen Gewinne aus Proben und Aufführungen unter den Schülern, die daran teilnehmen, aufgeteilt und ihrem Konto gutgeschrieben. Und so hat die *Schola* neben den

Ausstellern eine große Zahl von Schülern, denen es nicht gut geht, die aber durch diese Konzerte fast die gesamten Kosten ihrer dortigen Ausbildung bestreiten können. „Die Konzerte dienen vor allem der ästhetischen Übung der Schüler und der Möglichkeit, ihnen mit geringem Aufwand den Unterricht selbst zu ermöglichen." Ich verdanke diese Informationen und alles, was ihr vorausgeht, der Freundlichkeit von MJ de la Laurencie, dem Generalsekretär der *Schola*, dem ich danken möchte.

[233] Die *Schola hat sogar Ramcaus La Guirlande* in einem Freilichttheater aufgeführt.

[234] Man kann dieser Liste die Chorgesellschaften von Nantes und Besançon hinzufügen, die Körperschaften derselben Ordnung wie die *Chanteurs de Saint-Gervais sind*. Und wir können dem Einfluss der *Schola auch* eine unabhängige Gesellschaft zuschreiben, die *Société JS Bach*, die in Paris von einem alten *Schola-* Schüler, M. Gustave Bret, gegründet wurde und sich seit 1905 der Aufführung der großen Werke von widmet Bach. Es gehört nicht zu den geringsten Verdiensten der *Schola*, dass sie dazu beigetragen hat, gute Laienchöre vom gleichen Typ wie die Gesangsvereine Deutschlands zu bilden.

[235] M. Charles Bordes gab seine Arbeit auch damals nicht ganz auf. Obwohl er sich aus gesundheitlichen Gründen gezwungen sah, sich nach Südfrankreich zurückzuziehen, gründete er im November 1905 die *Schola* von Montpellier. Diese *Schola* hat etwa fünfzehn Konzerte pro Jahr gegeben und einige von Bachs Kantaten, Szenen aus den Opern von Rameau und Gluck, Francks Oratorien und Monteverdes *Orfeo aufgeführt*. 1906 organisierte M. Bordes eine Open-Air-Aufführung von Rameaus *Guirlande*. Im Januar 1908 inszenierte er *Castor et Pollux* am Theater Montpellier. Die Aktivität des Mannes war unglaublich und nichts schien ihn zu ermüden. Er plante, in Montpellier eine Schauspielschule für die Aufführung von Opern des 17. und 18. Jahrhunderts zu gründen, als er im November 1909 im Alter von 44 Jahren starb und damit der französischen Kunst eines ihrer besten und schönsten Werke beraubte selbstloseste Diener.

[236] Die Qualität des Publikums entschädigte allerdings für seine geringe Zahl. Zu diesen Konzerten kam Berlioz mit seinen Freunden Damcke und Stephen Heller; und nach einer dieser Aufführungen, als ihn ein *Adagio* im Es-Dur-Quartett sehr bewegt hatte, brach er aus: „Was für ein Mann! Er konnte alles und die anderen nichts!"

[237] Der Name „ *La Trompette* " diente auch als Vorwand für die Verschönerung der Kammermusik, indem neben den anderen Instrumenten auch die Trompete eingeführt wurde. Zu diesem Zweck schrieb M. Saint-Saëns seine schöne Septette für Klavier, Trompete, zwei Violinen, Bratsche,

Violoncello und Kontrabass; und M. Vincent d'Indy seine romantische Suite in D für Trompete, zwei Flöten und Streichinstrumente.

[238] Am 12. September 1871 auf Anregung von Ambroise Thomas. Der erste Dozent war Barbereau, der jedoch nur ein Jahr lang lehrte. Ihm folgte Gautier, Professor für Harmonie und Begleitung, der wiederum 1878 von M. Bourgault-Ducoudray abgelöst wurde.

[239] Die ersten drei Thesen zur Musik, die an der Sorbonne angenommen wurden, waren die von M. Jules Combarieu über *das Verhältnis von Poesie und Musik*, von M. Romain Holland über *die Anfänge der Oper vor Lully und Scarlatti* und von M. Maurice Emmanuel *Griechische Orchesterkunst*. Einige Jahre später folgten M. Louis Laloys „*Aristoxenus von Tarento und die griechische Musik*" und M. Jules Écorchevilles „*Musikalische Ästhetik von Lully bis Rameau* und *die französische Instrumentalmusik des 17. Jahrhunderts*", M. André Pirros „*Ästhetik von Johann Sebastian Bach*" und M. Charles Lalos *Skizze der wissenschaftlichen Musikästhetik*.

[240] Es gibt neunzig Violinen, fünfzehn Bratschen und fünfzehn Violoncelli. Leider ist es deutlich schwieriger, Nachwuchs für die Holzbläser und Blechbläser zu finden.

[241] Sie haben klassische Musik von Komponisten wie Bach, Händel, Gluck, Rameau und Beethoven aufgeführt; und moderne Musik von Komponisten wie Berlioz, Saint-Saëns, Dukas usw. Diese Gesellschaft hat sich gerade in der alten Kapelle der Dominikaner von Faubourg-Saint-Honoré niedergelassen, die ihnen die Nutzung überlassen hat.

[242] In den letzten Jahren gab es eine wahre Flut von Konzerten zu erschwinglichen Preisen - einige davon in Anlehnung an die deutschen *Restaurationskonzerte*, wie die Concerts-Rouge, die Concerts-Touche usw., bei denen klassische und moderne Symphoniemusik zu hören ist. Diese Konzerte nehmen rasch zu und sind bei einem fast ausschließlich *bürgerlichen Publikum sehr erfolgreich*, aber sie sind noch weit hinter den beliebten Aufführungen Händels in London zurück, wo man für sechs oder drei Pence Konzerte bekommen kann.

Ich lege nicht viel Wert auf die mutige, wenn auch nicht immer sehr intelligente Bewegung der Universités Populaires, wo sich seit 1886 eine Gruppe von Laien, Modebewussten und Künstlern trifft, um sich Gehör zu verschaffen und vorzugeben, das Volk in die mitunter kompliziertesten und aristokratischsten Werke klassischer oder dekadenter Kunst einzuführen. Bei aller Wertschätzung dieser Propaganda – deren Eifer inzwischen etwas nachgelassen hat – muss man sagen, dass sie mehr guten Willen als gesunden Menschenverstand bewiesen hat. Die Leute brauchen keine Unterhaltung und schon gar keine Langeweile; sie müssen etwas über Musik lernen. Das ist nicht immer leicht, denn was wir brauchen, sind keine lärmenden Aktionen, sondern Geduld und Aufopferung. Gute Absichten genügen nicht. Man kennt das endgültige Scheitern des *Conservatoire populaire de Mimi Pinson* , das von Gustave Charpentier gegründet wurde, um den Arbeiterinnen von Paris musikalische Ausbildung zu vermitteln.

[243] M. Maurice Buchor erzählt eine Anekdote, die exemplarisch für das steht, was ich meine. „Ich bat den Dirigenten eines guten Männergesangvereins", sagt er, „einen von Händels Chören singen zu lassen. Aber er schien zu zögern. Ich hatte den Vorschlag vorsichtig gemacht und dann versucht, die Aufrichtigkeit und Breite seiner musikalischen Idee näher zu erläutern. ‚Ah, sehr gut', sagte er, ‚wenn Sie es wirklich hören wollen, ist es leicht zu machen; aber ich fürchtete, es wäre vielleicht etwas zu populär.'" (*Poème de la Vie Humaine* : Einführung in die zweite Serie, 1905.) Dem können die Worte eines Gesangsprofessors an einer Grundschule für höhere Bildung in Paris hinzugefügt werden: „Volksmusik – nun, sie ist sehr gut für die Provinz." (Zitiert von Buchor in der Einführung zur zweiten Serie des *Poème* , 1902.)

[244] Auszug aus dem *Supplement à la Correspondance générale de l'Instruction primaire* , 15. Dezember 1894.

[245] Drei Serien dieser *Chants populaires pour les Écoles* wurden bereits veröffentlicht.

[246] Ich behalte mir meine Meinung aus künstlerischer Sicht zu diesem Plagiieren von Liedtexten vor. Aus Prinzip verurteile ich es absolut. Aber in diesem Fall ist es Hobsons Wahl. *Primum vivere, deinde philosophari* . Wenn unsere zeitgenössischen Musiker wirklich wollten, dass die Leute singen, hätten sie Lieder für sie geschrieben; aber sie scheinen kein Verlangen danach zu haben, auf diese Weise Ehre zu erlangen. Es bleibt also nichts anderes übrig, als auf die Musiker früherer Tage zurückzugreifen; und selbst dort ist die Auswahl sehr begrenzt. Denn Frankreich hatte früher, wie das Frankreich von heute, nur sehr wenige Musiker, die irgendein Verständnis für eine große volkstümliche Kunst hatten. Berlioz kam dem Verständnis der Bedeutung dieser Kunst am nächsten; und er ist noch kein öffentliches Eigentum, also können seine Melodien nicht verwendet werden. Es ist merkwürdig und ziemlich traurig, dass von den achtzig von M. Buchor ausgewählten Stücken nur neun französisch sind; und dabei werden die Italiener Lully und Cherubini als Franzosen gezählt. M. Buchor musste sich fast ausschließlich deutschen klassischen Musikern zuwenden, und im Großen und Ganzen war seine Wahl eine gute. Mit sicherem Instinkt hat er populären Genies wie Händel und Beethoven den Vorzug gegeben. Wir können uns fragen, warum er ihre Worte nicht beibehalten hat; wir müssen jedoch bedenken, dass sie auf jeden Fall übersetzt werden mussten; und

obwohl es voreilig erscheinen mag, das Thema eines musikalischen Meisterwerks zu ändern, ist es sicher, dass M. Buchors geschickte Anpassungen dazu geführt haben, die schönen Gedanken von Händel und Schubert und Mozart und Beethoven in die Erinnerungen der Franzosen zu treiben und sie zu einem Teil ihres Lebens zu machen. Hätten sie dieselbe Musik bei einem Konzert gehört, wären sie wahrscheinlich nicht sehr bewegt gewesen. Und das gibt M. Buchor Recht. Lassen Sie die Franzosen sich mit den musikalischen Schätzen Deutschlands bereichern, bis die Zeit kommt, in der sie in der Lage sind, ihre eigene Musik zu schaffen! Dies ist eine Art friedlicher Eroberung, an die unsere Kunst gewöhnt ist. „Nun denn, Franzosen", wie Du Bellay zu sagen pflegte, „marschiert mutig in diese schöne alte römische Stadt und schmückt (wie ihr es mehr als einmal getan habt) eure Tempel und Altäre mit ihrer Beute." Außerdem sollten wir nicht vergessen, dass die deutschen Meister des 18. Jahrhunderts, deren Worte M. Buchor plagiiert hat, nicht zögerten, selbst zu plagiieren; und als M. Buchor die Berceuse des *Oratorio de Noël* in eine *Sainte famille humaine verwandelte* , respektierte er die musikalischen Ideen Bachs viel mehr als Bach selbst, als er daraus einen *Dialog zwischen Herkules und der Lust machte* .

[247] Das *Poème* wurde in vier Teilen veröffentlicht: – I. *De la naissance au mariage* („Von der Geburt bis zur Ehe"); II. *La Cité* („Die Stadt"); III. *De l'age viril jusqu'à la mort* („Von der Männlichkeit zum Tod"); IV. *L'Idéal* („Ideale"). 1900-1906.

[248] Der letzte Chor des *Fidelio* wurde kürzlich von einhundertsiebzig Schulkindern in Douai gesungen; ein großer Chor aus *dem Messias* von den Écoles Normales von Angoulême und Valence; und die große Chorszene und der letzte Teil von Schumanns *Faust* von den beiden Écoles Normales von Limoges. In Valence finden jedes Jahr Aufführungen im dortigen Theater vor einem Publikum von achthundert bis tausend Lehrern statt.

Außerhalb der Schulen haben insbesondere im Norden eine gewisse Anzahl von Lehrern beiderlei Geschlechts Gesangsvereine unter Arbeiterinnen und kooperative Gesellschaften gegründet, wie zum Beispiel *La Fraternelle* in Saint-Quentin.

Generell kann man sagen, dass die Kampagne von Herrn Maurice Buchor vor allem in den Departements Aisne und Drôme erfolgreich war, wo der Inspektor der Akademie den Boden bereitet hat. Leider stößt die Bewegung in vielen Bezirken auf heftigen Widerstand seitens der Musiklehrer, die diese mnemotechnische Methode, Poesie mit Musik zu lernen, ohne jeglichen Unterricht in Solfeggio oder Musikwissenschaft nicht gutheißen. Und es ist ganz offensichtlich, dass diese Methode ihre Mängel hätte, wenn es darum ginge, Musiker auszubilden. Aber es geht wirklich darum, Menschen auszubilden, die etwas Musik in sich haben; deshalb dürfen die Musiker nicht zu anspruchsvoll sein. Ich hoffe, dass eines Tages große Musiker aus diesem guten Boden hervorgehen werden – Musiker, die menschlicher sind als die unserer Zeit, Musiker, deren Musik in ihren Herzen und in ihrem Land verwurzelt sein wird.

[249] Wir dürfen M. Bourgault-Ducoudray nicht vergessen, der mit seinen *Chants de Fontenoy* , einer Liedersammlung für die Écoles Normales, sein Vorläufer war.

[250] Besonders zu erwähnen sind kleine Gruppen junger Studenten, Schüler der Universitäten oder der größeren Schulen, die sich gegenwärtig der moralischen und musikalischen Unterweisung des Volkes widmen. Aus einer solchen Anstrengung, die vor über einem Jahr in Vaugirard unternommen wurde, entstand die *Manécanterie des petits chanteurs de la Croix de bois* , ein kleiner Chor der Kinder des Volkes, der in den armen Pfarrgemeinden von einer Kirche zur anderen zieht und gregorianische und palästinensische Musik singt.

[251] Es ist kaum nötig, sich an das unglückliche Gesetz vom 15. März 1850 zu erinnern, in dem es heißt: „Der Grundschulunterricht *kann* Gesang umfassen.“

[252] Mit Erlass vom 4. August 1905. Gleichzeitig wurden ein Programm und pädagogische Anweisungen erlassen. Die Bedeutung des musikalischen Diktats und die Nützlichkeit der Galin-Methoden für Anfänger wurden hervorgehoben. Hoffen wir, dass der Staat offiziell beschließt, die Bemühungen von M. Buchor zu unterstützen, und dass er nach und nach die Methoden der rhythmischen Sportgymnastik von M. Jacques-Delacroze, die in der Schweiz zu so erstaunlichen Ergebnissen geführt haben, in den Schulen einführt.

[253] Vorschlag von M. Chaumié. Siehe *Revue Musicale* vom 15. Juli 1903.

[254] *Revue Musicale* , 15. Dezember 1903 und 1. und 15. Januar 1904.

[255] „Hierin“, sagt M. Buchor, „wie in vielen anderen Dingen geben die Kinder des Volkes den Kindern der Mittelschicht ein Vorbild.“ Das ist wahr; Aber man darf nicht so sehr den Kindern der Mittelklasse die Schuld geben, sondern den Autoritäten, die „in dieser wie in vielen anderen Dingen“ ihre Pflichten nicht erfüllt haben.

[256] *Die Passion nach Matthäus* wurde zunächst von zwei kleinen Chören vorgetragen, die einschließlich der Solisten aus zwölf bis sechzehn Schülern bestanden.

[257] Es ist kaum nötig, die seltsame Anziehungskraft zu erwähnen, die einige unserer Musiker für die Kunst von Zivilisationen zu empfinden

beginnen, die denen des Westens völlig entgegengesetzt sind. Langsam und leise dringt der Geist des Fernen Ostens in die europäische Musik ein.

[258] Es besteht kein Grund zu sagen, dass Rameaus Genie diesen ganzen Enthusiasmus rechtfertigte; aber man kann nicht anders, als zu glauben, dass dies nicht so sehr auf sein musikalisches Genie zurückzuführen war, sondern vielmehr auf seinen angeblichen Sieg über die französische Musik der Vergangenheit gegen ausländische Kunst; obwohl diese Kunst gut an die Gesetze der französischen Oper angepasst war, wie wir im Fall von Gluck selbst sehen können.

[259] *La Tribune de Saint-Gervais* , September 1903.

[260] Auf jeden Fall bestimmte Formen der Musik – die höchsten. Siehe die Diskussionen in der Chambre des Députés über das Budget der Beaux-Arts im Februar 1906; und die Reden von MM. Théodore Denis, Beauquier und Dujardin-Beaumetz über religiöse Musik, die Niedermeyer-Schule und den bürgerlichen Wert der Orgel.

www.ingramcontent.com/pod-product-compliance
Lightning Source LLC
LaVergne TN
LVHW040517200726

843493LV00017B/1271